FAMILLE ET SOINS AUX PERSONNES ÂGÉES

Enjeux, défis et stratégies

FRANCINE DUCHARME

Beauchemin

CHENELIÈRE ÉDUCATION

Famille et soins aux personnes âgées
Enjeux, défis et stratégies

Francine Ducharme

© 2006 Groupe Beauchemin éditeur ltée.

Édition : Brigitte Gendron
Coordination : Dany Cloutier
Révision linguistique : Marie-Hélène de la Chevrotière
Correction d'épreuves : Zérofôte
Conception graphique : Norman Lavoie
Infographie : Pénéga Communication inc.
Conception de la couverture : Pénéga Communication inc.

Tableau de la couverture :
L'oiseau penseur
Œuvre de Claudette Bouchard

Ce tableau fait partie d'une suite de cinq huiles sur toile intitulées *Oiseaux penseurs*.

Celui-ci nous parle de fragilité. Il est humblement celui qui donne et qui reçoit. Son regard interroge. Sa forme évoque celle du cœur.

Claudette Bouchard est une artiste-peintre de la région de Québec.

**Catalogage avant publication
de Bibliothèque et Archives Canada**

Ducharme, Francine

    Famille et soins aux personnes âgées : enjeux,
défis et stratégies

    Comprend des réf. bibliogr.

    ISBN 2-7616-3184-6

    1. Aidants naturels, Services aux. 2. Personnes âgées - Soins
à domicile. 3. Aidants naturels. 4. Famille, Services à la.
5. Aidants naturels, Services aux - Québec (Province). I. Titre.

HV1451.D82 2006   362.1023   C2006-940535-2

CHENELIÈRE ÉDUCATION

7001, boul. Saint-Laurent
Montréal (Québec)
Canada H2S 3E3
Téléphone : (514) 273-1066
Télécopieur : (514) 276-0324
info@cheneliere.ca

ISBN 2-7616-3184-6

Dépôt légal : 1er trimestre 2006
Bibliothèque et Archives nationales du Québec
Bibliothèque et Archives Canada

Imprimé au Canada

1 2 3 4 5 ITG 10 09 08 07 06

Nous reconnaissons l'aide financière du gouvernement du
Canada par l'entremise du Programme d'aide au développement
de l'industrie de l'édition (PADIÉ) pour nos activités d'édition.

Gouvernement du Québec – Programme de crédit d'impôt pour
l'édition de livres – Gestion SODEC.

DANGER

LE PHOTOCOPILLAGE TUE LE LIVRE

À toutes ces familles qui ont
partagé leur expérience

À ma famille qui m'a permis
de raconter ces expériences

À mon père qui m'a permis de
vivre cette expérience...

Merci à Claudette Bouchard, artiste-peintre,

qui a pratiqué pendant longtemps la science et l'art du caring

et qui a saisi, avec toute sa sensibilité, le message transmis

dans les pages de ce livre en proposant « L'oiseau penseur ».

Francine Ducharme

Préface

Cet ouvrage m'a beaucoup plu. D'une portée sociale d'envergure, l'œuvre se distingue par la qualité de sa structure et la pertinence des thèmes choisis pour assurer une meilleure compréhension de l'expérience d'être aidant et apporter des changements dans les politiques et les services. L'abondante documentation fait l'objet d'une analyse robuste et pénétrante. Les propres travaux de recherche de l'auteure, d'une rigueur scientifique sans concession et bien ancrés dans la réalité des familles aidantes d'aujourd'hui, viennent largement enrichir l'œuvre et lui confèrent un caractère unique remarquable.

D'entrée de jeu, l'auteure fait état des nombreuses exigences quotidiennes liées au rôle d'aidant familial et elle choisit de mettre l'accent sur le caractère hautement humaniste de ce rôle. L'ouvrage fait ressortir l'apport indispensable des familles pour assurer la qualité de vie et le bien-être de leur parent, autant d'expressions qui, dans cet ouvrage, n'ont rien de lieux communs. Bien au contraire, l'auteure s'applique à décrire les efforts constants et souvent méconnus qui sont déployés par les familles aidantes de plus en plus nombreuses. En outre, la professeure Ducharme documente largement la contribution sociale des familles aidantes et déplore le manque de reconnaissance sur le plan des politiques sociales et de santé. Certes, il y a le discours officiel de l'État favorable à des mesures de soutien aux aidants, mais celles-ci demeurent encore bien loin d'être concrètement mises de l'avant. C'est plutôt dans le discours des élus que les expressions deviennent des lieux communs. Notre système de santé travaille à inventer des modes de gestion de soins et de programmes, plus souvent morcelés, compartimentés, qui reposent sur une vision d'allure bureaucratique de la réalité des aidants. En contrepoint, les familles aidantes nous renvoient indubitablement à une vision globale du soin, à une conception singulière de l'humain et du rôle d'aidant qui ne parviennent pas encore à se faire reconnaître par le système de santé. Le rôle d'aidant tel que le perçoivent les familles, s'inscrit intimement dans le processus relationnel qui lie la famille aidante et le proche parent et qui détermine d'une manière unique l'expérience d'être aidant.

Les propos présentés obligent le lecteur à s'interroger sur une reconfiguration des services et des programmes actuellement offerts aux aidants. Le chapitre sur les politiques de la communauté européenne à l'endroit de ce groupe, notamment celles en vigueur au Royaume-Uni et en Suède, est particulièrement éclairant et fait état de nombreuses mesures qui pourraient être adaptées à notre contexte social. Par ailleurs, comme l'auteure le souligne, la mise en œuvre de mesures de soutien aux aidants ne peut se poursuivre sans une forte volonté politique et une détermination sans faille de la part des décideurs et des planificateurs concernés par l'implantation de telles mesures.

La deuxième partie du livre comble un besoin criant, reconnu par la communauté des chercheurs et des professionnels de la santé, soit le besoin d'interventions novatrices et éprouvées pour guider les pratiques de soutien aux aidants. Les recherches dans le domaine de l'intervention ont été lentes à démarrer et, sur ce point, je tiens à souligner le travail de visionnaire et de pionnière de la professeure Ducharme. Cette dernière travaille depuis plusieurs années à développer et à évaluer des programmes d'intervention destinés à divers groupes d'aidants d'un parent âgé. Ces programmes ont été mis au point en partenariat avec les aidants eux-mêmes, alliant ainsi une méthodologie participative et qualitative à une méthodologie quantitative. Les études d'efficacité de ces programmes ont montré des effets bénéfiques pour les aidants et certains milieux cliniques se servent déjà de ces travaux pour les guider dans la mise en place de pratiques novatrices. L'originalité et la rigueur de ses travaux de recherche ainsi que son engagement passionné et soutenu à la recherche inspirent chercheurs et étudiants dans l'exploration de nouveaux savoirs. Ses travaux reflètent également une connaissance clinique de l'expérience des aidants, héritage de son rôle comme infirmière clinicienne. L'enrichissement que procure ce livre ne s'arrête pas là. En effet, l'auteure décrit d'autres programmes d'intervention qui existent au Québec, dont certains découlent directement de ses travaux.

L'ouvrage arrive à point nommé et portera ses fruits. C'est aujourd'hui que se prépare la solidarité collective de demain envers les familles aidantes et que se construisent les pratiques professionnelles et communautaires de même que les politiques à l'endroit de ces dernières. Ce livre y contribue largement en faisant état de constats pertinents à l'expérience d'être aidant et en proposant des actions. Cet ouvrage permettra aux professionnels, aux travailleurs communautaires et aux décideurs politiques d'éviter que les «bonnes» intentions restent figées au niveau du discours politique et il contribuera à combler l'écart qui persiste entre leur perception du soin et celle des familles. En ce sens, l'ouvrage devient un incontournable pour toutes les personnes attentives et sensibles aux besoins des familles aidantes.

Louise Lévesque,
Professeure émérite, Faculté des sciences infirmières, Université de Montréal.

Chercheure au Centre de recherche, Institut universitaire de gériatrie de Montréal, Chaire Desjardins en soins infirmiers à la personne âgée et à la famille.

Avant-propos

Pendant plus de 25 ans, les familles que j'ai côtoyées dans le cadre de mes travaux de recherche et de ma pratique ont partagé généreusement leur expérience avec moi. Elles m'ont enseigné ce qu'est « prendre soin » au quotidien d'un proche âgé. Il m'apparaît juste aujourd'hui de leur rendre ce don inestimable qu'elles m'ont offert en tentant d'illustrer la richesse de leur discours. Ces familles ont non seulement décrit avec clarté ce qu'elles vivent, mais elles ont aussi proposé des pistes d'action précieuses afin que les intervenants puissent mieux les soutenir dans leur rôle. C'est ainsi que ce livre est évidemment destiné aux familles, mais aussi aux intervenants qui œuvrent dans le réseau de la santé, de même qu'aux étudiants qui, au cours de leur future carrière, apporteront un soutien à ces familles prenant soin d'un proche à domicile ou en établissement de santé.

Mon intérêt pour le soutien aux familles a pris naissance en 1980 alors que j'étais étudiante à la maîtrise, à la Faculté des sciences infirmières de l'Université de Montréal, sous la supervision de Mme Denyse Latourelle. La passion de cette professeure pour l'intervention familiale était communicative. À cette époque où l'on parlait beaucoup moins du vieillissement de la population et de l'importance de soutenir les familles des personnes âgées, elle était visionnaire. Me remémorer ce que j'ai appris au sujet de l'expérience et de l'intervention auprès des familles en présence de ce premier mentor de ma vie académique, aujourd'hui disparue, constitue pour moi une motivation à écrire ces lignes.

Aussi, je ne peux passer sous silence les nombreuses discussions avec mes étudiants et mes collègues, de même que celles que j'ai eues avec Mme Louise Lévesque, pionnière au Québec dans le domaine des soins aux personnes âgées, qui a joué pour moi un rôle déterminant dans ma carrière de chercheuse. Ces moments précieux m'ont amenée à rendre accessibles, au plus grand nombre, les résultats d'études réalisées au cours des dernières années en partenariat avec différentes équipes. Ces recherches ont mis en lumière certains résultats probants qui peuvent alimenter la pratique des intervenants et celle des futurs praticiens. Le transfert des connaissances de la recherche vers la pratique étant un processus qui demeure relativement lent malgré l'avancement accéléré des savoirs, c'est avec le souci de contribuer un tant soit peu à ce processus que ce livre a été rédigé.

Avec le vieillissement de la population et les responsabilités croissantes qui sont dévolues aux familles, nous aurons probablement tous, un jour ou l'autre, à prendre soin d'un parent âgé. Il est aussi fort probable que nous ayons besoin de services ajustés à nos besoins afin de pouvoir offrir ce soutien si important à nos parents vieillissants sans affecter notre propre santé. Avec la crise des finances publiques que nous connaissons actuellement dans le domaine de la santé, de plus en plus de personnes doivent assumer un rôle d'aidant familial. En dépit de toutes les sources possibles de gratification que peut apporter le fait de prendre soin d'un être cher, ces personnes, qui doivent bien souvent délaisser leur travail et leurs activités sociales, compromettent leur propre santé physique et mentale. On compte plusieurs millions d'aidants au Canada, principalement des aidants de personnes âgées. Il va sans dire que la contribution de ces personnes est inestimable et qu'il importe de les soutenir et de leur fournir des stratégies afin qu'elles puissent vivre avec sérénité leur réalité quotidienne.

Dans cette perspective, la première partie de ce livre présente certains éléments contextuels qui permettent de mieux comprendre l'expérience des familles des personnes âgées au seuil du XXIe siècle. Plusieurs enjeux et défis liés à la problématique de l'aide familiale dans le contexte actuel y sont discutés, notamment les changements dans la configuration familiale et au sein du système de santé. Les sources de stress et de gratification exprimées par les aidants familiaux sont aussi décrites, de même que les services qui leur sont offerts. Cette partie se termine avec les attentes des familles relativement au type d'aide qui pourrait le mieux répondre à leurs besoins.

À la suite de cette mise en contexte, la deuxième partie de ce livre présente certaines stratégies visant à soutenir les familles dans leur milieu de vie naturel ou dans un milieu de soins de longue durée. Quelques facteurs qui permettent d'expliquer pourquoi certaines familles vivent mieux que d'autres les transitions ou les changements inhérents à leur trajectoire de vie y sont d'abord passés en revue afin de mettre en lumière les éléments à prendre en compte dans les interventions de soutien. Le passage au rôle d'aidant est entre autres abordé. Les interventions présentées dans cette deuxième partie ont, pour la plupart, été expérimentées et évaluées dans le cadre de recherches qui soulignent leur potentiel pour favoriser la qualité de vie des familles. C'est principalement à partir d'un modèle de gestion du stress que certaines modalités d'intervention qui peuvent venir en aide aux familles sont présentées. Il s'agit de pistes concrètes pour les intervenants et les personnes en formation, pouvant être utilisées selon une approche

individuelle, une approche de groupe ou encore en utilisant différentes technologies. Cette dernière partie du livre se termine sur
quelques considérations pour l'avenir des interventions auprès des
familles. On y aborde l'importance d'implanter des systèmes de soins
intégrés pour les personnes âgées et leur famille, la nécessité de tenir
compte de l'ajustement culturel des services et l'indispensable formation des intervenants.

Ce livre a été rédigé dans l'espoir d'éclairer les intervenants sur les
enjeux et les défis des familles ainsi que sur certaines possibilités qui
s'ouvrent à eux pour les soutenir dans leur trajectoire de soins. Depuis
plusieurs années, les médias et les discours politiques mentionnent la
présence « d'aidants naturels » dans notre société. Il est temps de
reconnaître la nécessité de soutenir ces personnes dans leur lourd travail quotidien, somme toute, si peu naturel…

Je termine en remerciant les principaux acteurs qui ont fait de ce livre
ce qu'il est, principalement les familles qui ont participé à mes projets
de même que mes mentors qui m'ont donné le goût d'apprendre et de
partager les connaissances acquises au fil des ans. Un merci sincère à
tous les collaborateurs des études présentées dans ce livre, chercheurs
et agents de recherche, de même qu'aux nombreuses personnes qui ont
partagé avec moi la tâche si enrichissante qu'est celle d'interviewer les
familles des personnes âgées. L'une d'entre elles, Mme Hélène-Louise
Dupont-Élie, a été fidèlement présente au cours de toutes ces années
et m'a souvent permis, par ses questions et sa curiosité intellectuelle,
de raffiner mes pensées et mes observations. Merci également au
Mouvement Desjardins qui a cru en ce programme de recherche en
soutenant financièrement une chaire d'études sur la thématique des
aidants familiaux. Le personnel de la bibliothèque de l'Institut universitaire de gériatrie de Montréal, une des grandes bibliothèques de
géronto-gériatrie au monde, a aussi apporté une contribution inestimable en facilitant la mise à jour des références citées dans cet
ouvrage. Enfin, la part de mes nombreux étudiants qui s'intéressent
à l'expérience des familles mérite aussi d'être soulignée. Ces futurs chercheurs assureront, j'en suis convaincue, la relève dans ce champ d'études
si important pour la société d'ici et d'ailleurs.

Francine Ducharme, 2006

Table des matières

DEUXIÈME PARTIE - Comment soutenir les familles des personnes âgées ?

Le soin des parents âgés au sein des familles : contexte historique et contemporain

Chapitre 1

D'hier à aujourd'hui : un survol des grands changements

Sommaire

I l nous apparaît important d'amorcer notre réflexion sur l'aide familiale aux personnes âgées en rappelant la situation des soins au sein des familles d'autrefois. Cette mise en contexte historique permet d'aborder les grands changements qui se sont produits dans les configurations familiales et dans le système de santé, ainsi que de mieux comprendre la situation des aidants familiaux d'aujourd'hui. Parmi ces changements, on ne peut passer outre au phénomène du vieillissement des populations, phénomène dont il est également question dans ce premier chapitre.

Mise en contexte

Certains d'entre nous peuvent sans doute se remémorer les dernières étapes de la vie de leurs grands-parents à domicile. Dans la société traditionnelle, il était d'usage de prendre soin, chez soi, de ses parents âgés. Ce phénomène s'inscrivait au sein d'une dynamique sociale implicite de réciprocité parents-enfants. Ainsi, les parents assuraient la croissance et la survie matérielle de leurs enfants qui, parvenus à l'âge adulte, devaient en contrepartie veiller à la sécurité et aux soins de leurs parents âgés. Les valeurs de l'époque favorisaient la cohabitation parents âgés-enfants jusqu'aux dernières étapes de la vie (Santerre, 1986). Bien souvent, l'héritage faisait aussi partie intégrante de ce processus de don et de contre-don (Godbout, 2000). Dans la parenté, ceux qui donnaient s'attendaient à ce qu'on leur témoigne une certaine reconnaissance et à ce qu'on les aide à leur tour au besoin, selon un principe de réciprocité familiale. Par exemple, dans la société agricole, la ferme appartenait au père, qui la léguait à son fils et à sa belle-fille ayant soigné celui-ci à la maison jusqu'à ses derniers jours. Dans cette société traditionnelle, il était commun de rencontrer une cohabitation entre trois générations, les soins requis par les parents âgés étant prodigués par une mère au foyer, généralement la fille ou la belle-fille (Ward-Griffin et Marshall, 2003). En somme, durant toute la période précédant la Deuxième Guerre mondiale, la santé était une affaire privée, et l'État n'assumait de responsabilités que lorsque les ressources financières des familles étaient complètement épuisées (Eichler, 1988).

Avec l'industrialisation et la période d'après-guerre, le Canada, de même que plusieurs autres sociétés capitalistes, a connu un essor économique considérable. La responsabilité « privée » des soins de santé est passée graduellement à une responsabilité « publique ». La dynamique de l'aide aux proches âgés a ainsi subi des modifications importantes, notamment en raison des soins dorénavant prodigués par des professionnels ayant une expertise technique (Keating *et al.*, 1997). D'autres facteurs permettent aussi d'expliquer les changements majeurs dans la façon dont la société québécoise a considéré les personnes vieillissantes au cours de cette période d'après-guerre : le passage de la campagne à la ville de nombreuses familles, l'arrivée des femmes – principales aidantes familiales – sur le marché du travail, l'émergence de programmes sociaux et la baisse marquée de la natalité contribuant à la réduction de la taille du réseau d'entraide familial en sont quelques-uns.

Aujourd'hui, et depuis près de deux décennies déjà, les réductions majeures des coûts qui ont dû être imposées aux systèmes de santé de nombreux pays ont occasionné une diminution marquée des services publics offerts aux familles. Cette situation fait en sorte que l'on constate actuellement un certain désengagement de l'État et un véritable mouvement de retour vers la responsabilisation familiale quant aux soins aux personnes âgées. D'autres tendances telles que le vieillissement marqué des populations, le manque de places disponibles dans les centres de soins de longue durée et les avancées technologiques en soins à domicile contribuent également à ce phénomène.

Voyons quelques statistiques sur le vieillissement qui confirment la nécessité de se préoccuper du soutien aux personnes âgées.

Quelques statistiques sur le vieillissement des populations

Le vieillissement d'une société s'explique par l'important écart entre l'accroissement des aînés et celui de la population totale. Au Québec, par exemple, la proportion de personnes âgées est passée de 5,8 %, en 1961, à 13,0 %, en 2001. On projette qu'elle sera de 29,7 % en 2051 (Gauthier *et al.*, 2004). Le rapport entre les personnes âgées et les jeunes offre un portrait particulièrement saisissant du contexte démographique. Ainsi, les générations de 1931-1936, qui avaient entre 65 et 70 ans en 2001, sont entrées dans ce que l'on appelle le 3e âge au moment où il y avait une personne âgée pour deux jeunes ; 20 ans plus tard, soit en 2021, lorsque ces personnes auront entre 85 et 90 ans, il y aura une personne âgée pour seulement un jeune (Gauthier *et al.*, 2004). Ce sont les groupes d'âge appartenant aux générations du *baby-boom* qui demeurent les plus nombreux aujourd'hui.

Au sein de l'Union européenne, les statistiques sont semblables et révèlent que, d'ici 2030, il manquera à l'Union 20,8 millions de personnes en âge de travailler. Plus précisément, deux personnes actives (de 15 à 65 ans) devront s'occuper d'une personne de plus de 65 ans. Par ailleurs, l'Europe comptera 18 millions d'enfants et de jeunes de moins qu'aujourd'hui.

En somme, tous ces changements démographiques contribuent à un phénomène intergénérationnel grandissant dans nos sociétés. En effet, l'accroissement de la longévité a pour conséquence d'augmenter la durée des relations familiales. La majorité des parents et des enfants partagent maintenant certains aspects de leur vie pendant plus de 50 ans. Bien des grands-parents connaissent ainsi leurs petits-enfants pendant plus d'une vingtaine d'années. De plus, dans plusieurs familles d'aujourd'hui, il n'est pas rare de rencontrer un enfant qui connaît ses parents, ses grands-parents et ses arrière-grands-parents. Les familles de quatre générations sont fréquentes; certaines familles comportent même une 5e génération! Les relations intergénérationnelles sont donc d'une complexité croissante, et des solidarités se développent. Le Conseil de la famille et de l'enfance (2004) mentionne avec justesse que l'on est passé, notamment au Québec, de la famille « élargie » à la famille « allongée ».

Toutefois, même si chaque nouvelle génération née dans la première moitié du XXe siècle peut vivre cinq ans de plus que la génération née dix ans plus tôt, il semble qu'au tournant du millénaire, 40 % des personnes âgées de 75 ans et plus sont atteintes d'incapacités modérées ou graves qui affectent leur mobilité, leurs habiletés de communication ou leur santé mentale (Gauthier *et al.*, 2004). De même, les troubles cognitifs (maladie d'Alzheimer et autres démences) sont répandus chez les personnes très âgées. Les statistiques démontrent que 33 % des personnes de 85 ans et plus en sont atteintes (Société Alzheimer du Canada, 2001). On peut donc dire que, même si l'on tend de plus en plus vers un vieillissement en bonne santé ou un « bien-vieillir », une proportion considérable de personnes vieillissent avec des problèmes qui nuisent à leur autonomie et qui nécessitent une forme ou une autre d'aide et de soutien.

Les changements dans la configuration des familles et des systèmes de santé : leurs impacts sur les soins aux parents âgés

Avec la productivité de la société industrielle et le mode de vie en accéléré qui lui est associé, les formes de relation d'aide et de soutien à l'égard des parents vieillissants en perte d'autonomie se sont modifiées. Les familles de l'ère de la modernité ne constituent plus une entité monolithique telle que nous la connaissions jadis, et cela est vrai dans plusieurs pays industrialisés. Elles sont plus fréquemment caractérisées par la monoparentalité et la reconstitution, variables qui réduisent la capacité de soutien aux parents âgés (Conseil consultatif national sur le troisième âge, 2000). On ne peut plus parler de familles nucléaires comme d'un prototype de la famille contemporaine. Les familles ont une structure et un mode de fonctionnement de plus en plus complexes, et il est difficile de définir la famille si ce n'est que par les liens affectifs qui unissent ses membres. Les familles comprennent aussi, comme nous l'avons mentionné, plus de membres âgés et moins de jeunes. Elles sont également plus mobiles sur le plan géographique. Il n'est plus rare d'avoir un frère ou une sœur qui vit outre-mer. La mondialisation et l'effacement graduel des frontières constituent un contexte propice aux familles «internationales». Par ailleurs, il est reconnu que les personnes âgées d'aujourd'hui manifestent le grand désir de vieillir au sein de leur propre domicile, le plus indépendamment possible de leurs enfants. Depuis la fin des années 1960, certains auteurs parlent d'une «intimité à distance», souhaitée tant par les parents que par les enfants (Rosenmayr, 1968).

> *Le terme « famille » est un euphémisme pour parler des femmes, principales aidantes.*

En dépit de tous ces changements dans la configuration des familles, les personnes âgées n'en sont pas pour autant abandonnées. Cet abandon est mythique, mais il a longtemps persisté dans l'imaginaire collectif. Afin de démontrer la ténacité de cette croyance, Shanas, dans un écrit classique datant de 1979, établissait une analogie intéressante entre le mythe de l'abandon familial et l'hydre de Lerne, ce monstre de la mythologie grecque paré de neuf têtes qui repoussaient aussitôt coupées.

En fait, les années 2000 se démarquent par la grande contribution des familles: plus d'enfants adultes fournissent des soins plus complexes pendant de plus longues périodes de temps qu'ils ne le faisaient auparavant. Les familles assuraient environ 80 % du soutien et des soins à leurs membres âgés à la fin des années 1980 (Garand et Bolduc, 1990). On reconnaît, dix ans plus tard, qu'elles assurent, au Canada, près de 90 % de l'aide et des soins aux personnes âgées vulnérables qui présentent des problèmes de santé chroniques à domicile (Keating *et al.*, 1999).

Les familles demeurent donc aujourd'hui la principale ressource de soutien des personnes âgées, et ce phénomène semble quasi-universel. Ainsi, en Allemagne, près de la moitié des personnes âgées dépendantes sont uniquement aidées par leur entourage. En Italie, le soutien aux personnes âgées est « naturellement » du ressort des familles, et les services sont utilisés en dernier recours. En Espagne, près de 80% des personnes dépendantes reçoivent un soutien de leurs proches ; au Royaume-Uni, 87 % d'entre elles reçoivent de l'aide de leur famille tout en recourant, dans la moitié des cas, aux services disponibles (Novartis, 2005).

Le terme « famille » est néanmoins un euphémisme pour parler des femmes qui sont encore aujourd'hui, malgré l'engagement croissant des hommes, les principales pourvoyeuses de soutien, d'aide et de soins au sein des familles. Les femmes contribuent de façon importante au maintien des personnes âgées dans leur environnement familier, le domicile. Elles agissent en tant qu'aidantes ; toutefois, le plus souvent, elles le font en tant que véritables soignantes, les soins des centres hospitaliers étant transférés au domicile.

De façon plus particulière, dans le contexte actuel, les responsabilités relatives aux soins donnés aux parents âgés sont souvent attribuées aux conjointes, elles-mêmes âgées et vulnérables. Cette charge de soins est également de plus en plus comblée par des femmes de 45 à 64 ans dont les enfants vivent à la maison. Cette génération montante a été dénommée la « génération sandwich », génération prise entre les soins à prodiguer à ses parents âgés, l'accomplissement du rôle de parent envers des adolescents ou de jeunes adultes et la conciliation travail-famille. La formation tardive des familles est l'un des facteurs qui font en sorte que les membres plus âgés de la famille ont besoin de soins, alors que les enfants font encore partie du ménage.

L'ensemble de ces données statistiques ont permis de mettre en évidence le fait que les membres des familles assurant, à titre non professionnel, une aide et des soins à leurs parents constitue un rouage essentiel à l'intégration sociale des personnes âgées (ministère de la Santé et des Services sociaux du Québec, 2003). Ces personnes ont été tour à tour dénommées aidants naturels, aidants informels, aidants familiaux, personnes-soutien et proches-aidants, et elles ont fait l'objet de nombreux débats sociaux et politiques au cours des dernières années (Saint-Charles et Martin, 2001). Toutefois, les grandes transformations qui prévalent au sein du système de santé et la nécessité de réduire à tout prix les coûts occultent malheureusement encore bien souvent l'importance de leur rôle. En 1989, Lesemann et Chaume parlaient des « Familles Providence ». Aujourd'hui, ces familles demeurent Providence : des soins aigus, incluant des aspects techniques complexes ainsi que des habiletés de gestion des problèmes de santé et de négociation des services, se surajoutent à l'expérience affective souvent difficile de prendre soin d'un être aimé.

Ces soins qui font appel à des habiletés sophistiquées sont prodigués couramment à la maison par les aidants familiaux. Mais est-ce si « naturel » de fournir tant d'aide et de soins sans formation ? Pour souligner les grandes attentes que la société entretient à l'égard des familles, l'exemple de la réforme du Code des professions au Québec (Code des professions, 2004) est percutant. Cette réforme vise notamment à favoriser la collaboration interprofessionnelle. Ainsi, plusieurs activités sont maintenant partagées entre plusieurs professions. Par ailleurs, et étrangement, certaines activités sont « exceptées » pour les familles qui prennent soin d'un proche à domicile. On mentionne dans ce code révisé qu'« un parent, une personne qui assure la garde d'un enfant ou un aidant naturel peut exercer des activités professionnelles réservées à un membre d'un ordre » (Code des professions, 2004, article 39.6). On y mentionne clairement que « les soins invasifs d'assistance aux activités de la vie quotidienne sur une base durable et nécessaire au maintien de la santé ne constituent pas une activité professionnelle réservée à un membre d'un ordre » (Code des professions, 2004, article 39.7). On sanctionne donc, par cette loi, le droit aux familles de poser des actes complexes que l'on réserve par ailleurs à des professionnels formés dans les milieux de soins.

Ainsi, des changements majeurs dans les modes de dispensation des soins au Canada, et partout ailleurs dans le monde occidental, font en sorte que les personnes reçoivent de plus en plus de soins par les membres de leur famille au sein de leur milieu de vie naturel.

Le tableau 1.1 présente une synthèse des principaux facteurs liés à l'environnement familial, à l'environnement de santé et à l'environnement politique qui ont une influence sur la prise en charge familiale des parents vieillissants dans le contexte actuel. Les vocables « désinstitutionnalisation », « diminution des taux d'hébergement dans les centres de soins de longue durée », « réduction des hospitalisations et des durées de séjour en milieu hospitalier », « maintien à domicile » et « virage ambulatoire » sont aujourd'hui communs et appellent tous au transfert des lieux publics et privilégiés de soins qu'étaient les centres hospitaliers, vers le domicile, lieu de vie privée. Ces changements qu'ont connus récemment les systèmes de santé des pays industrialisés de même que leurs conséquences sur la contribution des familles aux soins des personnes âgées, sont présentés au chapitre suivant.

TABLEAU 1.1	Quelques facteurs influant sur la prise en charge familiale des parents vieillissants

Facteurs liés à l'environnement familial
- Baisse de la natalité – familles de petite taille ;
- Présence importante des femmes sur le marché du travail ;
- Arrivée et départ tardifs des enfants dans la famille ;
- Diversification des structures de vie familiale ;
- Familles caractérisées fréquemment par la reconstitution – stabilité réduite ;
- Relations familiales complexes incluant plusieurs liens intergénérationnels – augmentation de la durée de vie familiale ;
- Variabilité dans les rôles familiaux ;
- Mobilité géographique des familles ;
- Valeurs centrées sur l'individualisme.

Facteurs liés à l'environnement de santé
- Vieillissement de la population ;
- Longévité accrue ;
- Augmentation des maladies chroniques liées à l'âge ;
- Variabilité des besoins liés aux problèmes de santé ;
- Avancées technologiques ;
- Diminution des lits de soins de longue durée pour les personnes âgées.

Facteurs liés à l'environnement politique
- Diminution des dépenses publiques liées à la santé – restrictions budgétaires ;
- Augmentation de la responsabilisation des familles eu égard aux soins ;
- Virage des soins institutionnels vers le maintien à domicile et les soins ambulatoires ;
- Réglementation en faveur de la déprofessionnalisation de certains soins.

RÉDUCTION DE LA CAPACITÉ DES FAMILLES À « PRENDRE SOIN »

Références

CONSEIL CONSULTATIF NATIONAL SUR LE TROISIÈME ÂGE. Les aînés de demain. *Bulletin du Conseil consultatif sur le troisième âge*, vol. 13, n° 2, 2000, p. 5.

CONSEIL DE LA FAMILLE ET DE L'ENFANCE. *Avis. Vieillissement et santé fragile. Un choc pour la famille ?*, Québec, 2004.

EICHLER, M. *Families in Canada Today*, Toronto, Sage, 1988.

GARANT, L. et M. BOLDUC. *L'aide par les proches : mythes et réalités*, Québec, ministère de la Santé et des Services sociaux, 1990.

GAUTHIER, H., S. JEAN, G. LANGIS, Y. NOBERT et M. ROCHON. *Vie des générations et personnes âgées : aujourd'hui et demain*, Québec, Institut de la statistique du Québec, 2004.

GODBOUT, J. *Le don, la dette et l'identité*, Montréal, Boréal, 2000.

KEATING, N., J. FAST, I. CONNIDIS, M. PENNING et J. KEEFE. « Bridging policy and research in elder care », *Canadian Journal on Aging, Supplement*, vol. 16, 1997, p. 22-41.

KEATING, N., J. FAST, J. FREDERICK, K. CRANSWICK et C. PERRIER. *Soins aux personnes âgées au Canada : contexte, contenu et conséquences*, Ottawa, Statistique Canada, 1999.

LESEMANN, F. et C. CHAUME. *Famille-Providence : La part de l'État*, Montréal, St-Martin, 1989.

MINISTÈRE DE LA SANTÉ ET DES SERVICES SOCIAUX DU QUÉBEC. *Chez soi : le premier choix*, Politique de soutien à domicile, Québec, gouvernement du Québec, 2003.

NOVARTIS. *La lettre de la proximologie*, n° 31, 2005.

PUBLICATIONS QUÉBEC, *Code des professions*, L.R.Q., ch. C-26, art. 39.6 et 39.7, Québec, gouvernement du Québec, 2004.

ROSENMAYR, L. « Family relations of the elderly », *Journal of Marriage and the Family*, vol. 30, 1968, p. 672-680.

SAINT-CHARLES, D. et J.-C. MARTIN. « De la perspective d'"aidant naturel" à celle de "proche-soignant" : un passage nécessaire », *Santé mentale au Québec*, vol. 26, 2001, p. 227-234.

SANTERRE, R. « Vieillir au Québec hier et aujourd'hui », *Cahiers de l'Association canadienne-française pour l'avancement des sciences*, vol. 56, Montréal, ACFAS, 1986, p. 45-58.

SHANAS, E. « Social myth as hypothesis : the case of the family relations of old people », *The Gerontologist*, vol. 19, 1979, p. 3-9.

SOCIÉTÉ ALZHEIMER DU CANADA. *La maladie d'Alzheimer : statistiques. Les personnes atteintes de la maladie*, 2001 (www.alzheimer.ca).

STATISTIQUE CANADA. *Enquête sociale générale 2002*, Ottawa, Statistique Canada, 2002.

WARD-GRIFFIN, C. et V. MARSHALL. « Reconceptualizing the relationship between "public" and "private" eldercare », *Journal of Aging Studies*, vol. 17, 2003, p. 189-208.

Chapitre 2

La structuration des services de santé et ses conséquences sur les familles

Sommaire

N ous abordons dans ce chapitre les caractéristiques actuelles du système de santé touchant particulièrement les familles qui prennent soin d'un proche âgé. Les éléments marquants du virage ambulatoire et du maintien à domicile ainsi que ceux de l'hébergement en milieu de soins de longue durée y sont tour à tour présentés.

Le virage que l'on dit « ambulatoire »

Comme nous l'avons mentionné au premier chapitre, dans plusieurs pays industrialisés, les soins de santé sont de plus en plus dispensés au sein du milieu de vie naturel, soit à domicile. Au Québec, c'est depuis 1995 que le vocable « virage ambulatoire » est fréquemment utilisé pour parler d'un système où le milieu de vie est officialisé comme lieu de dispensation des services de santé (Di Domenico, 1995). Dans une perspective plus systémique, il importe de souligner, comme le fait si justement Lesemann (2002), que le virage ambulatoire constitue un changement paradigmatique des fonctions providentielles de l'État.

À titre d'exemple, mentionnons qu'entre 1990 et 1996, au Québec, la durée de séjour en milieu hospitalier est passée, pour les personnes âgées de 65 ans et plus, de 14,6 jours à 11,8 jours (ministère de la Santé et des Services sociaux, 1997). Dans ce contexte de transfert des soins des centres hospitaliers vers le domicile, les aidants familiaux, déjà surchargés de responsabilités, s'en voient imposer davantage. Des statistiques québécoises (Trahan *et al.*, 2000) démontrent, entre autres, que la famille et les proches constituent la principale source d'aide à domicile tant pour les personnes qui ont été hospitalisées (81 %) que pour celles ayant subi une chirurgie d'un jour (96 %). En fait, ces familles offrent plus que de l'aide et du soutien ; elles prodiguent des traitements à domicile. Plus précisément, la famille joue un rôle important auprès des personnes traitées en chirurgie d'un jour et offre plus de traitements, tels que pansements, injections et prises de pression artérielle, que ne le font les centres locaux de services communautaires (CLSC) du Québec.

Il va sans dire que ces changements dans le mode de dispensation des soins pourraient être perçus de façon positive, notamment en tant qu'orientation porteuse de nouveaux espaces de liberté, une réponse à une quête d'autonomie, une valorisation des initiatives de soins alternatifs et une source de découverte de différentes formes de solidarité (Lesemann, 2002). Toutefois, ils ont été apportés relativement rapidement, sans que l'on s'interroge sur les besoins, les attentes et les réelles capacités des principaux acteurs de ce changement : les familles. Somme toute, ce virage a été amorcé avant d'avoir une connaissance approfondie de la signification de ce phénomène.

C'est à la suite de ces constats que nous avons conduit, quelques années après l'émergence du virage ambulatoire, une étude sur la perception des femmes âgées quant à leur situation de soignantes à domicile (Ducharme *et al.*, 2000a). Ces femmes âgées sont souvent les principales soignantes, et ce, même si elles sont elles-mêmes dans un état de vulnérabilité. Nous avons interrogé, individuellement ou en groupe, près d'une cinquantaine de femmes de plus de 65 ans qui prodiguaient des soins à domicile à leur conjoint à la suite d'une hospitalisation pour un problème médical ou chirurgical. Nous voulions connaître leur expérience, de même que les stratégies qu'elles utilisaient pour composer avec leur situation. Plusieurs d'entre elles nous ont affirmé qu'elles se considéraient comme de « véritables infirmières », sans toutefois avoir la formation nécessaire et les habiletés pour exercer ces tâches. Elles avaient, pour la plupart, des problèmes de santé personnels, et la majorité n'avaient jamais vécu une telle expérience au cours de leur trajectoire de vie. Environ la moitié de ces femmes devaient offrir des soins relativement simples à leur conjoint à la suite d'une chirurgie mineure (par exemple, une opération pour des cataractes), alors que les autres devaient prodiguer des soins complexes à la suite de chirurgies ou de problèmes majeurs. Cette étude a apporté certains éléments de compréhension intéressants sur les défis, bien sûr, mais aussi sur les grandes sources de stress de ces aidantes, éléments qui offrent des pistes pour le soutien à domicile. Voyons comment ces femmes nous ont parlé de leur réalité.

Que pensent les conjointes âgées du virage ambulatoire ?

Les résultats de notre étude soulignent que le fait de prodiguer des soins à son propre domicile, en dehors du milieu hospitalier, peut comporter de nombreux avantages à la condition que les soins exigés soient relativement simples et faciles à donner. Les aidantes qui avaient, par exemple, à administrer une médication (gouttes, onguents ou autres), à fournir une assistance légère pour les activités de la vie quotidienne (se laver, s'habiller, s'alimenter, se déplacer) ou encore à assurer une certaine surveillance du site opératoire ou de l'état de santé général de leur conjoint ont décrit de nombreux aspects positifs eu égard au virage ambulatoire, aspects que nous allons illustrer à l'aide de quelques extraits de leurs propos.

Ces femmes nous ont parlé, entre autres, de la possibilité qui leur était offerte, au sein de leur environnement, de personnaliser les soins :

> « C'est un avantage parce que la personne se retrouve dans son milieu familial. Elle a son lit, ce qui est très important ; elle dort mieux et elle a la nourriture à laquelle elle est habituée... »

Pour elles, soigner à domicile constitue un défi :

> « Moi, j'aime soigner. Je suis encore capable de lui donner des soins. »

Il semble également que la proximité soignante-soigné soit un élément pris en compte. Les aidantes soulignent qu'elles apprécient ne pas se sentir seules :

> « C'est très pratique, il me semble. On ne s'ennuie pas, n'étant pas seule. Quand ce n'est pas grave, que c'est un problème relativement bénin... Qu'est-ce que j'aurais fait, moi, toute seule à la maison ? Je me serais fait du mauvais sang... je suis plus tranquille, car il est à la maison. »

Les aidantes invoquent aussi le processus de guérison accéléré de leur conjoint. La familiarité de l'environnement et le soutien familial sont perçus comme étant des facteurs de guérison :

> « Parce que tel que je connais mon mari, il est bien chez lui ; il est entouré. Ça remonte plus facilement comme cela... »

Avec le retour précoce à domicile, les transports épuisants à l'hôpital sont évités, ce qui contribue à la qualité de vie de ces femmes :

> « Pour moi, c'est très bien. Je n'ai pas besoin d'aller me promener à l'hôpital à tous les jours... »

Enfin, dans une perspective plus globale, les aidantes considèrent qu'elles aident le système de santé en permettant une meilleure gestion des véritables urgences :

> « L'opération était simple et a bien réussi. Il se sentait bien après. Pourquoi le garder à l'hôpital ? On prend la place des autres qui en ont vraiment besoin. »

En dépit de tous les éléments positifs qu'elles perçoivent du virage ambulatoire, ces femmes ont aussi mentionné quelques facteurs de stress liés à leur situation, soit l'anxiété et la peur des complications, se produisant surtout lors de la première nuit suivant le retour au domicile, la quasi-absence de préparation à la courte hospitalisation et au congé ainsi que la fatigue ressentie à la suite de la longue journée à l'hôpital dans les cas d'hospitalisation d'un jour. Par ailleurs, dans l'ensemble, nous avons noté que ces aidantes étaient en mesure de composer avec ces difficultés et les envisageaient comme des défis de courte durée.

La situation des conjointes âgées qui devaient prodiguer des soins complexes à domicile s'est avérée tout à fait différente et mérite que nous la décrivions plus à fond. Les soins que ces femmes devaient offrir étaient des soins que les professionnels offrent habituellement dans les centres hospitaliers : irrigation de plaies, réfection de pansements, administration régulière de médication sous plusieurs formes, y compris les injections, et assistance continue aux activités de la vie quotidienne. La situation de soin était perçue comme étant beaucoup plus stressante et nécessitant des compétences hautement spécialisées. De nombreux aspects négatifs sont ressortis du discours de ces femmes, dont voici les principaux. L'absence de choix possible ou de contrôle relativement à l'expérience vécue a été soulignée de façon redondante :

> « Je savais que c'était trop vite, qu'il sortait trop vite. C'est ça qui est difficile du virage ambulatoire. On n'a pas le choix, il faut vivre avec. Je trouve que c'est stressant pour les personnes qui doivent soigner... c'est moi qui faisais les pansements, il s'était fait amputer. Il fallait faire les pansements, et je n'avais pas le choix. »

Également, ces aidantes ayant souvent un état de santé précaire, elles soulignent cette difficulté qui s'ajoute à leur fardeau :

> « C'est difficile parce que je n'ai pas la santé. Je n'ai pas la force. C'est ce qui est difficile pour moi. Je dois l'aider et j'ai des problèmes à respirer... »

La complexité des soins exigés par la condition de leur époux fait de ces femmes, nous l'avons dit, des quasi-infirmières. Ce nouveau rôle est source d'insécurité :

> « Je ne suis pas qualifiée pour donner des soins ; quand on n'est pas qualifié, il y a bien des choses qu'on oublie... c'est parce que je ne suis pas garde-malade moi, c'est pas un métier que j'ai choisi.

C'est pas ma vocation. Je ne sais pas ce que j'aurais fait s'il y avait eu des complications. J'aurais peut-être pris panique... »

Les aidantes invoquent aussi le manque de planification du congé et l'absence d'enseignement relativement aux soins à offrir à domicile. Le départ est rapide et peu planifié. L'extrait suivant est éloquent et illustre ce manque de planification chez la conjointe d'un homme opéré pour cancer intestinal :

« Je trouve que nous ne sommes pas suffisamment préparées à les recevoir si vite à la maison. Je trouve que c'est un peu vite... ça nous prend par surprise. J'avais demandé, au début de son hospitalisation, combien de jours environ on le garderait... on m'a donné un seul jour d'avis avant le congé. Je leur ai dit que cela n'avait aucun sens et que je me demandais quoi faire. Il n'était pas capable de changer son sac tout seul et moi non plus. »

Enfin, dans une perspective un peu plus globale, la privatisation graduelle des soins de santé est mentionnée par les aidantes. Les familles doivent maintenant payer des frais associés aux soins antérieurement assumés par le système et l'État :

« Cela m'a coûté cher en matériel médical à la sortie de mon mari. Ça prend beaucoup de choses, et ils ne nous disent pas si nous sommes défrayés ou pas, ou si on peut réclamer cela sur nos assurances. Il y a aussi des services qu'on peut avoir pour nous aider, mais il faut aussi payer pour cela. »

Ces résultats nous ont permis de constater que les conjointes âgées perçoivent un stress important relativement à leur expérience de soignantes, de même qu'une absence de contrôle devant leur situation.

Par ailleurs, nous avons questionné ces aidantes sur les moyens utilisés pour composer avec les difficultés invoquées. Les stratégies qui semblent les aider davantage sont principalement d'ordre cognitif. Il s'agit de stratégies qui permettent une certaine distanciation et un recadrage des situations. Les aidantes tentent d'envisager différemment la situation, de la voir autrement. En voici un exemple :

« Moi, je me trouve chanceuse lorsque je me compare avec les mamans qui ont des bébés qui naissent infirmes, avec de sérieux handicaps. Je sais que dans mon cas, cela ne durera pas 40 ans. Il a 85 ans. Il faut que j'essaie de m'encourager de cette façon-là. »

Demander du soutien aux enfants et recourir aux services sont des stratégies utilisées uniquement en dernier ressort. Les aidantes utilisent davantage de stratégies personnelles de résolution de problème :

> « La semaine passée, ma fille est venue pour l'épicerie. Je ne lui en demande pas plus. Les enfants travaillent. Si je suis mal prise, ils vont venir, mais je tente de m'organiser. »

> « J'avais les références pour l'hôpital. Je n'ai pas osé. Peut-être que c'est ma mentalité. Pour moi, ç'aurait été de déranger pour rien… c'est un service qui aurait pu servir ailleurs et pour quelqu'un d'autre… »

Les données recueillies dans le contexte de cette étude sont intéressantes dans la mesure où elles fournissent des indications sur les besoins des conjointes aidantes et sur leur expérience en tant qu'actrices importantes du virage ambulatoire. Ce virage n'est perçu positivement et comme un défi que lorsqu'un certain contrôle sur la situation semble possible. Les aidantes se sentent compétentes et outillées pour offrir des soins relativement simples et voient dans la situation l'occasion d'apporter une touche personnelle aux soins. Dans ce contexte, elles sont en mesure d'apprécier le rapport coût/bénéfice lié au fait de prodiguer des soins à domicile. Par ailleurs, dans les cas où les traitements nécessitent des habiletés sophistiquées et une disponibilité continue, la situation est porteuse de stress et d'anxiété. Les aidantes perçoivent un manque de contrôle et une menace potentielle pour leur bien-être. Le tableau 2.1 présente un résumé des avantages et des inconvénients du virage ambulatoire issus des résultats de cette étude.

Enfin, dans une perspective plus globale, les récents constats sur la tendance aux soins ambulatoires soulignent, comme le dit Khalid (2001), que ce virage est issu d'un discours consistant à déréglementer, à déprofessionnaliser, à privatiser de plus en plus, à responsabiliser les usagers et, surtout, à réhabiliter la famille, le don et le bénévolat. Voilà un retour aux valeurs du passé dans un contexte de modernité. Ce virage s'inscrit aussi dans une perspective plus large de désinstitutionnalisation et dans une orientation sociétale « familialiste » de maintien à domicile des personnes âgées. Cette orientation, explicite depuis quelques décennies, sollicite grandement les familles. La prochaine section traite de ce phénomène en lien avec les responsabilités familiales qui le caractérise.

TABLEAU 2.1   Le virage ambulatoire tel que perçu par les aidants familiaux
Ses avantages • Possibilité de personnaliser les soins au sein du domicile ; • Défi associé aux soins à prodiguer ; • Plus grande proximité aidant-aidé ; • Environnement familier pour l'aidé ; • Accélération du processus de guérison au sein de l'environnement naturel ; • Réduction des transports épuisants hôpital-maison-hôpital.
Ses inconvénients • Absence de choix ou de contrôle relativement au retour précoce à domicile ; • Préparation au congé hospitalier souvent déficiente ; • Offre limitée de soins à domicile par le réseau de la santé ; • Anxiété et peur des complications ; • Fatigue de l'aidant liée à son état de santé précaire (dans le cas d'aidants âgés) ; • Complexité trop grande des soins à prodiguer, conduisant à de l'insécurité (rôle de « quasi-infirmière ») ; • Transfert des coûts financiers liés aux soins à domicile, du système de santé vers les usagers.

Tiré de DUCHARME, F., G. PÉRODEAU et D. TRUDEAU. « Perceptions, stratégies d'adaptation et attentes des femmes âgées aidantes "naturelles" dans la perspective du virage ambulatoire », *Revue canadienne de santé mentale communautaire*, vol. 19, 2000, p. 79-103.

Le maintien à domicile des personnes âgées... une orientation qui engage les familles

La situation des personnes âgées en perte d'autonomie est probablement la situation qui illustre le mieux le mouvement global de désinstitutionnalisation qui a pris son ampleur depuis plusieurs années dans de nombreux pays (Carrière *et al.*, 2002). On « maintient » les personnes âgées dans leur habitat naturel en invoquant plusieurs raisons : les coûts prohibitifs associés à l'utilisation des ressources plus lourdes du système, entre autres, l'hébergement en centre de soins de longue durée (Harrow *et al.*, 1995) et, bien sûr, le désir des personnes âgées elles-mêmes de vieillir chez elles, ce qui a inspiré l'intitulé de la politique de soutien à domicile du Québec parue en 2003, *Chez soi : le premier choix* (ministère de la Santé et des Services sociaux, 2003a).

Cette orientation des soins aux personnes âgées a aussi émergé avec le vieillissement accéléré de la population, phénomène exerçant de très fortes pressions sur le système de santé. Elle découle, de façon implicite, d'un *a priori* : la famille est une source de soutien qui permettra de bien vieillir à domicile.

Les services offerts dans le cadre de cette orientation de maintien à domicile ne seraient toutefois utilisés qu'en dernier recours (Carrière *et al.*, 2002). Des chercheurs québécois ont documenté une véritable « réticence » des familles à utiliser les services offerts actuellement au sein du système de santé (Paquet, 2001), et ce, même lorsque les aidants souffrent de détresse psychologique et que leur proche a une condition de santé détériorée (Lévesque *et al.*, 2000a). Chen et Wilkins (1998) ont estimé, à partir des données de Statistique Canada, qu'au moins la moitié des personnes âgées recevant de l'aide au Canada l'obtient uniquement de sources informelles, notamment de leur famille. Les explications à ce phénomène seraient de deux ordres : les services seraient peu adaptés aux besoins particuliers des familles qui soutiennent un parent âgé, mais, plus encore, une logique familiale de soutien qui perdure toujours ferait en sorte que l'on a recours à des services uniquement « lorsqu'on n'en peut plus ». Comme le souligne si bien Mario Paquet (2003) dans son livre sur l'expérience de soins à domicile, « on vous appellera quand on aura besoin d'aide » caractérise l'attitude de nombreuses familles aidantes. D'autres études ont aussi permis de constater que la présence d'un conjoint ou d'autres parents dans un domicile réduit le recours aux services formels (Carrière *et al.*, 2002).

En dépit de cette réticence, les besoins en services de soutien à domicile ont considérablement augmenté au cours des dernières décennies. Les pertes d'autonomie d'un pourcentage de plus en plus important de personnes vieillissantes et le peu de lits dans les établissements de soins expliquent ce phénomène. Ce besoin en services survient toutefois sans que les ressources financières permettent d'innover et d'offrir de tels services. Même si certaines politiques tentent d'énoncer de plus en plus clairement la nécessité de soutenir les familles, les mesures concrètes visant à actualiser ce soutien ne sont pas encore mises en place. Ainsi, on souligne dans la Politique québécoise de soutien à domicile que les proches-aidants doivent être considérés comme des « clients » des services et que leur engagement doit être volontaire et résulter d'un choix libre et éclairé (ministère de la Santé et des Services sociaux, 2003a). L'opérationalisation de cette politique reste à réaliser. Il est par ailleurs intéressant de noter que le vocable « soutien à domicile » est préféré, dans l'énoncé de cette politique, à « maintien à domicile », le terme « soutien » mettant davantage l'accent sur la personne en mesure d'exercer ses propres choix.

Par ailleurs, on ne peut passer sous silence que la clientèle des services de soutien à domicile « s'alourdit » progressivement. Aujourd'hui, les familles sont confrontées à des proches fragiles et vulnérables, manifestant souvent des pertes cognitives importantes. On rencontre, par exemple, de plus en plus d'aidants qui doivent, 24 heures sur 24, offrir des soins et une surveillance continue à leur parent souffrant de problèmes de mémoire, d'attention et de jugement associés à la maladie d'Alzheimer. Pour illustrer l'ampleur de ce phénomène, on dénombrait, en 2001, plus de 200 000 Canadiennes et Canadiens atteints de la maladie d'Alzheimer (Société Alzheimer du Canada, 2001). Le travail des aidants familiaux de ces personnes se poursuit souvent dans l'ombre, pendant 8 à 12 ans (Bédard *et al.*, 2001), d'où l'expression de plus en plus utilisée de « carrière » d'aidant familial (Aneshensel *et al.*, 1995). Soigner un proche atteint de la maladie d'Alzheimer à domicile est une expérience particulièrement éprouvante. La perte des fonctions dites « nobles » du cerveau de l'être cher fait en sorte qu'il est difficile de reconnaître cette personne tellement sa personnalité et ses comportements se modifient, ce qui complexifie la dynamique familiale et contribue à la souffrance des aidants (Thomas et Thomas, 1999). Dans un écrit classique sur ce sujet, on parle d'un travail de 36 heures par jour pour les familles qui vivent cette situation (Mace et Rabins, 2001). On ne peut oublier également le cas des familles, de plus en plus nombreuses, qui prodiguent des soins palliatifs à leurs proches âgés en phase terminale.

> *Soigner un proche souffrant de déficiences cognitives est une expérience particulièrement difficile pour les familles.*

Toutes ces situations rencontrées fréquemment dans le contexte actuel des soins de santé font en sorte que des ressources complémentaires doivent être attribuées pour les soins dans la communauté. Les familles ayant moins de membres, le soutien des services devient indispensable. L'orientation vers le maintien à domicile des aînés devra inévitablement être accompagnée de mesures de soutien aux familles afin qu'elle demeure réaliste pour les futures cohortes. Sinon, qu'arrivera-t-il avec l'arrivée de tous les *baby-boomers* dans les rangs des 65 ans et plus ?

Lorsque le maintien à domicile n'est plus possible : l'hébergement en centre de soins de longue durée

À la suite du virage ambulatoire et dans une perspective de maintien à domicile, le phénomène de l'hébergement des personnes âgées dans les centres de soins de longue durée s'est considérablement modifié. En 1993, par exemple, le Québec détenait 46 000 lits de soins de longue durée, alors qu'en 2002 ce nombre était réduit à 42 936 (Conseil de la famille et de l'enfance, 2004). C'est dire que le taux d'hébergement au Québec a subi une baisse importante : alors qu'il était de 7 % au début des années 1990, il n'était en 2004 que de 3,7 %. On y voit clairement les effets de la politique de maintien à domicile.

Les personnes hébergées aujourd'hui sont ainsi de plus en plus âgées et leur autonomie, de plus en plus affectée. Les statistiques soulignent que 63 % des personnes admises en centre d'hébergement et de soins de longue durée (CHSLD) sont en très grande perte d'autonomie (Conseil de la famille et de l'enfance, 2004). D'après le ministère de la Santé et des Services sociaux, les personnes âgées atteintes de déficiences cognitives constituent entre 60 et 80 % de la clientèle de ces centres. L'Étude canadienne sur la santé et le vieillissement (1994) révèle également que la moitié des personnes atteintes de démence chez les 65-84 ans vivent en établissement de soins de longue durée, tandis que cette proportion atteint les deux tiers chez les 85 ans et plus. L'hébergement est donc de plus en plus réservé aux personnes qui présentent des problèmes complexes et qui nécessitent des soins spécialisés. C'est dans cette perspective que l'on peut considérer que les services de soins de longue durée ont été restructurés. On dispose maintenant de moins de lits pour héberger les personnes âgées, et les personnes hébergées ont un profil de perte d'autonomie de plus en plus lourd.

Ce portrait vient inévitablement teinter l'expérience des aidants familiaux qui ont hébergé leur proche, majoritairement des femmes, plus spécifiquement des conjointes et des filles (Ducharme *et al.*, 1997). Ainsi, même si le virage ambulatoire et l'orientation vers le maintien à domicile prévalent dans le contexte des soins aux personnes âgées, il arrive un moment où les familles, ayant tout tenté ce qui était en leur pouvoir, doivent prendre la très difficile décision d'héberger leur proche dans un établissement de soins de longue durée. En fait, parmi les facteurs pouvant prédire l'institutionnalisation des personnes âgées, l'épuisement des aidants, les pertes d'autonomie importantes sur les plans fonctionnel et cognitif du proche âgé, les services disponibles et les modèles d'utilisation (*patterns*) des services des familles en constituent les principaux (Gaugler *et al.*, 2003a).

La décision d'héberger son parent est une décision déchirante pour la majorité des familles, une décision prise au terme d'une longue lutte où chacune des personnes impliquées a pesé le pour et le contre, a fait le bilan des avantages et des inconvénients, puis a, somme toute, fait le constat de l'imminence de cette solution de dernier ressort. On mentionne même qu'il s'agit de la décision la plus difficile à laquelle sont confrontés les aidants familiaux au cours de leur carrière, une décision qui conduit souvent à une véritable situation de crise familiale (Liken, 2001).

Cette situation peut s'expliquer par la signification accordée à l'hébergement. Héberger un proche âgé dans un centre est encore vu comme un échec pour plusieurs familles, échec lié à la prise en charge du parent devenue impossible à domicile, à l'épuisement des forces physiques et psychologiques des aidants familiaux principaux, au bris de la continuité de la vie familiale et à la perte du domicile comme lieu de vie quotidienne. Il suffit d'évoquer le terme «placement» encore utilisé aujourd'hui pour imaginer toute la souffrance de ces familles qui doivent avouer «devoir placer» leur proche. Ce placement est une transition de vie systémique, au sens où il modifie le fonctionnement du système familial ainsi que les relations entre les membres de la famille (Ducharme, 1996). D'une part, la personne âgée vit des deuils multiples – perte du milieu de vie, des capacités fonctionnelles – et peut se sentir rejetée ou abandonnée. D'autre part, la famille qui a pris cette lourde décision éprouve un sentiment d'échec quant à ses compétences. Renoncer à son rôle d'aidant principal au profit des professionnels est une expérience stressante et souffrante (Caron et Bowers, 2003).

C'est donc souvent une famille ayant perdu son équilibre qui se présente, le jour de l'admission du proche. Le milieu d'accueil, institutionnel il faut le reconnaître en dépit de la volonté des centres d'hébergement de le rendre convivial et le plus près possible du milieu de vie (ministère de la Santé et des Services sociaux, 2003b), est un monde étranger qui effraie et amplifie l'angoisse des familles. Édith Fournier (1985) énonce avec des mots touchants ce que nombre de familles peuvent ressentir lors de cette journée de déchirement :

> « Et là, parmi ces odeurs, ces éclairages, ces gémissements, ce spectacle hallucinant que vous voyez pour la première fois, vous êtes à votre corps défendant, confrontée non seulement à cette réalité effrayante, mais au moment de partir. Comment s'en aller, la première fois ? Comment dire : "tu vas rester ici, je vais revenir" ? » (p. 90).

Il importe de souligner que la famille ne cesse pas son engagement au cours de la période d'hébergement. Nos travaux démontrent que, loin d'être soulagés par cette transition et par le fait de ne plus devoir prodiguer des soins de façon continue, les aidants familiaux vivent d'autres stress liés au nouveau milieu de vie et portent un nouveau fardeau émotionnel (Ducharme et al., 2001). Des chercheurs ont même mis en évidence une relation entre les sources quotidiennes de stress issues du milieu d'hébergement et le niveau d'épuisement des aidants qui n'est pas réduit, mais prend d'autres formes (Almberg *et al.*, 2000). En fait, après avoir bien souvent fourni pendant plusieurs années de l'aide et des soins à leur proche à domicile, les familles poursuivent leur engagement lorsque celui-ci est admis en centre d'hébergement et de soins de longue durée. Ce groupe d'aidants familiaux a néanmoins fait l'objet de beaucoup moins d'études.

C'est dans cette perspective qu'un objectif de l'une de nos recherches visait à explorer les sources de stress et les besoins vécus par les filles et les conjointes d'un proche hébergé souffrant de la maladie d'Alzheimer ou autre déficience cognitive apparentée (Ducharme *et al.*, 2000b). Nous avons conduit des groupes de discussion qui nous ont permis de mettre en évidence plusieurs difficultés au cours de la période d'hébergement du parent et à la suite de celle-ci.

Ainsi, les filles aidantes ont trouvé particulièrement stressant la période ayant précédé l'hébergement de leur parent, notamment en raison des grands changements dans la relation avec leur proche, de l'absence de vie personnelle possible à ce moment, des inquiétudes quotidiennes, du sentiment d'être seule à prendre soin du parent et, enfin, des grands doutes quant à la décision d'héberger leur père ou leur mère dans un centre. Les deuils répétitifs étaient par ailleurs l'une des principales sources de stress au moment de l'hébergement, comme l'illustrent les propos suivants :

> « Ce n'est pas la mère que l'on a connue… Devenir la mère de sa mère… On fait des deuils à répétition, à chaque semaine sur tous les plans, durant des années, des années… »

Le peu de contrôle sur certaines situations concernant les soins au parent, toujours être à la course, vivre des difficultés de communication avec le parent de même qu'avoir l'impression de manquer de soutien de l'entourage et du milieu d'hébergement se trouvent parmi les autres éléments stressants mentionnés par les filles.

En ce qui a trait aux conjointes, leur stress est principalement lié à la trop longue attente avant la décision ultime d'héberger leur conjoint, à l'absence de ressources pour aider le couple à composer avec cette situation, à la grande solitude et à la tristesse qu'elles vivent depuis l'hébergement de leur partenaire de vie ainsi qu'à leur propre vulnérabilité. La réorganisation de leur vie après l'hébergement est apparue comme étant l'une des expériences les plus difficiles à vivre pour ces femmes âgées. Les propos suivants illustrent cette dimension importante du quotidien des conjointes-aidantes :

> « *Tu devrais penser à toi, mais tu ne sais pas comment... on ne fonctionne plus de la même façon. Se réorganiser toute seule quand on a eu des années à tout faire ensemble, c'est pas évident.* »

Les autres situations les affectant le plus sont le manque d'intimité lors des visites, le peu de contrôle sur les soins quotidiens offerts au conjoint et le malaise à exprimer leur opinion ou leur mécontentement au personnel soignant. La culpabilité est aussi très présente, surtout celle liée à la décision d'héberger leur partenaire de vie dans un centre. Le tableau 2.2 présente un résumé des sources de stress et des besoins exprimés par les filles et les conjointes aidantes d'un proche âgé hébergé souffrant de déficiences cognitives.

Qu'il s'agisse des filles ou des conjointes, les visites au centre d'hébergement se poursuivent avec le temps en fonction de différents objectifs (Gaugler *et al.*, 2003b), mais elles ne se déroulent pas toujours dans la sérénité. Quelques études ont décrit les principales motivations à l'origine de ces visites : elles peuvent être l'occasion de maintenir le lien affectif avec le parent, de remplir son devoir filial ou familial, d'être fidèle à son proche, d'apprendre de nouvelles habiletés et connaissances en lien avec la santé du proche, de participer aux soins et de vérifier la qualité des soins offerts (Kellett, 1999 ; Kelley *et al.*, 1999).

La communication verbale et non verbale avec le parent est souvent source d'insatisfaction lors de ces visites. Lorsque le parent est lucide, les conversations peuvent toucher des thèmes délicats tels que la finalité de la vie, le retour éventuel ou impossible à domicile, le dernier chez-soi, la perte des biens familiers et chers, l'abandon des amis, la mort des proches. Lorsque le parent souffre d'atteintes cognitives, la communication n'est pas plus facile. La désorientation, les difficultés de compréhension des messages verbaux et non verbaux du parent ainsi que les comportements souvent qualifiés de perturbateurs pour l'environnement entraînent souvent des situations incongrues qui sont incompréhensibles pour les proches-aidants. Les manifestations de ces troubles cognitifs qui modifient les comportements affectent grandement les familles. Dans l'étude de Jones et Martinson (1992), les aidants familiaux ont exprimé que la maladie d'Alzheimer constituait pour eux une période caractérisée surtout par des pertes au regard de la communication. Les membres de la famille ne retrouvent plus le père, la mère ou le conjoint qu'ils ont connu pendant de nombreuses années. N'est-il pas souffrant de visiter sa mère lorsque celle-ci ne nous reconnaît plus ? Ou d'arriver au centre d'hébergement lorsque notre père est en train de fouiller dans les tiroirs des chambres voisines ? Ou encore d'être sans cesse injuriée par un conjoint qui a toujours été poli et respectueux ?

TABLEAU 2.2   Sources de stress et besoins des aidantes

Leurs sources de stress
- Changement dans la relation avec le parent ;
- Sentiment d'être constamment à la course – absence de vie personnelle ;
- Inquiétudes quotidiennes ;
- Sentiment d'être seule à prendre soin du parent ;
- Doute quant à la décision d'héberger le proche dans un centre (culpabilité, tristesse) ;
- Deuils répétitifs des habiletés du proche – sentiment d'avoir perdu son parent ou son conjoint ;
- Absence de contrôle sur certaines situations concernant les soins dans le milieu institutionnel et difficulté de communiquer son opinion au personnel soignant ;
- Sentiment de fardeau – perception d'une carrière de soignante (épuisement physique et psychologique) ;
- Difficultés de communication avec le parent ;
- Manque de soutien de l'entourage et du milieu d'hébergement ;
- Peur de contracter la maladie ;
- Nécessité, surtout pour les conjointes, de réorganiser leur vie à la suite de l'hébergement.

Leurs besoins
- Partager avec les membres de la famille les responsabilités liées aux soins du parent ;
- Avoir de l'aide dans la conciliation travail-famille ;
- Avoir du répit – prendre du temps pour soi ;
- Avoir un confident ou une confidente pour s'exprimer sur l'expérience vécue ;
- Trouver des façons de rendre les visites au parent plus agréables ;
- Connaître ses droits et pouvoir les exercer au sein de l'établissement ;
- Avoir la possibilité de faire des choix quant à la vie quotidienne de son proche et être intégrée à l'équipe de soins ;
- Avoir de l'aide pour la réorganisation de sa vie et pour accepter les choses qui ne peuvent être changées, notamment les deuils multiples.

Tiré de DUCHARME, F., L. LÉVESQUE, A. LEGAULT, M. GENDRON, O. SOUCY, J.M. GAGNON, N. L'HEUREUX et L. HÉBERT. « Soutenir les aidantes familiales même après l'entrée en centre d'hébergement de leur proche âgé atteint de démence », *Le Gérontophile*, vol. 22, n° 2, 2000, p. 29-34.

Les membres des familles en viennent à craindre ces comportements. Ils finissent par avoir peur de leur transmission par hérédité et ainsi de les manifester, eux-mêmes, un jour ou l'autre. Les propos de Fournier illustrent encore ici, de façon très explicite, les émotions ressenties dans ces circonstances :

> *« Ce désordre mental, cet œil hagard, ce geste autrefois maîtrisé puis abandonné, ces comportements bizarres, c'est l'infiltration inquiétante de la folie dans la famille… un peu tout le monde se sent responsable, porteur et héritier de cette folie. »* (p. 83).

Compte tenu de la nature des déficiences de leur proche qui fait en sorte que ce dernier n'a plus les habiletés cognitives pour s'exprimer et faire valoir ses droits, les aidantes deviennent inévitablement des représentantes de leur parent auprès du personnel soignant (Legault, 2005). Cette responsabilité s'ajoute aux autres et influe, il va de soi, sur leur vie quotidienne. De nombreux défis sont ainsi à relever pour ces aidants, ne serait-ce que de devenir « les yeux et les oreilles » de leur proche (Kelley *et al.*, 1999) pour s'assurer de la qualité des soins offerts ou encore de transmettre leur expertise au personnel afin que les soins puissent, le plus possible, respecter la trajectoire de vie et la biographie de la personne (Hertzberg et Ekman, 2000).

Lors de l'expérience de l'hébergement, plusieurs facteurs contribuent aux réactions manifestées par les familles. Compte tenu des ressources dont elles disposent, certaines familles s'adapteront plus facilement au stress généré par la situation et rétabliront, avec l'aide de leur réseau social, leur équilibre. D'autres sombreront dans un état de crise et vivront des difficultés importantes d'adaptation. De plus en plus d'intervenants et de chercheurs sont conscients de la nécessité de mieux comprendre l'expérience de ce sous-groupe d'aidants vivant le parcours de l'hébergement de leur proche. Il semble que cette expérience demeure difficile et soit relativement stable avec les années (Lévesque *et al.*, 2000b). En somme, il ne semble pas qu'elle devienne plus facile avec le temps. Le soutien offert à ces familles est donc capital; il fait l'objet d'un chapitre de ce livre.

En résumé, les écrits récents nous permettent de mieux comprendre l'expérience des familles et le besoin de soutien qu'elles continuent de ressentir à la suite de l'hébergement. N'est-il pas normal qu'une famille s'étant impliquée pendant plusieurs années dans les soins à domicile et ayant limité ses propres activités vive un « vide » lorsque les intervenants du réseau de la santé prennent dorénavant toute la place ou presque? Les membres de la famille doivent alors composer avec un *nouveau rôle*, encore mal défini, qu'ils ont peine à comprendre et à s'approprier. L'aidant principal devient un aidant secondaire au sein d'un milieu organisé qui, souvent, lui laisse peu de place. Dans cette perspective, nos observations nous ont permis de constater certaines réactions des familles. Faute de percevoir un rôle utile, ou encore empreints de culpabilité, les membres de la famille vont souvent réagir soit par des critiques acerbes envers le milieu et les intervenants, en assurant une présence continue au détriment de leur propre santé (notamment les conjoints âgés qui refusent la solitude de leur domicile depuis cette séparation), soit en se désengageant peu à peu de ce milieu rébarbatif, effrayant et angoissant parce qu'ils se sentent impuissants et comprennent mal la situation. Qui n'a pas entendu des commentaires concernant la mauvaise qualité de la nourriture dans un centre d'hébergement ? Qui n'a pas observé ces conjointes, jour et nuit, au chevet de leur vieux ? Pour les familles, l'admission dans un centre de soins de longue durée marque bien souvent la fin imminente : la famille fait maintenant face, et peut-être pour la première fois, à son vieillissement et à sa finitude.

Somme toute, qu'il s'agisse de soins à domicile ou de soins dans un établissement de santé, les familles sont aujourd'hui d'importantes actrices des soins prodigués aux personnes âgées. Ce chapitre a mis en perspective les conséquences de la restructuration des services de santé, notamment celles du « virage ambulatoire », de l'orientation du maintien à domicile et de l'hébergement en centre de soins de longue durée. Le prochain chapitre traite des caractéristiques de ceux et celles qui prennent soin de leur proche âgé.

Références

ALMBERG, B., M. GRAFSTRÖM, L. KIRCHBAUM et B. WINBLAD. « The interplay of institution and family caregiving : Relations between patient hassles, nursing home hassles and caregivers' burnout », *International Journal of Geriatric Psychiatry*, vol. 15, 2000, p. 931-939.

ANESHENSEL, C., L. PEARLIN, J. MULLAN, S. ZARIT et C. WHITLATCH. *Profiles in caregiving : The unexpected career*, San Diego, Academic Press, 1995.

BÉDARD, M., D. RANEY, D. MOLLOY, J. LEVER, D. PEDLAR et S. DUBOIS. « The experience of primary and secondary caregivers caring for the same adult with Alzheimer's disease », *Journal of Mental Health and Aging*, vol. 7, 2001, p. 287-296.

CARON, C. et B. BOWERS. « Deciding whether to continue, share or relinquish caregiving : caregivers view », *Qualitative Health Research*, vol. 13, 2003, p. 1251-1271.

CARRIÈRE, Y., J. KEEFE et G. LIVADIOTAKIS. « La viabilité de la désinstitutionnalisation face aux changements sociodémographiques », dans G. PÉRODEAU et D. CÔTÉ (édit.), *Virage ambulatoire : défis et enjeux*, Montréal, Presses de l'Université du Québec, 2002, p. 34-55.

CARRIÈRE, Y., J. MARTEL, J. LÉGARÉ et L. MORIN. « Nouvelles tendances démographiques et utilisation des services de maintien à domicile », *Rapport sur l'état de la population du Canada 2001*, Ottawa, Statistique Canada, vol 91-209, 2002.

CHEN, J. et R. WILKINS. «Les besoins des personnes âgées en matière d'aide personnelle», *Rapport sur la santé*, vol. 10, n° 1, Ottawa, Statistique Canada, cat. n° 82-003, 1998, p. 41-53.

CONSEIL DE LA FAMILLE ET DE L'ENFANCE. *Avis. Vieillissement et santé fragile. Un choc pour la famille?*, Québec, 2004.

DI DOMENICO, M. *Virage ambulatoire : notes exploratoires*, Québec, Gouvernement du Québec, Conseil du statut de la femme, 1995.

DUCHARME, F. «La personne âgée et sa famille», dans S. LAUZON et E. ADAM (édit.), *La personne âgée et ses besoins*, Montréal, Renouveau pédagogique, 1996, p. 723-738.

DUCHARME, F., G. PÉRODEAU et D. TRUDEAU. «Perceptions, stratégies d'adaptation et attentes des femmes âgées aidantes "naturelles" dans la perspective du virage ambulatoire», *Revue canadienne de santé mentale communautaire*, vol. 19, 2000a, p. 79-103.

DUCHARME, F., L. LÉVESQUE, A. LEGAULT, M. GENDRON, O. SOUCY, J.M. GAGNON, N. L'HEUREUX et L. HÉBERT. «Soutenir les aidantes familiales même après l'entrée en centre d'hébergement de leur proche âgé atteint de démence», *Le Gérontophile*, vol. 22, n° 2, 2000b, p. 29-34.

DUCHARME, F., L. LÉVESQUE, M. GENDRON et A. LEGAULT. «A program to promote the mental health of family caregivers of elderly demented parents in institution : qualitative evaluation», *Clinical Nursing Research. An International Research Journal*, vol. 10, 2001, p. 182-201.

DUCHARME, F., L. LÉVESQUE et S. COSSETTE. «Predictors of psychosocial well-being of family caregivers of older people with dementia in institutions», *Health Care in Later Life. An International Research Journal*, vol. 2, 1997, p. 3-13.

Étude canadienne sur la santé et le vieillissement. «Canadian study on health and aging : study methods and prevalence of dementia», *Canadian Medical Association Journal*, vol. 150, 1994, p. 899-913.

FOURNIER, É. «Quand le dernier refuge est l'institution», *La personne âgée et la famille, Cahiers de l'Association canadienne-française pour l'avancement des sciences*, vol. 34, 1985, p. 80-94.

GAUGLER, J., R. KANE, T. CLAY et R. NEWCOMER. «Caregiving and institutionalization of cognitively impaired older people : Utilizing dynamic predictors of change», *The Gerontologist*, vol. 43, 2003a, p. 219-229.

GAUGLER, J., S. ZARIT et L. PEARLIN. «Family involvement following institutionalization : modeling nursing home visits over time», *International Journal of Aging and Human Development*, vol. 57, 2003b, p. 91-117.

HARROW, B., J. TENNSTEDT et J.B. McKINLAY. «How costly is it to care for disabled elder in a community setting?», *The Gerontologist*, vol. 35, 1995, p. 803-813.

HERTZBERG, A. et S. EKMAN. « We, not them and us ? Views on the relationships and interactions between staff and relatives of older people permanently living in nursing homes », *Journal of Advanced Nursing*, vol. 31, 2000, p. 614-622.

JONES, P. et I. MARTINSON. « The experience of bereavement in caregivers of family members with Alzheimer disease », *Image : Journal of Nursing Scholarship*, vol. 24, 1992, p. 172-176.

KELLETT, U. « Transition in care : family carer's experience of nursing home placement », *Journal of Advanced Nursing*, vol. 29, 1999, p. 1474-1481.

KELLEY, L., E. SWANSON, M. MAAS et T. TRIPP-REIMER. « Family visitation on special care units », *Journal of Gerontological Nursing*, vol. 25, n° 2, 1999, p. 14-21.

KHALID, M. « La gestion sociale de la vieillesse au Québec : constats et enjeux pour l'avenir », *Le Gérontophile*, vol. 23, n° 3, 2001, p. 7-14.

LEGAULT, A. *Transformation du rôle de représentante d'aidantes familiales à la suite de l'hébergement de leur proche âgé atteint de démence : Une théorisation ancrée*, thèse de doctorat inédite, Montréal, Faculté des sciences infirmières, Université de Montréal, 2005.

LESEMANN, F. « Virage ambulatoire : virage paradigmatique, virage éthique », dans G. PÉRODEAU et D. CÔTÉ (édit.), *Virage ambulatoire : défis et enjeux* (préface), Montréal, Presses de l'Université du Québec, 2002.

LÉVESQUE, L., F. DUCHARME et L. LACHANCE. « One year follow-up study of family caregivers of institutionalized elders with dementia », *American Journal of Alzheimer's Disease*, vol. 15, 2000b, p. 229-238.

LÉVESQUE, L., S. COSSETTE, L. POTVIN et M. BENIGERI. « Community services and caregivers of a demented relative : Users and those perceiving a barrier to their use », *Canadian Journal on Aging*, vol. 19, 2000a, p. 186-209.

LIKEN, M. « Caregivers in crisis. Moving a relative with Alzheimer's to assisted living », *Clinical Nursing Research*, vol. 10, 2001, p. 52-68.

MACE, N. et P. RABINS. *The 36-hour day : A family guide to caring for persons with Alzheimer's disease, related dementing illnesses and memory loss in later life*, Baltimore, John Hopkins University Press, 2001.

MINISTÈRE DE LA SANTÉ ET DES SERVICES SOCIAUX. *Chez soi : le premier choix*, Québec, 2003a.

MINISTÈRE DE LA SANTÉ ET DES SERVICES SOCIAUX. *Un milieu de vie de qualité pour les personnes hébergées en CHSLD : Orientations ministérielles*, Québec, 2003b.

MINISTÈRE DE LA SANTÉ ET DES SERVICES SOCIAUX. Recueil des fiches statistiques rédigées dans le cadre du dossier *Bilan et perspectives pour le système sociosanitaire québécois*, Québec, 1997.

PAQUET, M. *Vivre une expérience de soins à domicile*, Québec, Les Presses de l'Université Laval, 2003.

PAQUET, M. «Comprendre la logique familiale de soutien aux personnes âgées dépendantes pour mieux saisir le recours aux services», dans J.C. HENRARD, O. FIRBANK, S. CLÉMENT, M. FROSSARD, J.P. LAVOIE et A. VÉZINA (édit.), *Personnes âgées dépendantes en France et au Québec. Qualité de vie, pratiques et politiques*, Québec, gouvernement du Québec, ministère des Relations internationales; Paris, NSERM, 2001, p. 77-95.

SOCIÉTÉ ALZHEIMER DU CANADA. *La maladie d'Alzheimer : Statistiques. Les personnes atteintes de la maladie*, 2001 (www.alzheimer.ca).

THOMAS, P. et C. THOMAS. «Système familial et maladie d'Alzheimer», *Gérontologie et Société*, vol. 88, 1999, p. 121-139.

TRAHAN, L., P. BÉGIN et J. PICHÉ. «Recours à l'hospitalisation, à la chirurgie d'un jour et aux services posthospitaliers», *Enquête sociale et de santé 1998*, Québec, Institut de la statistique du Québec, 2000.

Chapitre 3

Être aidant familial... le profil de celles et ceux qui prennent soin de leur proche âgé

I l existe actuellement dans les écrits une multitude de termes pour désigner l'entourage qui aide, soutient et soigne les personnes âgées. Un nouveau vocable a même fait émergence au début du XXIe siècle pour désigner une aire de recherche, à la croisée de nombreuses disciplines, centrée sur la relation entre la personne dépendante et ses proches : le concept de proximologie (Joublin, 2005). De façon plus précise, les écrits des 25 dernières années font état d'une certaine confusion sur le plan lexical en faisant abondamment référence, comme nous l'avons mentionné, aux termes aidants «naturels», aidants informels, proches-aidants, aidants familiaux, soignants non professionnels. Le choix du terme retenu n'est toutefois pas sans signification : les qualificatifs «informels» et «naturels» expriment l'invisibilité et le caractère inné attribué à l'aide offerte à un proche âgé. Dans ce livre, les termes «aidants familiaux» et «proches-aidants» sont privilégiés afin de relater l'expérience des familles.

Par ailleurs, les termes *caregiving* et *caring* sont ceux communément utilisés dans les écrits anglo-saxons pour désigner l'engagement d'une personne envers une autre. Ces deux mots comportent toutefois des nuances, le *caring* faisant appel davantage aux composantes affectives de cet engagement. La plupart du temps, *caregiving* et *caring* sont néanmoins utilisés indifféremment et sont difficiles à traduire en langue française avec justesse. Nous retiendrons donc, dans les chapitres qui suivent, l'expression «prendre soin» en précisant qu'elle inclut tant les aspects instrumentaux que les aspects affectifs de cet engagement des aidants familiaux envers leur proche.

Cela dit, il est possible de mieux comprendre les enjeux de ce «prendre soin» des aidants familiaux à l'aide de certaines données statistiques éclairantes. C'est dans cette perspective que ce chapitre fait le point sur quelques informations descriptives qui caractérisent l'aide familiale. Nous tenterons notamment de présenter «qui» sont actuellement les personnes aidantes et quelle est la contribution qu'elles apportent aux soins à leurs proches dépendants.

Aucune statistique ne permet présentement de décrire avec justesse l'ampleur du phénomène de l'aide familiale. De très nombreuses personnes vivent en silence leur quotidien avec un membre de leur famille nécessitant de l'aide au jour le jour. Plusieurs d'entre elles, isolées au sein de leur domicile, ne s'identifient même pas comme «aidants familiaux». Les rares données disponibles, même si elles fournissent quelques indications, ne reflètent pas complètement l'expérience de tous ces aidants, qu'il s'agisse de l'aidant principal ou de tous les aidants secondaires qui gravitent autour de la personne âgée. Elles permettent uniquement de constater la pertinence de se préoccuper de ce sous-groupe de plus en plus nombreux qui contribue, de façon très importante, aux soins de santé. Voyons donc, en dépit de ses limites, le profil des aidants familiaux tel que nous le connaissons aujourd'hui.

Combien y a-t-il d'aidants et qui sont-ils ?

Sauf de rares exceptions (Atallah *et al.*, 2005), les quelques enquêtes et études descriptives effectuées sur des populations d'aidants familiaux ont surtout été réalisées dans les pays occidentaux, notamment aux États-Unis (National Family Caregivers Association, 2000 ; Schulz, 2000), au Canada (Frederick et Fast, 1999 ; Statistique Canada, 2003a) et dans les pays européens, entre autres au Royaume-Uni et en Suède (Hirst, 2001 ; Magnusson *et al.*, 2001). Selon les enquêtes américaines, il y aurait entre 25,4 et 29,2 millions d'aidants (National Family Caregivers Association, 2000) ; de ce nombre, 24 % fourniraient plus de 40 heures de soins par semaine. Au Canada, selon le recensement de 2002, 4,2 millions de personnes apportent régulièrement du soutien à un aîné, soit 18,2 % des Canadiennes et des Canadiens. De ce nombre, 1,7 million de personnes de 45 à 64 ans (soit 16 % de ce groupe d'âge) offrent des soins à près de 2,3 millions de proches souffrant d'une invalidité de longue durée ou d'une contrainte physique (Stobert et Cranswick, 2004). Enfin, au Québec, une personne sur dix, soit plus d'un million de Québécoises et de Québécois, fournit de l'aide à une personne âgée (Statistique Canada, 2003b). Il semble aussi que plus de la moitié des personnes âgées du Québec reçoit de l'aide uniquement de leur famille.

Il est reconnu depuis de nombreuses années (Garant et Bolduc, 1990) qu'un membre de la famille, souvent appelé aidant principal, assume la responsabilité première de l'aide, du soutien et des soins requis par un proche âgé. En accord avec le principe de substitution (Shanas, 1979), ce sont les conjoints (davantage les conjointes) qui, le plus fréquemment, prodiguent les soins, suivis des filles, des belles-filles et finalement des fils (Keating *et al.*, 1999). L'étude longitudinale canadienne sur la santé et le vieillissement, réalisée auprès d'un échantillon représentatif de personnes âgées atteintes de démence incluant leurs aidants, a également permis de constater que le conjoint (principalement la conjointe) et la fille représentent, respectivement, 37 % et 29 % des aidants (Étude canadienne sur la santé et le vieillissement, 1994).

Des données issues de l'Enquête sociale générale canadienne de 2002 (Stobert et Cranswick, 2004 ; Williams, 2004) ont permis de décrire le travail de soins des femmes de la génération « sandwich », coincées entre les exigences souvent conflictuelles des soins à prodiguer à leurs enfants et de ceux à offrir à leurs parents vieillissants. On mentionne notamment que le nombre de personnes faisant partie de cette génération est en croissance et que le quart d'entre elles s'occupe de plus d'une personne âgée à la fois. Presque trois personnes sur dix font partie de ce sous-groupe d'aidants familiaux ; parmi celles-ci, plus de 80 % occupent aussi un emploi à l'extérieur, ce qui s'ajoute à leur fardeau déjà lourd. Une étude réalisée au Canada a même permis de démontrer que les femmes aidantes sur le marché du travail, principalement les filles et les belles-filles, n'offrent pas moins d'aide à leurs parents et à leurs beaux-parents que celles qui n'ont pas d'emploi à l'extérieur (Rosenthal *et al.*, 2005).

Néanmoins, même si les femmes constituent les principales aidantes familiales des personnes âgées, la contribution des hommes aux soins n'est pas à négliger et est de plus en plus fréquente. Aux États-Unis, par exemple, il semble que 44 % des aidants soient des hommes (National Family Caregivers Association, 2000). En Grande-Bretagne, les résultats des analyses longitudinales d'une vaste enquête révèlent que le nombre de personnes engagées dans la prestation de soins familiaux s'est accrue entre 1991 et 1998, et que de plus en plus d'hommes ont occupé un rôle de conjoint-aidant au cours de cette même période (Hirst, 2001). Les études réalisées aux États-Unis (Kaye et Applegate, 1990) et au Canada (Statistique Canada, 1999) indiquent plus précisément que, parmi les hommes aidants, la majorité sont des conjoints âgés prenant soin de leur partenaire.

Compte tenu des modifications dans la structure et dans les modes de fonctionnement des familles que l'on a connues au cours des dernières décennies, une augmentation du nombre d'hommes prenant soin d'un proche est prévisible (Lauderdale *et al.*, 2003). En effet, il suffit de penser au nombre grandissant de familles ayant un enfant unique, souvent un fils, pour imaginer les changements qui s'annoncent dans la configuration de l'aide familiale. La prévalence plus élevée de démence chez les personnes âgées, notamment chez les femmes, fera en sorte que de plus en plus de soins seront prodigués par des hommes âgés à leur épouse atteinte de déficiences cognitives. Très peu d'études ont toutefois porté, jusqu'à présent, sur la réalité de ces hommes âgés aidants ou, en d'autres termes, sur le soin « au masculin ».

Que font les aidants familiaux?

À domicile

En ce qui a trait aux tâches accomplies par les aidants familiaux vivant avec leur proche à domicile, certains analystes indiquent que la plupart de celles-ci s'apparentent davantage à de « l'aide » qu'à de la prestation de soins lourds et complexes (Fredriksen et Scharlach, 1999). Toutefois, cette affirmation ne trouve pas d'appuis si l'on considère d'autres sources. Des données recueillies au Québec dans le cadre de l'Enquête sociale et de santé 1992-1993 ont révélé, par exemple, qu'un aidant sur deux offrait des soins depuis plus de cinq ans à des personnes ayant un profil lourd (Lavoie *et al.*, 1995). Les informations disponibles à ce sujet sont par ailleurs incomplètes. Ainsi, l'Enquête sociale générale canadienne de 2002 s'est limitée à quatre activités liées à l'aide et aux soins d'un parent âgé, soit : les activités de la vie domestique (travaux ménagers, préparation des repas) ; les travaux apportés à l'extérieur de la maison (entretien de la cour, entretien extérieur) ; le transport (rendez-vous médicaux ou autres, aller à l'épicerie) ; les soins personnels ou liés aux activités de la vie quotidienne (bain, habillage). Les résultats soulignent que ce sont surtout les hommes qui consacrent du temps aux travaux nécessités par l'entretien extérieur de la maison et au transport, alors que les femmes fournissent davantage de temps pour l'entretien intérieur et les soins personnels.

On constate ainsi, selon les données disponibles, la persistance d'une certaine division stéréotypée des rôles selon les genres. Notre étude portant sur les conjoints âgés aidants (Ducharme *et al.*, 2005) révèle des résultats quelque peu différents, alors que 40 % d'un échantillon de près de 325 hommes âgés accomplissent régulièrement, en plus des tâches instrumentales, des tâches de soins personnels pour leur conjointe. Les soins d'hygiène et l'aide à l'habillage, deux tâches de soins qui ont une dimension plus intime, sont donnés respectivement par 39 % et 53 % des conjoints âgés. Ces résultats vont à l'encontre des stéréotypes sexuels à l'effet que les hommes consacreraient leur temps aux activités instrumentales de la vie quotidienne et s'engageraient peu dans les autres aspects des soins. Nos résultats soulignent d'ailleurs que plus de la moitié des hommes de notre échantillon se définissent eux-mêmes selon des caractéristiques androgyniques, c'est-à-dire selon des caractéristiques traditionnellement associées tant aux femmes qu'aux hommes.

Mais que dire des différents types d'aide et de soins qui ne sont pas comptabilisés dans les grandes enquêtes ? On peut évoquer ici : la surveillance continuelle nécessitée par les personnes âgées souffrant de démence à un stade avancé ; le contrôle de la prise de médication ; les démarches visant la planification et l'organisation des services nécessaires au proche âgé ; la gestion du budget ; les prises de décision importantes de la vie quotidienne ; les soins physiques requis lors de problèmes de santé particuliers ; les soins nécessaires à la suite d'une chirurgie ou d'un problème médical aigu. Comment prendre en compte le soutien moral et psychologique offert par les aidants et qui occupe une part importante de leur temps ? Écouter, conseiller, motiver, stimuler, enseigner, renforcer le potentiel, accompagner, représenter, établir des priorités, coordonner, s'assurer du suivi, mobiliser l'entourage et être tout simplement présent à longueur de journée sont parmi les différentes contributions des aidants familiaux (Orzeck *et al.*, 2001). Il va sans dire que cette contribution des aidants est largement sous-estimée. Leurs responsabilités et leurs tâches vont bien au-delà d'une aide de base à la vie quotidienne, aide actuellement la plus documentée. En fait, ces enquêtes, tout en fournissant de précieuses informations sur le profil général des aidants, ne peuvent prendre en considération des données plus précises qui permettent de rendre compte des multiples facettes de l'aide familiale. Dans l'ombre, de nombreux aidants consacrent tout leur temps à un être cher et jouent le rôle, comme nous l'avons déjà mentionné, de quasi-professionnels de la santé tout en désirant surtout offrir un soutien affectif à ce dernier (Guberman *et al.*, 2005).

> *Les grandes enquêtes ne peuvent rendre compte des multiples facettes du « prendre soin ».*

Si l'on s'intéresse maintenant à l'intensité de l'aide et des soins offerts, la plus souvent calculée en nombre d'heures, les femmes semblent consacrer plus de temps que les hommes aux tâches liées à la prestation des soins. Ce plus grand nombre d'heures peut s'expliquer par le fait que bon nombre de femmes prennent soin de plus d'une personne âgée à la fois, qu'elles sont plus susceptibles d'être l'aidante principale, soit la personne qui dispense de façon prépondérante l'aide, le soutien et les soins à leur proche, et qu'elles sont plus nombreuses à s'occuper de personnes plus détériorées sur le plan de la santé (Cranswick, 1997).

Le temps consacré aux soins dépend évidemment de la condition des personnes âgées et de leur degré d'autonomie dans les activités de la vie quotidienne ou de la vie domestique. Dans l'Enquête sociale générale canadienne (Frederick et Fast, 1999), les aînés plus vulnérables et plus gravement atteints nécessitaient en moyenne 10 heures de soins par semaine. Par ailleurs, lorsque la personne soignée était un conjoint, le nombre d'heures consacrées était d'environ 16 heures par semaine. La cohabitation avec la personne aidée et le lien de proximité sont évidemment des facteurs d'influence. Les estimés sont toutefois très variables d'une étude à une autre et selon les échantillons considérés. Par exemple, selon des statistiques canadiennes de 2004, les aidants de 65 ans et plus consacrent en moyenne 27,9 heures par mois à s'occuper principalement de leur conjoint (Stobert et Cranswick, 2004) ; selon une autre enquête réalisée dans la région de la Montérégie (Vanier, 2004), les aidants consacreraient beaucoup plus de temps aux soins, soit en moyenne 11,8 heures par jour. Parmi ceux dont le proche est atteint de démence, 41 % consacreraient de 20 à 24 heures par jour. Il est donc très difficile d'estimer avec justesse le temps consacré aux soins, et la définition de ce qu'est « aider » ou « soigner » peut être, en partie, une explication à ce phénomène.

Mais que sait-on du temps passé aux soins par les hommes aidants ? Notre étude, réalisée auprès de 325 hommes âgés québécois mariés depuis 46 ans en moyenne et aidant leur conjointe atteinte de problème physique fonctionnel ou de problème cognitif (Ducharme *et al.*, 2005), révèle que 60 % de ces hommes passent 12 heures et plus par jour à des activités liées aux soins de leur épouse, soit un minimum de 84 heures par semaine. Ce résultat se rapproche davantage de ceux de l'étude de Vanier (2004) en Montérégie. Nous avons aussi été en mesure, dans notre étude, de faire des comparaisons entre les hommes qui prenaient soin d'une conjointe ayant des problèmes cognitifs, tels ceux qui se présentent dans la démence de type Alzheimer, et ceux qui prenaient soin d'une conjointe atteinte de problèmes de santé physique. Nos résultats sont intéressants à cet égard et démontrent des différences significatives entre les deux groupes. En effet, les hommes devant prendre soin d'une épouse atteinte de troubles cognitifs, soit d'une conjointe manifestant des pertes de mémoire, d'attention, de jugement et de langage, prodiguent davantage d'heures de soins, ont la perception de vivre une plus grande perte eu égard à la relation qu'ils entretiennent avec leur épouse et ont plus de conflits avec les membres de leur famille. Certains d'entre eux affirment passer de 21 à 24 heures par jour, soit presque tout leur temps, aux soins. Il est évident que les comportements difficiles associés à la démence font en sorte qu'une supervision étroite et continue est nécessaire de la part de ces aidants, ce qui peut, en partie, expliquer pourquoi ces hommes ont le sentiment d'avoir si peu de répit. Enfin, fait intéressant qui illustre leur importante contribution, près de 46 % des hommes de cet échantillon soignaient leur épouse depuis plus 5 ans. Voyons maintenant ce que font les aidants qui se voient dans l'obligation d'héberger leur proche dans un centre de soins de longue durée.

En milieu d'hébergement

Comme nous l'avons déjà mentionné, les familles qui doivent prendre la difficile décision d'héberger leur proche dans un centre de soins de longue durée n'abandonnent pas leur rôle d'aidantes. Même si beaucoup moins d'études ont permis de décrire leur contribution, les résultats des recherches réalisées sur ce sujet sont convergents et permettent d'affirmer que les aidants familiaux maintiennent leur engagement dans le nouveau milieu de vie, un engagement différent. En somme, ayant eu une participation active directe bien souvent de 24 heures sur 24 à domicile, l'aidant principal délègue maintenant, aux soignants professionnels, une partie de ses tâches liées aux activités de la vie quotidienne et à la sécurité du proche. Ce changement significatif, vécu parfois comme une perte de contrôle et un deuil (Ducharme *et al.*, 2000), ne signifie toutefois pas un désengagement des responsabilités envers ce proche (Vézina et Pelletier, 2001).

Près de 30 % des services offerts aux personnes âgées institutionnalisées, dont plus de 80 % souffrent de démence, le sont par les membres de la famille (Keating, 1998). Ainsi, certaines tâches de soins sont encore accomplies par les aidants, encore principalement des femmes, après l'entrée en hébergement de leur parent (Ross *et al.*, 1997).

Dans plusieurs études, on a utilisé la fréquence des visites en tant qu'indicateur permettant de mesurer l'engagement des proches-aidants (Aneshensel *et al.*, 1995; Max *et al.*, 1995; Monahan, 1995). En dépit de la limite de cet indicateur, ces études permettent de constater la régularité des visites et leur fréquence élevée. Ainsi, dans l'étude de Lévesque et collaborateurs (1999), les familles visitaient en moyenne 11,6 fois par mois leur proche, que celui-ci soit atteint ou non de déficiences cognitives.

Les principales raisons de ces visites, qui sont des moments privilégiés, ont également été explorées par certains chercheurs et illustrent la part active que prennent les aidants aux soins de leurs parents âgés hébergés (Kellett, 1999 ; Kelley *et al.*, 1999). Ceux-ci désirent notamment s'assurer de la qualité des soins prodigués à leur proche et pouvoir intervenir au besoin (Legault, 2005). Ils souhaitent maintenir la solidarité familiale et la relation significative avec leur parent de même que contribuer, dans la mesure de leurs possibilités, aux soins offerts.

Des tâches particulières réalisées par les aidants en milieu d'hébergement ont aussi été décrites. Il s'agit notamment : de l'aide au moment des repas et lors de soins quotidiens où certains tentent parfois, compte tenu de leur expérience de soins à domicile, de servir de modèle de rôle pour le personnel ; de la surveillance et de la sécurité du proche ; de la communication avec le personnel soignant concernant les besoins du parent ; du soutien moral. Il semble que les aidants s'engagent davantage dans les soins psychosociaux que dans les soins instrumentaux ou techniques. L'étude de Bowers, qui date de 1988, est particulièrement intéressante à ce sujet. Après avoir réalisé des entrevues en profondeur auprès de 28 aidants familiaux d'une personne âgée hébergée, cette auteure a proposé une typologie des buts des soins psychosociaux offerts par les aidants. D'après cette étude, ces derniers veulent maintenir des liens significatifs avec leur proche, veulent contribuer au maintien de sa dignité et de l'espoir ainsi que s'assurer que leur parent puisse avoir du contrôle sur son environnement. Les aidants possèdent une expertise biographique qui peut compléter l'expertise plus technique du personnel soignant. Ils apprécient pouvoir mettre cette expertise à contribution dans le nouveau milieu de vie en partageant, entre autres, de l'information sur l'histoire de leur parent, sa personnalité, ses goûts et ses préférences (Duncan et Morgan, 1994). Les familles ont aussi un rôle dans le maintien de l'identité en protégeant notamment l'image de soi du proche de même que son intégration sociale et familiale (Lavoie, 2000).

Par ailleurs, comme il est documenté dans l'étude de Legault (2005), dans le cas où la personne âgée est atteinte de déficiences cognitives, les aidants deviennent de véritables représentants de cette personne au moment de l'hébergement. Pour ce faire, ils doivent s'insérer dans le milieu de vie en utilisant certaines stratégies, par exemple en développant des relations de collaboration avec le personnel soignant ; ils doivent porter un jugement sur la qualité des soins et développer une confiance envers les intervenants du centre d'hébergement. On voit ainsi que les aidants, à la suite de l'admission en centre de soins de longue durée de leur parent, ont encore un « travail » de soins important qui demande du temps et de l'énergie. Ils servent d'intermédiaires entre les soignants professionnels et l'être cher.

Le phénomène du « prendre soin » : une réalité complexe à saisir

Mais qu'il s'agisse du domicile ou du centre d'hébergement, quels sont les facteurs qui permettent de prédire l'engagement des aidants ? La réponse à cette question est complexe, mais il semble qu'un des facteurs les plus importants qui influent sur le temps passé aux soins concerne la nature du lien émotif aidant-aidé. Ainsi, les hommes ou les femmes qui s'occupent d'une personne âgée de laquelle ils se sentent proches consacrent davantage d'heures aux soins.

Ces résultats mettent en évidence la proximité du lien en tant que dimension essentielle du *caregiving*, dimension de l'expérience dont l'importance a aussi été soulignée par plusieurs auteurs (Clément et Lavoie, 2005 ; Lavoie, 2000 ; Paquet, 2003). En somme, les données statistiques n'expliquent qu'une partie de la complexe réalité du phénomène du « prendre soin » familial. Les facteurs permettant une compréhension approfondie de ce phénomène ne sont pas uniquement quantitatifs. Ils engagent des composantes interpersonnelles difficiles à saisir dans le cadre de vastes enquêtes. La prise en charge d'un proche inclut beaucoup plus que des tâches, et ce sont des études qualitatives qui permettent davantage de cerner les diverses dimensions de l'expérience du soin. Dans cette perspective, les travaux classiques de Bowers (1987) ainsi que de Nolan et ses collègues (1996), de même que ceux plus récents de Vézina et Pelletier (2001), ont permis de proposer des typologies de l'aide offerte par les aidants familiaux qui nous apparaissent pertinentes et plus exhaustives pour comprendre leur contribution.

Bowers a ainsi permis de définir les types d'aide et de soins prodigués par les familles à un parent fragilisé. Après avoir exploré en profondeur la réalité des familles, et ce, bien au-delà des tâches et des rôles instrumentaux, elle a plus précisément défini cinq fonctions de base liées à la signification de la participation de la famille aux soins, soit :

1. l'anticipation ou la prévision des besoins de la personne aidée;

2. la prévention des détériorations sur le plan de la santé physique et mentale en maintenant un environnement sain et sécuritaire;

3. la coordination ainsi que la supervision de l'aide et des soins dispensés par les autres intervenants du réseau informel (parenté, amis, voisins), formel (services) et communautaire;

4. la protection relativement aux détériorations inévitables de l'état de santé en favorisant une image de soi positive;

5. l'accomplissement de tâches instrumentales requises par l'état de la personne.

Quant à Nolan (Nolan *et al.*, 1996), il a ajouté deux nouvelles dimensions à la typologie proposée par Bowers, soit le soin (re)constructeur qui se rapporte aux activités visant à maintenir ou à définir des rôles valorisants pour la personne soignée, de même que le soin réciproque qui touche le processus relationnel inhérent au «prendre soin» et aux bénéfices potentiels de la réciprocité aidant-aidé (Lévesque et Lauzon, 2000).

Vézina et Pelletier (2001) ont également proposé, à la suite de leur étude qualitative, diverses formes de participation à l'aide et aux soins issues des préoccupations des aidants. On y retrouve :

1. l'assurance du bien-être physique du parent (sécurité, confort, personnalisation des soins);

2. l'assurance du bien-être psychologique et social (présence, plaisirs, divertissements);

3. la gestion des finances;

4. l'aide au transport.

Le discours des aidants a permis, dans cette même étude, de déterminer des modalités d'action diversifiées qui sont utilisées par les aidants : ils accomplissent, délèguent, contrôlent, protègent, préviennent, stimulent, décident et gèrent les interactions. On peut constater toute la complexité de leur rôle.

Ces typologies accordent évidemment une place aux aspects instrumentaux des soins familiaux, mais elles mettent aussi en lumière d'autres aspects essentiels de la participation des aidants, qui doivent être pris en compte si l'on veut reconnaître, à juste titre, leur contribution.

Le tableau 3.1 présente quelques éléments, le plus souvent non comptabilisés, qui expriment la contribution des aidants familiaux au bien-être de leurs proches âgés.

TABLEAU 3.1 Exemples de la contribution des aidants familiaux au bien-être de leur proche âgé… des éléments non comptabilisés dans les grandes enquêtes

- Organisation du domicile (sécurité, convivialité, etc.) ;
- Protection contre les dangers et prévention/surveillance du proche ;
- Planification et organisation des services nécessaires au maintien à domicile (CLSC, centres de jour, popote roulante, entretien ménager, répit-surveillance, etc.) ;
- Mobilisation du réseau « informel » (parents, amis, voisins) pour la répartition de différents types de soutien (instrumental, émotif, information, activités sociales) ;
- Transport aux rendez-vous ;
- Gestion du budget ;
- Tâches instrumentales associées aux activités de la vie quotidienne et domestique ;
- Offre de soins nécessités par l'état de santé du proche (contrôle de la prise de médication, pansements, administration de soins complexes à la suite d'une chirurgie, etc.) ;
- Soutien affectif (écouter, conseiller, encourager, motiver) ;
- Maintien des liens de proximité avec le parent et de la réciprocité ;
- Maintien de l'estime de soi du proche ;
- Représentation du parent lorsque ce dernier n'est plus en mesure de décider (rôle d'*advocacy*) ;
- Participation au processus de prise de décision pour les soins et lors d'un éventuel hébergement ;
- Surveillance de la qualité des soins lorsque le parent est hébergé ;
- Visites au parent en milieu d'hébergement et maintien des relations familiales ;
- Contribution aux soins en milieu d'hébergement ;
- Présence et soutien lors des derniers moments de vie.

La valeur économique de la contribution des aidants

Même s'il est encore considéré comme du bénévolat, le travail des aidants familiaux a de grandes répercussions sur l'économie générale d'une nation. En fait, l'aide quotidienne fournie à un proche en perte d'autonomie engendre des coûts aux aidants familiaux et à toute la société. Il est facile d'imaginer ces coûts si l'on considère les absences au travail, les revenus moindres en raison d'un travail à temps partiel ou d'une carrière stagnante, les avantages sociaux réduits, les frais occasionnés par les soins, la vie familiale hypothéquée et, évidemment, toutes les conséquences sur la santé physique et mentale difficilement quantifiables sur le plan économique (Fast *et al.*, 1999). Ces coûts, directs et indirects, sont excessivement complexes à évaluer de façon juste, et la plupart des auteurs qui ont tenté cet exercice se sont souvent limités à estimer un seul aspect ou quelques-uns des aspects de la charge économique de l'aide offerte. En somme, les chercheurs sont confrontés à une absence d'outils adaptés pour évaluer le poids de l'aide familiale, et tant que la valeur économique des activités des familles ne sera pas estimée plus justement, leur légitimité à revendiquer un statut ou une aide sera compromise (Joublin, 2005).

Néanmoins, en dépit de leurs limites, les quelques études d'impact économique existantes fournissent des indicateurs tangibles d'une partie de la contribution des aidants à nos sociétés et permettent d'attirer l'opinion publique sur le soutien qu'il importe de leur offrir, entre autres au moyen de l'instauration de nouvelles politiques leur étant destinées.

L'équipe canadienne de Fast a ainsi tenté de proposer une taxonomie des coûts des soins familiaux qui pourrait permettre d'évaluer leur valeur marchande (Fast *et al.*, 1999). Selon les données canadiennes de 1996 analysées par ces auteurs, les aidants familiaux fourniraient l'équivalent du travail d'environ 275 500 professionnels, ce qui correspondrait à un montant approximatif de 5 milliards de dollars (Fast et Frederick, 1999). Une étude réalisée en France a par ailleurs souligné que le travail fourni par les aidants représentait l'équivalent de 500 000 postes à temps plein à raison de 37,4 heures par semaine. Aux États-Unis, si l'on estime le coût horaire des aidants à 8,81 $, la valeur du travail serait évaluée à 257 millions de dollars (Arno, 2002). Enfin, au Québec, une équipe de chercheurs du Centre de recherche sur le vieillissement de l'Université de Sherbrooke a réalisé une étude concernant les services requis par les personnes âgées en perte d'autonomie (Dubuc *et al.*, 2001 ; Hébert *et al.*, 1997). Cette étude a permis de conclure que lorsqu'on calcule l'intervention des proches à domicile au même coût que les soins offerts par le secteur privé, le maintien à domicile est plus onéreux que certaines ressources intermédiaires (résidences, pavillons), et même que les centres d'hébergement lorsque la perte d'autonomie des personnes âgées est importante. Cette étude est l'une des rares à mettre en évidence la contribution des proches sur le plan des coûts en fonction des milieux de vie, et l'une de ses conclusions suggère d'évaluer les possibilités d'accorder un soutien financier aux aidants familiaux.

En conclusion, on doit reconnaître que l'équation coûts/bénéfices est des plus complexes. D'un côté, on constate des économies pour la société si l'on valorise le temps passé par les familles au salaire des personnels des services à domicile; d'un autre, il y a des coûts importants si l'on considère uniquement les pertes de productivité et les problèmes de santé engendrés par le «prendre soin» d'un proche. Le prochain chapitre porte sur certaines des conséquences du «prendre soin».

Références

ANESHENSEL, C., L. PEARLIN, J. MULLAN, S. ZARIT et C. WHITLACH. *Profiles in caregiving*, San Diego, Academic Press, 1995.

ARNO, P. *Economic value of informal caregiving*, Annual Meeting of the American Association of Geriatric Psychiatry, Orlando (Floride), février 2002.

ATALLAH, R., C. NEHMÉ, J. SÉOUD, J. YÉRÉTZIAN, C. ZABLIT, L. LÉVESQUE, F. GIROUX et F. DUCHARME. «Les aidants familiaux de personnes âgées au Liban : quel est leur contexte de soin?», *Recherches en soins infirmiers*, n° 81, 2005, p. 122-138.

BOWERS, B. «Family perceptions of care in a nursing home», *The Gerontologist*, vol. 28, 1988, p. 361-368.

BOWERS, B. «Intergenerational caregiving : adult caregivers and their aging parents», *Advances in Nursing Science*, vol. 9, 1987, p. 20-31.

CLÉMENT, S. et J.-P. LAVOIE. *Prendre soin d'un proche âgé. Les enseignements de la France et du Québec*, Toulouse, Érès, Collection pratiques gérontologiques, 2005.

CRANSWICK, K. «Canada's caregivers», *Canadian Social Trends*, Ottawa, Statistique Canada, cat. n° 11-008-XPE, 1997, p. 2-6.

DUBUC, N., R. HÉBERT, M. BUTEAU, G. DESROSIERS, G. BRAVO, L. TROTTIER, C. ST-HILAIRE et C. ROY. «Évaluation clinique et estimation des coûts des services requis par les personnes âgées en perte d'autonomie», dans J.-C. HENRARD, O. FIRBANK, S. CLÉMENT, M. FROSSARD, J.-P. LAVOIE et A. VÉZINA (édit.), *Personnes âgées dépendantes en France et au Québec. Qualité de vie, pratiques et politiques*, Consulat général de France à Québec, Inserm, 2001, p. 259-282.

DUCHARME, F., L. LÉVESQUE, A. LEGAULT, M. GENDRON, O. SOUCY, J.M. GAGNON, N. L'HEUREUX et L. HÉBERT. « Soutenir les aidantes familiales même après l'entrée en centre d'hébergement de leur proche âgé atteint de démence », *Le Gérontophile*, vol. 22, 2000, p. 29-34.

DUCHARME, F., L. LÉVESQUE, L. LACHANCE, J. VÉZINA, S. ZARIT, M. GANGBE et C. CARON. « Older husbands as caregivers of their wives : context of care and relational aspects », *International Journal of Nursing Studies*, sous presse.

DUNCAN, M. et D. MORGAN. « Sharing the caring : family caregivers' views of their relationship with nursing home staff », *The Gerontologist*, vol. 34, 1994, p. 235-244.

Étude canadienne sur la santé et le vieillissement. « Patterns of caring for people with dementia in Canada », *Canadian Journal on Aging*, vol. 13, 1994, p. 470-487.

FAST, J., D. WILLIAMSON et N. KEATING. « The hidden costs of informal elder care », *Journal of Family and Economic Issues*, vol. 20, 1999, p. 301-326.

FAST, J. et J. FREDERICK. *Informal caregiving : Is it really cheaper?* Conférence présentée au International Association of Time Use Researchers, Colchester, Angleterre, 6-8 octobre 1999.

FREDERICK, J. et J. FAST. « Le profil des personnes qui prodiguent des soins aux aînés », *Tendances sociales canadiennes*, Statistique Canada, n° 11-008, 1999, p. 29-35.

FREDRIKSEN, K. et A. SCHARLACH. « Employee family care responsibilities », *Family Relations*, vol. 48, 1999, p. 189-196.

GARANT, L. et M. BOLDUC. *L'aide par les proches : mythes et réalités*, Québec, Direction de l'évaluation, ministère de la Santé et des Services sociaux, gouvernement du Québec, 1990.

GUBERMAN, N., J. P. LAVOIE, E. GAGNON et al.. *Valeurs et normes de la solidarité familiale : statu quo, évolution, mutation?*, rapport présenté au Fonds québécois de recherche sur la société et la culture, 2005.

HÉBERT, R., N. DUBUC, M. BUTEAU, C. ROY, J. DESROSIERS, G. BRAVO, L. TROTTIER et C. ST-HILAIRE. *Services requis par les personnes âgées en perte d'autonomie. Évaluation clinique et estimation des coûts selon le milieu de vie*, Québec, ministère de la Santé et des Services sociaux, collection Études et Analyse, gouvernement du Québec, 1997. HIRST, M. « Trends in informal care in Great Britain during the 1990s », *Health and Social Care in the Community*, vol. 9, 2001, p. 348-357.

JOUBLIN, H. *Réinventer la solidarité de proximité*, Paris, Albin Michel, 2005.

KAYE, L. et J. APPLEGATE. *Men as caregivers*, Lexington, Lexington Books, 1990.

KEATING, N. *Evaluating programs of innovative continuing care*, Edmonton, Final Report, 1998.

KEATING, N., J. FAST, J. FREDERICK, K. CRANSWICK et C. PERRIER. *Elder-care in Canada : context, content and consequences*, Ottawa, Statistique Canada, cat. n° 89-570-XPE, 1999.

KELLETT, U. « Transition in care : family carer's experience of nursing home placement », *Journal of Advanced Nursing*, vol. 29, 1999, p. 1474-1481.

KELLEY, L., E. SWANSON, M. MAAS et T. TRIPP-REIMER. « Family visitation on special care units », *Journal of Gerontological Nursing*, vol. 25, 1999, p. 14-21.

LAUDERDALE, S., J. D'ANDREA et D. COON. « Male caregivers : challenges and opportunities », dans D. COON, D. GALLAGHER-THOMPSON et L. THOMPSON (édit.), *Innovative interventions to reduce dementia caregivers distress*, New York, Springer, 2003, p. 243-266.

LAVOIE, J.-P. *Famille et soutien aux parents âgés dépendants*, Montréal, L'Harmattan, 2000.

LAVOIE, J.-P., L. LÉVESQUE et S. JUTRAS. « Aidants familiaux », *Rapport de l'Enquête sociale et de santé 1992-1993*, vol. 2, chapitre 3, Québec, ministère de la Santé et des Services sociaux, gouvernement du Québec, 1995, p. 45-80.

LEGAULT, A. *Transformation du rôle de représentante d'aidantes familiales à la suite de l'hébergement de leur proche âgé atteint de démence : une théorisation ancrée*, thèse de doctorat inédite, Montréal, Faculté des sciences infirmières, Université de Montréal, 2005.

LÉVESQUE, L., F. DUCHARME et L. LACHANCE. « Is there a difference between family caregiving of institutionalized elders with or without dementia ? », *Western Journal of Nursing Research*, vol. 21, 1999, p. 472-497.

LÉVESQUE, L. et S. LAUZON. « L'aide familiale et le soin d'un proche atteint de démence », dans P. CAPPELIEZ, P. LANDREVILLE et J. VÉZINA (édit.), *Psychologie clinique de la personne âgée*, Paris, Masson, 2000, p. 217-238.

MAGNUSSON, L., M. NOLAN, L. HANSON, H. BERTHOLD et B. ANDERSSON. « Developing partnerships with older people and their family carers. The Älderväst Sjuhärad model », *Quality in Aging-Policy, Practice and Research*, vol. 2, 2001, p. 32-38.

MAX, W., P. WEBBER et P. FOX. « Alzheimer's disease. The unpaid burden of caring », *Journal of Aging and Health*, vol. 7, 1995, p. 179-199.

MONAHAN, D. « Informal caregivers of institutionalized dementia residents : predictors of burden », *Journal of Gerontological Social Work*, vol. 23, n°s 3 et 4, 1995, p. 65-82.

NATIONAL FAMILY CAREGIVERS ASSOCIATION. *Caregiver survey – 2000*, Kensington, MD, 2000.

NOLAN, M., G. GRANT et J. KEADY. *Understanding family care*, Philadelphie, Open University Press, 1996.

ORZECK, P., N. GUBERMAN et L. BARYLAK. *Des interventions novatrices auprès des aidants naturels : guide-ressource pour les professionnels de la santé*, Montréal, Éditions Saint-Martin, 2001.

PAQUET, M. *Vivre une expérience de soins à domicile*, Québec, Presses de l'Université Laval, 2003.

ROSENTHAL, C., L. HAYWARD, A. MARTIN-MATTHEWS et M. DENTON. « Help to older parents and parents-in-law : does paid employment constrain women's helping behaviour ? », *Canadian Journal on Aging*, vol. 23, (supplément 1), 2005, S115-S130.

ROSS, M., C. ROSENTHAL et P. DAWSON. « Spousal caregiving in the institutional setting : task performance », *The Canadian Journal on Aging*, vol. 16, 1997, p. 51-69.

SCHULZ, R. *Handbook on dementia caregiving : evidence-based interventions for family caregivers*, New York, Springer, 2000.

SHANAS, E. « Social myth as hypothesis : the case of the family relations of old people », *The Gerontologist*, vol. 19, 1979, p. 3-9.

STATISTIQUE CANADA. *Tendances sociales canadiennes*, Ottawa, 2004.

STATISTIQUE CANADA. *Enquête sociale générale 2002, cycle 16 : Vieillissement et soutien social*, Ottawa, 2003a.

STATISTIQUE CANADA. *Population active du Canada : travail non rémunéré, Recensement de 2001*, Ottawa, 2003b.

STATISTIQUE CANADA. *Soins aux personnes âgées au Canada : contexte, contenu et conséquences*, Ottawa, cat. n° 89-570-XPF, 1999.

STOBERT, S. et K. CRANSWICK. «Prendre soin des personnes âgées : qui fait quoi et pour qui?», *Tendances sociales canadiennes*, 2004, p. 2-7.

VANIER, C. *Projet régional de soutien aux aidants naturels*, Montérégie, Direction de santé publique, 2004.

VÉZINA, A. et D. PELLETIER. *Du domicile au centre d'hébergement et de soins de longue durée : formes et sens de la participation des familles*, Québec, Centre de recherche sur les services communautaires, 2001.

WILLIAMS, C. «La génération sandwich», *Perspective*, Statistique Canada, cat. n° 75-001-XIF, 2004.

Chapitre 4

Vulnérabilité et gratification...
les suites du rôle d'aidant

S oigner un parent âgé peut être source de valorisation et de gratification. Toutefois, comme nous l'avons souligné, ce rôle ne s'actualise pas sans difficulté dans le contexte actuel. Peu d'aidants familiaux sont préparés à prendre soin d'un parent gravement malade pendant de longues années. De plus, les services de santé, tels qu'ils sont dispensés présentement, sont peu adaptés à la réalité contemporaine des aidants qui doivent concilier les soins avec leur propre vie professionnelle et familiale. Ce chapitre présente l'état des connaissances sur la vulnérabilité des aidants de même que sur les sources de gratification liées au « prendre soin ».

La vulnérabilité des aidants... du domicile au centre d'hébergement

Prendre soin d'un proche a des répercussions sur plusieurs facettes de la vie des personnes aidantes, notamment sur leur vie sociale, professionnelle et familiale. Sur le plan social, l'expérience des aidants est souvent caractérisée par une diminution des temps de loisirs, une transformation de la routine quotidienne et une vie sociale plus restreinte conduisant à de l'isolement et, fréquemment, à l'émergence de conflits familiaux et conjugaux. L'impact à court et à long termes des soins sur la participation des femmes au marché du travail est également de plus en plus reconnu : retrait complet de la vie professionnelle parfois nécessaire, absentéisme, réduction des heures travaillées et des possibilités d'avancement de carrière ainsi que diminution des revenus de retraite sont le lot de nombreuses aidantes (Statistique Canada, 2003b). Des problèmes financiers, associés à la nécessité de prendre congé de son travail rémunéré, mais aussi aux coûts de plus en plus importants liés aux soins, sont également vécus par les familles. Il semble que ce soit surtout les femmes de 45 à 54 ans qui sont les plus touchées par ces répercussions (Penning, 1998). On peut penser aux coûts des médicaments, des fournitures, des rénovations domiciliaires et des équipements médicaux ainsi qu'aux frais de transport pour imaginer les impacts financiers du « prendre soin ».

Pourtant, c'est du stress généré par l'accroissement des tâches et par la difficulté de concilier de nombreux rôles pendant plusieurs années dont on entend davantage parler lorsqu'on interroge les aidants. Ici encore, ce sont les aidants de la « génération sandwich » qui soulignent particulièrement une difficulté à concilier les horaires de travail, leurs tâches d'aidants et leur rôle de parents. Ils sont souvent à bout de souffle, ont l'impression de ne jamais en faire assez et vivent fréquemment des sentiments de culpabilité. Cette situation peut engendrer de véritables dilemmes éthiques, les aidants devant faire des choix difficiles : répondre à leurs propres besoins, à ceux de leur proche ou encore à ceux des autres membres de leur famille (Lavoie, 2001).

Ces conditions affectent inévitablement la santé physique et mentale. À l'heure actuelle, plusieurs études descriptives et épidémiologiques entreprises au Canada (voir Chambers *et al.*, 2004) et aux États-Unis (Schulz et Martire, 2004) soulignent la précarité de l'état de santé des aidants qui soutiennent un parent âgé à domicile. Une étude a même révélé que le fardeau associé à l'expérience de prise en charge d'un proche âgé augmenterait de 63 % les risques de mortalité des aidants familiaux dans les quatre premières années de la prise en charge (Schulz et Beach, 1999). Les aidants sont donc considérés comme un groupe à risque au sein du système de santé depuis quelques années.

De façon plus particulière, on décrit chez cette population une perception de stress et de fardeau, de la fatigue ainsi que de l'épuisement physique et psychologique. Les travaux de chercheurs américains ont permis de découvrir que les aidants avaient même une résistance immunologique diminuée par rapport à la population générale (Kiecolt-Glaser *et al.*, 1987). On observe aussi une consommation importante de médicaments psychotropes, particulièrement chez les femmes.

Par ailleurs, depuis que l'on s'intéresse à la santé des personnes aidantes, ce sont les problèmes de santé mentale qui ont été davantage décrits. Beaucoup moins de travaux ont porté sur la santé physique (Pinquart et Sorensen, 2003). Cette situation pourrait s'expliquer par le fait que les problèmes physiques sont plus difficiles à cerner et se développent avec le temps. Ils peuvent même survenir une fois que les aidants ont complété leur trajectoire d'aide et de soins, soit à la suite du décès de leur proche (Schulz *et al.*, 1995).

Ainsi, les aidants soulignent que l'absence de temps libre et de répit de même que le soutien moral qu'ils doivent apporter à leur proche sont les aspects les plus difficiles de leur rôle, aspects qui ont une influence sur leur santé mentale (Vanier, 2004). On rapporte chez cette population une détresse psychologique importante pouvant aller jusqu'à de la dépression. Les statistiques à cet égard sont impressionnantes. Dans l'Enquête sociale générale canadienne de 1996, la détresse psychologique des aidants familiaux était 25 % plus élevée que celle de la population générale. Plus précisément, 20 à 30 % des aidants qui prenaient soin d'un proche atteint de problèmes physiques et 40 % des aidants prenant soin d'un proche atteint de démence sévère étaient dépressifs (Cranswick, 1997). Ces données marquent l'importance des problèmes de santé mentale des proches-aidants, mais elles soulignent aussi la plus grande difficulté, pour les aidants, à prendre soin d'un proche dont les facultés cognitives sont atteintes.

À la suite de ces constats, il n'est pas exagéré d'affirmer que la population grandissante d'aidants familiaux est susceptible de présenter des problèmes de santé multiples et un syndrome qui s'apparente à celui de l'épuisement professionnel (*burnout*), résultant d'un stress physique et émotionnel prolongé. Ce stress intense pourrait même, occasionnellement, être à l'origine de mauvais traitements envers la personne âgée. Il semble, par exemple, que le fait de vivre avec un conjoint atteint de la maladie d'Alzheimer augmente le risque d'abus chez les conjoints (Beach *et al.*, 2005). Cette dernière situation est en effet particulièrement pénible, les *patterns* de relation conjugale étant grandement modifiés. La communication n'est plus ce qu'elle était et elle est de plus en plus difficile à établir. En somme, l'aidant vit une véritable perte de relation avec son partenaire de vie (Ducharme *et al.*, 2005).

> *Avec le « virage ambulatoire » et les responsabilités qui en découlent pour les familles, il importe de se préoccuper de la santé des proches-aidants.*

Par ailleurs, il importe de noter que l'ensemble des études ayant porté sur la santé des aidants ont été majoritairement réalisées auprès de femmes aidantes à domicile, et cela, surtout dans un contexte de soins de longue durée d'un parent âgé en perte d'autonomie. Ce sont aussi principalement les aidantes de personnes atteintes de troubles cognitifs, notamment de démence de type Alzheimer, qui ont retenu l'attention. Les aidants qui vivent une situation de soins aigus à domicile, notamment dans le contexte du virage ambulatoire, de même que les hommes-aidants et les aidants qui ont hébergé leur proche en milieu de soins de longue durée ont fait l'objet de beaucoup moins de recherches.

Avec le transfert des lieux de soins des établissements de santé vers le domicile et toutes les responsabilités qui en découlent pour les familles, il apparaît essentiel de se préoccuper de la santé et du bien-être des aidants dans ce contexte. Notre étude sur le virage ambulatoire, réalisée auprès de femmes âgées de 65 à 85 ans devant soigner leur conjoint à la suite d'une hospitalisation (Ducharme *et al.*, 2000a), a démontré, dans cette perspective, une perception de stress intense, de l'insécurité, une importante fatigue et une grande fragilité chez les conjointes-aidantes. Cette étude a aussi mis en évidence plusieurs complications postchirurgicales, des réhospitalisations et des visites nocturnes à l'urgence chez les personnes âgées soignées. Une autre étude, réalisée auprès d'un vaste échantillon de 1260 personnes âgées de la région montréalaise, a démontré des résultats similaires : 30 % des personnes âgées avaient été admises en milieu hospitalier 1,3 fois au cours d'une période de 12 mois, et 60 % d'entre elles avaient visité les urgences 1,6 fois au cours de la même période (Béland *et al.*, 2000). Ces situations sont coûteuses tant pour la qualité de vie de la dyade aidant-aidé que pour l'ensemble du système. Le virage ambulatoire devait éviter ces complications ; il n'était pas prévu d'hypothéquer de la sorte la qualité de vie des personnes aidantes.

En ce qui a trait aux aidants masculins, même s'ils sont de plus en plus nombreux, seuls quelques travaux ont traité de leur santé. Les résultats de certaines études (Fuller-Jonap et Haley, 1995 ; Kramer et Lambert, 1999) indiquent qu'ils ont un taux significativement plus élevé de dépression et un moindre bien-être que les hommes non aidants, soulignant ainsi qu'il s'agit, tout comme les femmes, d'un groupe à risque.

Enfin, les aidants familiaux de parents âgés hébergés ont été négligés en raison de la croyance que l'hébergement soulage *ipso facto* leur épuisement physique et psychologique. Quelques études ont toutefois permis de constater que ces aidants constituent aussi un groupe à risque sur le plan de leur santé, tout autant que ceux qui prennent soin, à domicile, de leur parent âgé (Aneshensel *et al.*, 1995 ; Ducharme *et al.*, 1997). Les sources de stress que doivent confronter ces aidants qui ont hébergé leur proche sont nombreuses (Ducharme *et al.*, 2000b) :

- inquiétudes liées à la qualité des soins ;

- perte du rôle de soignant principal ;

- contacts parfois difficiles avec le personnel ;

- émotions liées aux visites ;

- nécessité de réorganiser sa vie ;

- besoin de faire appel à un réseau de soutien social formel et informel ajusté à ses besoins et d'acquérir des habiletés afin d'avoir davantage de contrôle sur la situation de soins et le milieu de vie institutionnel.

De plus, le soutien de l'entourage diminue après le placement, ce qui accroît l'isolement et le fardeau des aidants (McCallion *et al.*, 1999). L'ensemble de ces constats nous amène inévitablement à se poser une question : pourquoi certains aidants s'en tirent-ils mieux que d'autres et ont-ils un meilleur état de santé ? La prochaine section tente de répondre à cette interrogation.

Les facteurs associés à la vulnérabilité des aidants

Les études réalisées à ce jour ne permettent pas de déterminer avec certitude tous les facteurs liés à la vulnérabilité des aidants familiaux. Nombreux encore sont les résultats divergents et paradoxaux. Par ailleurs, au cours de la dernière décennie, de plus en plus de travaux ont souligné, de façon constante, la contribution de quelques-uns de ces facteurs. Certains d'entre eux touchent les caractéristique de la personne aidée, d'autres concernent les caractéristiques de l'aidant et d'autres encore, le contexte de la situation d'aide et de soins.

Les caractéristiques de la personne âgée aidée

La gravité de l'état de santé de la personne âgée est un élément associé au fardeau des aidants, et ce, nous l'avons mentionné, surtout lorsque des déficiences cognitives sont en cause (Lévesque *et al.*, 1999). Les résultats de notre étude portant sur les aidants masculins (Ducharme *et al.*, sous presse) démontrent aussi que la fréquence des symptômes issus de la démence et la sévérité des détériorations cognitives sont des facteurs associés à la détresse psychologique des hommes et à leur intention d'institutionnaliser leur conjointe. En somme, les études ont des résultats convergents à l'effet que les symptômes de la démence sont parmi les facteurs liés aux caractéristiques du parent soigné qui influent le plus sur le fardeau et la dépression des aidants. Black et Almeida (2004) ont revu et analysé 30 articles sur le sujet.

Prendre soin d'un parent âgé atteint de démence semble donc affecter particulièrement la vulnérabilité. Les aidants de personnes atteintes de démence présentent plus de symptômes anxieux et dépressifs, et ils utilisent davantage de médication psychotrope (Pérodeau *et al.*, 2000).

Les caractéristiques de la personne aidante

On a pu isoler quelques facteurs sociodémographiques qui ont une influence sur la santé des aidants. On a ainsi constaté, et cela se comprend aisément, que plus les aidants sont âgés, plus ils s'inquiètent de leur capacité d'aider à long terme, plus ils sont préoccupés par l'avenir de leur proche et plus ils souffrent d'épuisement et craignent pour leur propre santé (Ducharme, 1996).

Par ailleurs, plus que les hommes, les femmes aidantes familiales risqueraient des atteintes à leur santé. Les conjointes trouveraient notamment le fardeau plus écrasant que les conjoints et seraient davantage susceptibles de souffrir de détresse psychologique que les hommes (Lévesque *et al.*, 1993). Quelques explications ont été fournies à ce phénomène de différentiation, selon le genre, des effets du *caregiving* sur la santé. Les femmes sont non seulement plus susceptibles d'être l'aidante principale et de fournir de l'aide instrumentale, mais elles sont surtout de plus importantes « fournisseuses » d'aide psychologique et personnelle tout en recevant moins de soutien que les hommes. Elles vivent plus souvent de stress en raison de la conciliation de leurs nombreux rôles et vivent évidemment, encore aujourd'hui, une plus grande pression sociale à assumer ce rôle d'aidant pendant de nombreuses années (Pinquart et Sorensen, 2003). En fait, le rôle d'aidant est encore un rôle normatif : on le considère comme typiquement féminin et comme un prolongement des responsabilités traditionnellement imputées aux femmes qui agissent souvent comme « des infirmières à temps partiel ». Il s'agit donc de différences qui persistent dans la socialisation des hommes et des femmes eu égard au *caregiving*. De nombreuses femmes préfèrent encore délaisser leur travail plutôt que les soins (Penning, 1998). Les hommes, de leur côté, percevraient différemment les demandes associées à leur rôle d'aidant. Ils feraient également davantage appel à des ressources extérieures pour leur venir en aide (Ducharme *et al.*, 2005).

Il semble toutefois que ce soit la perception du stress généré par la situation de prise en charge ou, en d'autres termes, l'évaluation ou l'appréciation cognitive des situations liées au *caregiving* qui soit l'un des facteurs qui expliquent le plus l'état de santé des aidants. La façon dont est envisagée la prise en charge d'un proche expliquerait plus précisément pourquoi deux aidants, placés dans des situations objectives semblables, réagiraient différemment. Il est possible de concevoir cette situation comme un défi, une occasion de croissance et de rapprochement avec son parent; on peut également la concevoir comme une véritable menace. Plusieurs études ont démontré l'importance de l'évaluation cognitive de la situation d'aide, notamment celle des comportements de la personne soignée (Ducharme *et al.*, 1997 ; Lévesque *et al.*, 1998).

Le répertoire de ressources personnelles et sociales des aidants est évidemment aussi à prendre en compte dans ce processus perceptuel. Le niveau d'éducation, les ressources financières et les stratégies d'adaptation qui permettent de composer avec les différents stresseurs sont des facteurs qui facilitent la prise en charge d'un parent âgé. Également, la qualité de l'environnement social, plutôt que la quantité de personnes faisant partie du réseau social, agirait en tant que facteur protecteur de la santé (Connell *et al.*, 2001).

Le contexte de la situation d'aide

Les obligations familiales et leurs conséquences sont modulées par différents facteurs contextuels (Guberman *et al.*, 2005). Le lien de parenté entre l'aidant et l'aidé est ainsi un facteur associé à la précarité de l'état de santé de l'aidant : plus le lien est proximal, plus le fardeau semble peser. Dans cette perspective, la vulnérabilité des conjoints, suivie de celle des enfants adultes, serait plus grande que celle des autres aidants (Pinquart et Sorensen, 2003). La qualité de la relation ou le degré d'intimité entre l'aidant et l'aidé existant avant la maladie et depuis l'avènement des problèmes de santé serait toutefois un facteur protecteur de la santé. Plus la relation serait harmonieuse et satisfaisante, moins les aidants seraient déprimés, tendus et éprouveraient du ressentiment et de l'hostilité envers la situation de prise en charge de leur proche (Schulz et Williamson, 1991).

On constate aussi que la distance géographique est un facteur d'importance. Les aidants qui ne cohabitent pas avec leur proche souffrent moins d'isolement, d'ennui et de manque de sommeil que ceux qui partagent le même toit, et cela se comprend aisément. Également, plus la durée de prise en charge est longue, plus les répercussions sur la santé risquent d'être importantes (Frederick et Fast, 1999). Enfin, l'aide reçue des ressources formelles pourrait favoriser le bien-être des aidants (Connell *et al.*, 2001). Toutefois, les études ne sont pas concluantes à ce sujet, les services offerts ayant généralement une influence assez modeste sur la santé des aidants (Brodaty *et al.*, 2003). Nous verrons plus en détail, au prochain chapitre, les explications à ce phénomène.

En conclusion, même si nous ne pouvons encore aujourd'hui dresser une liste exhaustive des facteurs liés à la précarité de l'état de santé des aidants familiaux, il est clair que nous sommes en présence d'une constellation de facteurs impliqués dans une situation complexe. Il serait vain, à la suite de ce constat, de soutenir les aidants en considérant une seule facette de leur réalité.

Le tableau 4.1 présente un résumé des facteurs qui ont été associés jusqu'à présent à la vulnérabilité des aidants familiaux.

TABLEAU 4.1	Quelques facteurs associés à la vulnérabilité des aidants familiaux

Caractéristiques de la personne âgée ayant besoin d'aide :
- Gravité de l'état de santé
- Statut cognitif
- Comportements dépressifs ou « dysfonctionnels »

Caractéristiques de l'aidant :
- Âge
- Genre féminin
- Perception de la situation de *caregiving*
- Ressources personnelles (éducation, revenu, répertoire de stratégies adaptatives, estime de soi, personnalité,...)

Caractéristiques du contexte :
- Liens de proximité
- Qualité de la relation aidant-aidé
- Cohabitation aidant-aidé
- Durée de la prise en charge
- Ressources sociales (qualité et disponibilité du réseau de soutien social informel)
- Disponibilité et accessibilité des services (réseau de soutien formel)

Y a-t-il des aspects positifs au rôle d'aidant ?

La section précédente a mis en évidence que le phénomène du « prendre soin familial » est souvent conceptualisé comme une situation stressante qui peut dépasser les capacités et les ressources des familles contemporaines. Assumer l'aide et les soins à un proche est ainsi considéré comme une situation qui peut engendrer une perception de fardeau et des effets délétères sur la santé.

Malheureusement, les études ont souvent négligé les dimensions positives de l'expérience des familles. Quelques travaux permettent toutefois de décrire certains aspects gratifiants du rôle d'aidant (Cohen *et al.*, 2002). L'expérience de prendre soin d'un parent âgé peut comporter des aspects enrichissants, être source de plaisir et expliquer en partie pourquoi certaines personnes choisissent délibérément une « carrière » d'aidant. Elle peut offrir, pour certains, un sens à la vie, une satisfaction, des bénéfices (Kramer, 1997 ; Miller et Lawton, 1997). Certains dispensateurs de soins percevront des sentiments d'utilité et d'accomplissement, des occasions d'apprentissage, une possibilité de renouer avec leur parent et d'approfondir leur relation mutuelle... somme toute, des récompenses à soigner (Sassine, 2005). Dans l'Enquête sociale générale canadienne de 2002, plus de 60 % des personnes qui dispensaient des soins avaient l'impression de rendre à leur proche ce que la vie leur avait donné, et de 80 à 90 % avaient l'impression que leurs liens avec la personne âgée étaient renforcés par la situation de *caregiving* (Statistique Canada, 2003a; Stobert et Cranswick, 2004).

Ces travaux soulignent l'importance d'interpréter le « prendre soin » selon le sens ou la signification qu'il a pour les acteurs, plutôt que seulement selon les échanges d'aide. S'attarder à la signification, ou chercher le sens du geste, permet de mieux comprendre le phénomène du *caregiving*. Bien souvent, dans les relations familiales, le donneur donne à cause de « qui est » le receveur et non en fonction de « ce qu'il fait ». Gouldner (1973) exprime à ce sujet qu'il s'agit de l'importance de *something for nothing*, illustrant ainsi une composante essentielle de l'aide familiale : son aspect relationnel.

On reconnaît que les relations intimes et à long terme, telles les relations familiales aidants-aidés, ne sont pas marquées par une réciprocité immédiate. Dans ces relations, les personnes rechercheraient plutôt une réciprocité dite différée ou généralisée (Blau, 1964). Ces relations familiales, notamment la relation entre conjoints ou entre les enfants et le parent âgé, sont caractérisées par des échanges d'amour, des transferts de valeurs, de l'intimité, des trajectoires de vie qui se croisent, tant et autant de dimensions qui ne peuvent se caractériser par un modèle économique de coûts et de bénéfices. En fait, dans les relations familiales, l'affection et le soutien vont au-delà de l'équité. Dans la parenté, ceux qui donnent ne s'attendent pas à recevoir une aide égale ou équivalente. On s'attend plutôt à une certaine forme de reconnaissance et à être aidé à son tour si nécessaire; ce qui sera alors rendu ne sera pas en rapport avec ce qui a été donné, mais avec le besoin de celui qui recevra à son tour.

L'aide familiale serait offerte, selon ce que propose Godbout (2000) dans son livre intitulé *Le don, la dette et l'identité,* en considérant certains principes, soit :

1. le besoin de celui qui reçoit, notamment lors de problèmes de santé;

2. la capacité, la compétence et la disponibilité de celui qui donne;

3. la réputation de « donneur » au sein de la famille, soit la réputation de celui de qui on attend davantage sans que cela relève d'une

norme de justice distributive (par exemple, la fille aînée qui a du temps, ou encore la fille infirmière ou la mère de famille qui a toujours soigné) ;

4. la liberté de celui qui donne, la norme idéale étant de ne pas demander, mais de se faire offrir de l'aide (Godbout, 2000).

Le sens de l'expérience du « prendre soin » ne peut ainsi être compris sans la considération des relations et de l'histoire de vie au sein de la dyade aidant-aidé. En fait, il y a deux niveaux de relations dyadiques : le niveau structurel, soit le lien qui unit l'aidant à l'aidé, mais également l'histoire de la relation qui inclut les dynamiques particulières qui émergent avec le temps au sein de cette dyade (Montgomerry et Williams, 2001). Les travaux de Cartwright (Cartwright *et al.*, 1994) et l'étude de Sassine (2005) illustrent la contribution de ces éléments aux processus d'enrichissement et de gratification qui découlent du soin à un être cher. Comme le montre la proposition théorique de Sassine (voir la figure 4.1), la qualité de la relation aidant-aidé, les motivations originales au « prendre soin » et la signification que revêt le fait de prendre soin d'un être cher sont tous des facteurs associés à la gratification immédiate ou différée liée au *caregiving*, de même qu'à la persévérance dans le « prendre soin ». Ce modèle explique en partie pourquoi certaines familles persistent durant de longues années à soigner leur proche et en retirent des bénéfices.

Figure 4.1   Une théorie explicative du processus de gratification lié au « prendre soin » (PS)

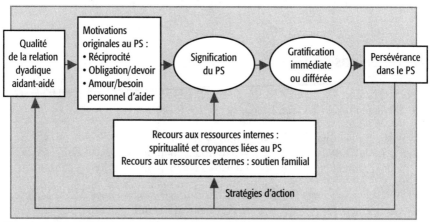

Tiré de SASSINE, R. *Processus de gratification chez des aidantes familiales libanaises prenant soin de leur proche âgé*, thèse de doctorat inédite, Montréal, Faculté des sciences infirmières, Université de Montréal, 2005.

En somme, la prise en charge d'un proche peut non seulement avoir des effets négatifs sur la santé, mais peut aussi contribuer à certains aspects du bien-être des aidants ; la coexistence des dimensions négatives et positives de l'expérience complexifie encore davantage le phénomène du *caregiving* et sa compréhension. En fait, il semble y avoir certains facteurs qui prédisent le fardeau et d'autres, différents, qui prédisent la gratification associée au rôle d'aidant (Kramer, 1997). Les études qui prennent en compte simultanément ces deux aspects du *caregiving* sont encore toutefois trop peu nombreuses.

Des pistes pour la planification des services

Dans ce chapitre, nous avons été à même de constater les nombreuses répercussions, tant négatives que positives, du « prendre soin » d'un proche âgé. La situation de santé des aidants et leur qualité de vie sont de plus en plus préoccupantes et elles prendront, dans les prochaines années, une importance capitale au sein du système de santé. Leur vulnérabilité, bien décrite, constitue un véritable problème de santé publique qui commence à être reconnu. Les données à cet égard sont percutantes et méritent l'attention des planificateurs de soins et de services. Les facteurs que nous avons relevés, et qui sont associés tant aux effets nocifs du *caregiving* qu'à la gratification qui découle de cette expérience, offrent d'ores et déjà certaines pistes pour le développement d'interventions que nous tardons encore à offrir aux aidants familiaux. Le prochain chapitre porte sur les services actuellement offerts et leurs effets, de même que sur les attentes des aidants concernant le type d'aide qu'ils apprécieraient recevoir.

Références

ANESHENSEL, C., L. PEARLIN, J. MULLAN, S. ZARIT et C. WHITLACH. *Profiles in caregiving*, San Diego, Academic Press, 1995.

BEACH, S., R. SCHULZ, G. WILLIAMSON, S. MILLER, M. WEINER et C. LANCE. « Risk factors for potentially harmful informal caregiver behavior », *Journal of the American Geriatrics Society*, vol. 53, 2005, p. 255-261.

BÉLAND, F. *et al. Rapport intérimaire II du projet de démonstration SIPA*, Montréal, Groupe de recherche Université de Montréal/McGill University sur les services intégrés aux personnes âgées, 2000.

BLACK. W. et O. ALMEIDA. « A systematic review of the association between the behavioural and psychological symptoms of dementia and burden of care », *International Psychogeriatrics*, vol. 16, 2004, p. 295-315.

BLAU, P. *Exchange and power in social life*, New York, Wiley, 1964.

BRODATY, H., F. FRANZEP, A. GREEN et A. KOSCHERA. « Meta-analysis of psychosocial interventions for caregivers of people with dementia », *Journal of American Geriatrics Society*, vol. 51, 2003, p. 657-664.

CARTWRIGHT, J., P. ARCHBOLD, B. STEWART et B. LIMANDRI. « Enrichment processes in family caregiving to frail elders », *Advances in Nursing Sciences*, vol. 17, 1994, p. 31-43.

CHAMBERS, L., A. HENDRIKS, H. HALL, R. PARMINDER et I. MCDOWELL. « Recherche sur la prestation de soins aux personnes atteintes de la maladie d'Alzheimer au Canada : état actuel et perspectives d'avenir », *Maladies chroniques au Canada*, vol. 25, 2004, p. 122-135.

COHEN, C., A. COLANTONIO et L. VERNICH. « Positive aspects of caregiving : rounding out the caregiver experience », *International Journal of Geriatric Psychiatry*, vol. 17, 2002, p. 184-188.

CONNELL, C., M. JANEVIC et M. GALLANT. « The costs of caring : impact of dementia on family caregivers », *Journal of Geriatric Psychiatry and Neurology*, vol. 14, 2001, p. 179-187.

DUCHARME, F. « La personne âgée et sa famille », dans S. LAUZON et E. ADAM (édit.), *La personne âgée et ses besoins*, Montréal, Renouveau pédagogique, 1996, p. 723-738.

DUCHARME, F., G. PÉRODEAU et D. TRUDEAU. « Perceptions, stratégies adaptatives et attentes des femmes âgées aidantes naturelles dans la perspective du virage ambulatoire », *Revue canadienne de santé mentale communautaire*, vol. 19, 2000a, p. 79-103.

DUCHARME, F., L. LÉVESQUE, A. LEGAULT, M. GENDRON, O. SOUCY, J.M. GAGNON, N. L'HEUREUX et L. HÉBERT. « Soutenir les aidantes familiales même après l'entrée en centre d'hébergement de leur proche âgé atteint de démence », *Le Gérontophile*, vol. 22, 2000b, p. 29-34.

DUCHARME, F., L. LÉVESQUE, L. LACHANCE et J. VÉZINA. *Facteurs psychosociaux liés à la vulnérabilité des hommes âgés aidants : Vérification d'un modèle spécifique aux soins informels*, Montréal, rapport présenté au FQRSC, 2005.

DUCHARME, F., L. LÉVESQUE, L. LACHANCE, S. ZARIT, M. GANGBE et J. VÉZINA. « Factors associated with the health of elderly husbands caregivers and with their intention to end home care », *Research on Aging*, sous presse.

DUCHARME, F., L. LÉVESQUE et S. COSSETTE. « Predictors of psychosocial well-being of family caregivers of older people with dementia in institutions », *Health Care in Later Life. An International Research Journal*, vol. 2, 1997, p. 3-13.

FREDERICK, J. et J. FAST. « Le profil des personnes qui prodiguent des soins aux aînés », *Tendances sociales canadiennes*, Statistique Canada, cat. n° 11-008, 1999, p. 29-35.

FULLER-JONAP, F. et W. HALEY. « Mental and physical health of male caregivers of a spouse with Alzheimer's disease victims », *Journal of Aging and Health*, vol. 7, 1995, p. 99-118.

GODBOUT, J. *Le don, la dette et l'identité*, Montréal, Boréal, 2000.

GOULDNER, A. « The importance of something for nothing », *For sociology, renewal and critique in sociology today*, New York, Basic Books, 1973.

GUBERMAN, N., J. P. LAVOIE et E. GAGNON. « Valeurs et normes de la solidarité familiale : statu quo, évolution et mutation », Rapport présenté au Fonds québécois de recherche sur la société et la culture, 2005.

KIECOLT-GLASER, J., R. GLASER, E. SHUTTLEWORTH, C. DYER, P. OGROCKI et C. SPEICHER. « Chronic stress and immunity in family caregivers of Alzheimer's disease victims », *Psychosomatic Medicine*, vol. 49, 1987, p. 523-535.

KRAMER, B.J. « Differential predictors of strain and gain among husbands caring for wives with dementia », *The Gerontologist*, vol. 3, 1997, p. 239-249.

KRAMER, B.J. et J.D. LAMBERT. « Caregiving as a life course transition among older husbands : a prospective study », *The Gerontologist*, vol. 39, 1999, p. 658-667.

LAVOIE, J.-P. « Au-delà des tâches et des soins : les problèmes de conciliation et les dilemmes chez les aidants informels », dans P. ORZECK, N. GUBERMAN et L. BARYLACK (édit.), *Des interventions novatrices auprès des aidants naturels : guide-ressource pour les professionnels de la santé*, Montréal, Saint-Martin, 2001.

LÉVESQUE, L., F. DUCHARME et L. LACHANCE. « Is there a difference between family caregiving of institutionalized elders with or without dementia ? », *Western Journal of Nursing Research*, vol. 21, 1999, p. 472-474.

LÉVESQUE, L., S. COSSETTE et F. DUCHARME. « La santé mentale de conjoints âgés québécois : comparaison entre aidants naturels et non aidants », *Revue canadienne de santé mentale communautaire*, vol. 12, 1993, p. 111-125.

LÉVESQUE, L., S. COSSETTE et L. LACHANCE. « Predictors of the psychosocial well-being of primary caregivers living with a demented relative : a 1 year follow-up study », *Journal of Applied Gerontology*, vol. 17, 1998, p. 240-258.

McCALLION, P., R. TOSELAND et K. FREEMAN. « An evaluation of a family visit education program », *American Geriatrics Society*, vol. 47, 1999, p. 203-214.

MILLER, B. et P. LAWTON. « Symposium : positive aspects of caregiving », *The Gerontologist*, vol. 37, 1997, p. 216-217.

MONTGOMERRY, R. et K. WILLIAMS. « Implications of differential impacts of care-giving for future research on Alzheimer care », *Aging and Mental Health*, vol. 5 (supplément 1), 2001, p. S23-S34.

PENNING, M. « In the middle : parent caregiving in the context of other roles », *Journal of Gerontology*, vol. 53b, (supplement), 1998, p. S188-S197.

PÉRODEAU, G., S. LAUZON, L. LÉVESQUE et L. LACHANCE. « Mental health, stress correlates and psychotropic drug use or non-use among aged caregivers to elders with dementia », *Aging and Mental Health*, vol. 5, 2000, p. 25-34.

PINQUART, M. et S. SORENSEN. « Differences between caregivers and non-caregivers in psychological health and physical health : a meta analysis », *Psychology and Aging*, vol. 28, 2003, p. 2502-2567.

SASSINE, R. *Processus de gratification chez des aidantes familiales libanaises prenant soin de leur proche âgé*, thèse de doctorat inédite, Montréal, Faculté des sciences infirmières, Université de Montréal, 2005.

SCHULZ, R., A. O'BRIEN, J. BOOKWALA et K. FLEISSNER. « Psychiatric and physical morbidity effects of dementia caregiving : prevalence, correlates, and causes », *The Gerontologist*, vol. 19, 1995, p. 3-19.

SCHULZ, R. et G. WILLIAMSON. « A 2-year longitudinal study of depression among Alzheimer's caregivers », *Psychology and Aging*, vol. 6, 1991, p. 569-578.

SCHULZ, R. et L. MARTIRE. « Family caregiving of persons with dementia. Prevalence, health effects, and support strategies », *American Journal of Geriatric Psychiatry*, vol. 12, 2004, p. 240-249.

SCHULZ, R. et S. BEACH. « Caregiving as a risk factor for mortality. The caregiver health effects study », *JAMA*, vol. 282, 1999, p. 2215-2219.

STATISTIQUE CANADA. *Enquête sociale générale 2002, cycle 16. Vieillissement et soutien social*, Ottawa, 2003a.

STATISTIQUE CANADA. *Population active du Canada : travail non rémunéré. Recensement de 2001*, Ottawa, 2003b.

STOBERT, S. et K. CRANSWICK. « Prendre soin des personnes âgées : qui fait quoi et pour qui ? », *Tendances sociales canadiennes*, 2004, p. 2-7.

VANIER, C. *Projet régional de soutien aux aidants naturels*, Direction de la santé publique, Montérégie, 2004.

Chapitre 5

Les services destinés aux aidants familiaux

Sommaire

D ans ce chapitre, nous abordons les services offerts aux aidants, de même que les perceptions et les attentes des aidants relatives à ces services. Nous tenterons plus précisément de répondre aux questions suivantes : Quels sont les services à domicile, en milieu d'hébergement et dans les centres hospitaliers de courte durée disponibles pour les aidants ? Comment les aidants les perçoivent-ils ? Quelles sont leurs attentes relativement au soutien qu'ils aimeraient recevoir de la part des services ?

Quels sont les services existants ?

À domicile

Comme la majorité des proches réalisent leur travail d'aide dans leur milieu de vie naturel, les services offerts sont surtout des services de soutien à domicile. Au Québec, ce sont principalement les Centres locaux de services communautaires (CLSC) et les organismes communautaires qui ont élaboré une gamme de services pouvant s'adresser aux aidants familiaux. Ces services varient d'un territoire à un autre, mais tous font appel à des modalités similaires d'intervention individuelle et de groupe.

C'est surtout lorsque les aidants font face à des problèmes de santé chroniques de leur proche qu'ils peuvent bénéficier d'un soutien des services. Ainsi, il leur est possible de recevoir, selon les ressources disponibles :

- des services d'évaluation, de référence et d'information ;

- des services d'aide aux activités de la vie quotidienne (notamment l'aide au bain) et de la vie domestique (par exemple entretien ménager) ;

- des services de transport et d'accompagnement ;

- des moments de répit grâce aux services des centres de jour ;

- des heures de présence-surveillance (service encore souvent appelé gardiennage) ;

- du counselling téléphonique, à l'occasion.

Quant aux activités de groupe, certains centres offrent des rencontres d'information, des ateliers de formation et des groupes de soutien-entraide pour les aidants.

Le ministère de la Santé et des Services sociaux du Québec a proposé, dans sa politique de soutien à domicile *Chez soi, le premier choix,* une typologie officielle des services aux aidants qui peuvent être offerts par les CLSC, les organismes communautaires, les entreprises d'économie sociale ou encore les groupes bénévoles (MSSS, 2003). Cette typologie a été reprise dans le plan d'action 2005-2010 du Ministère concernant les services aux aînés en perte d'autonomie (MSSS, 2005). Il s'agit de :

1. la présence-surveillance à domicile ;

2. le répit à domicile, en milieu d'hébergement temporaire, dans une maison de répit ou en centre de jour (ces services offrent la possibilité aux aidants de s'éloigner pour un temps, variant de quelques heures à plusieurs jours, des obligations liées à leur rôle, ce qui permet d'alléger leur fardeau) ;

3. le dépannage de courte durée visant à faire face à des situations urgentes imprévisibles ;

4. l'appui aux tâches quotidiennes ;

5. les services psychosociaux incluant les groupes de soutien, le counselling individuel et la formation.

Néanmoins, de façon générale, ces services s'adressent principalement à la personne âgée et n'offrent qu'un soutien indirect à l'aidant. Les clients ou les usagers des services demeurent d'abord et avant tout les personnes âgées, et l'évaluation se fait surtout en tenant compte de leurs besoins. Dans ce contexte, selon une de nos études (Ducharme *et al.*, 2005), de plus en plus d'aidants doivent payer des services privés afin de combler leurs propres besoins.

En milieu d'hébergement

Peu de mesures de soutien ont été mises sur pied pour les aidants qui doivent faire appel aux ressources d'hébergement en centre de soins de longue durée. La difficile prise de décision d'institutionnaliser, la préparation à l'hébergement, le soutien lors de l'admission et le suivi des familles demeurent des éléments peu pris en compte.

Notre étude sur les hommes aidants, dont plusieurs ont dû héberger leur conjointe dans un centre de soins de longue durée, nous a fourni à cet effet quelques indications quant à la rareté des services offerts (Ducharme *et al.*, 2005). Une fois la période de l'hébergement traversée, qu'en est-il de l'aide apportée aux aidants ? Selon les conjoints inter-rogés dans le cadre de cette étude, très peu d'aide leur est offerte pour les soutenir dans leur adaptation et leur transition vers leur nouvelle vie sans leur partenaire ; 60 % des aidants disent compter uniquement sur le soutien de leurs enfants. Parmi les quelques services disponibles, les aidants peuvent occasionnellement bénéficier de rencontres indi-viduelles avec des travailleurs sociaux et des organismes tels que la Société Alzheimer. En fait, que leur conjointe soit hébergée en rési-dence privée ou en centre d'hébergement public, il ne semble pas y avoir plus de services destinés aux aidants, si ce n'est des activités de loisirs offertes à leur conjointe et auxquelles les membres des familles sont invités occasionnellement à participer.

En milieu de soins aigus

Depuis nombre d'années, des études ont été réalisées dans le contexte de l'hospitalisation des personnes âgées, notamment sur les effets de dif-férentes modalités de planification du congé hospitalier (Congdon, 1994 ; Jackson, 1994) et de suivi systématique lors du retour à domicile (Burns *et al.*, 1996). Plusieurs appellations sont utilisées indifféremment pour qualifier ces modalités de prestation des soins. On parle parfois de gestion de cas (*case management*), de soins intégrés (*managed care*), de gestion du processus de soins et de cheminement clinique (*care map*).

En dépit de l'importance attribuée au suivi et à la coordination des soins dans ces modalités de dispensation des services, les aidants fami-liaux demeurent plutôt en périphérie des objectifs. En fait, on vise prin-cipalement, par ces approches, une réintégration rapide des personnes âgées au sein de leur domicile ; on souhaite plus précisément une réduc-tion des durées de séjour ainsi qu'une diminution des réhospitalisations et des coûts. Par ailleurs, selon une étude réalisée au sein d'unités de soins de courte durée, les aidants familiaux de personnes âgées hospita-lisées soulignent clairement qu'ils accordent une importance capitale à la planification du congé et des ressources disponibles à la suite de l'épi-sode d'hospitalisation de leur proche (Roberge et *al.*, 2002).

Les services offerts aident-ils les aidants ?

Même si le maintien à domicile et tous les services auxiliaires de ce main-tien sont établis depuis de nombreuses années, les résultats des études sur les effets de ces services indiquent qu'ils influent peu sur le poids du fardeau ou sur la détresse psychologique des aidants. Les études évaluatives portant sur les services de répit et de présence-suveillance (les services les plus importants présentement), de même que sur les groupes de soutien, concluent généralement que ces modalités d'intervention ont un effet plutôt marginal. Il semble aussi que ces services soient peu utilisés. Par exemple, la Société Alzheimer du Canada souligne que seulement 3,4 % des aidants d'un proche souffrant de démence utilisent les services de répit. Dans l'Étude canadienne sur la santé et le vieillissement, dont la publication remonte à 1994, les 349 aidants de personnes souffrant de démence qui ont été interrogés utilisaient peu les services de répit, les centres de jour et les groupes de soutien. Les services d'auxiliaires familiales et les services de soins infirmiers étaient les services les plus utilisés par ces aidants.

La réticence des aidants à utiliser les services ne signifierait toutefois pas qu'ils n'en ont pas besoin (Paquet, 2001). Elle pourrait plutôt résulter d'une inadéquation des services tels qu'ils sont conçus actuellement, d'une difficulté à négocier avec les organismes pour l'obtention de ces services, d'une crainte des réactions du proche âgé devant l'immixtion d'inconnus dans son intimité ou encore du sentiment d'échec parfois associé à la demande d'une aide de l'extérieur.

Ces constats ne sont pas très surprenants si, par exemple, l'on considère le cas des services de soutien à domicile : ces services sont centrés principalement sur la prestation de soins instrumentaux ou fonctionnels aux personnes âgées (aide au bain et aux activités de la vie quotidienne et domestique) et peu sur les besoins de la dyade aidant-aidé. Les soins instrumentaux ne comptant que pour une faible part dans le fardeau que portent les aidants familiaux, une réflexion sur la nature des services offerts apparaît dès lors essentielle. En effet, au-delà de la dimension pratique ou instrumentale de la tâche à accomplir, plusieurs aspects psychosociaux et affectifs sont à considérer dans l'offre de services. Également, si le discours actuel est orienté vers le soin « à la famille », on peut se demander si la perspective familiale est considérée dans cette offre de services. Même si plusieurs reconnaissent l'importance d'une approche systémique où la famille est considérée comme l'entité des soins, cette perspective demeure encore théorique.

On peut enfin s'interroger sur le moment où les services sont offerts au sein de la trajectoire d'aide. En effet, on reconnaît maintenant que les interventions offertes aux aidants familiaux devraient être conçues en considérant l'aspect temporel du *caregiving* et modulées en fonction des stades de la trajectoire d'aidant (Cummings *et al.*, 1998 ;

Kuhn, 1998). C'est ainsi que la nécessité d'intervenir au début du parcours d'aide et, paradoxalement, le manque d'interventions lors de cette première étape de la carrière des aidants sont saisissants.

Ce sont les interventions de groupe qui ont fait l'objet du plus grand nombre de travaux. Deux types de programmes de groupe ont surtout été étudiés : les programmes psychoéducatifs visant principalement l'enseignement d'approches permettant aux aidants de mieux gérer les situations stressantes liées à la prise en charge de leur proche ; les groupes de soutien où de l'information sur les problèmes de santé et les ressources disponibles ainsi que des occasions d'exprimer ses sentiments et de discuter de problèmes quotidiens avec des pairs sont offertes.

Ici encore, des effets modestes de ces interventions sur différents aspects de la santé des aidants ressortent des études (Black et Almeida, 2004 ; Brodaty *et al.*, 2003 ; Cooke *et al.*, 2001 ; Sörensen *et al.*, 2002). Certaines raisons ont été invoquées pour expliquer ces résultats. Notamment, le contenu des interventions ne serait pas suffisamment ajusté aux besoins des aidants lors des différents stades de leur carrière. D'autres raisons concernent les mesures utilisées pour évaluer ces interventions de groupe : celles-ci ne seraient pas suffisamment proximales aux éléments du contenu de l'intervention et capteraient plutôt des indicateurs distaux tels que la dépression, difficile à modifier par ce type d'approche. Il semble également que les bénéfices des aspects éducatifs de tels programmes diminuent à mesure que progresse la maladie et qu'il y aurait donc avantage à les offrir beaucoup plus tôt (Brodaty et *al.*, 2003). On peut mentionner que les programmes sont souvent offerts très tard dans la trajectoire des aidants, et plus le délai est long, plus les interventions doivent être lourdes et complexes. En somme, « trop peu, trop tard » caractérise l'offre actuelle de services aux aidants.

...« *trop peu, trop tard* » *caractérise l'offre actuelle de services aux aidants.*

Selon certaines analyses, les approches individuelles, plus ciblées, plus intenses et plus personnalisées, auraient davantage d'effets significatifs, notamment au début de la trajectoire d'aide. À ce moment, il semble que les aidants ne soient pas encore prêts à partager, au sein d'un groupe, leurs émotions et leurs expériences (Peacock et Forbes, 2003). D'autres facteurs semblent également avoir une influence sur l'efficacité des interventions offertes aux aidants. Ainsi, les aidants plus jeunes et les femmes profiteraient davantage des interventions de groupe. Également, plus longue est l'intervention, plus il est probable d'obtenir des effets sur le bien-être des aidants. De même, les aidants ayant un plus lourd fardeau ont plus de chance de ressentir des effets bénéfiques (Sörensen *et al.*, 2002).

Par ailleurs, en ce qui concerne les caractéristiques des services, le manque de flexibilité serait un autre facteur explicatif des effets mitigés retrouvés. C'est ainsi que les services de répit pourraient avoir des effets significatifs sur le bien-être des aidants si ce n'était de leur manque de flexibilité. On peut penser, par exemple, aux centres de jour qui offrent de courtes journées aux aidants en prenant en charge leur proche pour certaines activités. Les horaires de ces centres sont prédéterminés et il est difficile d'accommoder un changement dans la routine. En général, les aidants doivent préparer leur proche assez tôt le matin (toilette, habillage, déjeuner) pour la journée, ce qui ajoute à leur fatigue. Autre exemple : le répit à domicile. Celui-ci est généralement offert lorsque la situation devient très lourde et que l'aidant est déjà épuisé, ce qui ne permet pas d'agir à titre préventif. Ce type de répit est aussi de courte durée et peu fréquent (Zarit *et al.*, 1999, 2001).

À la suite de ces constatations, certaines questions méritent d'être posées eu égard au soutien offert aux aidants familiaux : Les services sont-ils conçus pour répondre à leurs besoins ? L'organisation de ces services tient-elle compte des résultats probants issus des études réalisées jusqu'à présent ? Connaît-on et reconnaît-on les principales insatisfactions des aidants familiaux relativement aux services ?

En somme, les études laissent présager que l'aide instrumentale des services de soins à domicile et les groupes de soutien ne suffisent pas à réduire le fardeau des aidants. À cet égard, l'Europe est une figure de proue en ayant mis sur pied une vaste étude comparative, la plus importante en Europe, intitulée EUROFAMCARE, où la situation de plus de 6000 aidants vivant en Allemagne, en Suède, en Italie, au Royaume-Uni, en Grèce et en Pologne est examinée en vue d'évaluer les connaissances, l'accessibilité, l'utilisation et l'acceptation, par l'entourage familial, des services de soutien et d'aide aux aidants. Cette étude devrait permettre de proposer de nouvelles pistes pour adapter les services, de même que les politiques. Par ailleurs, il est déjà clair que, selon que les pays adoptent des politiques sociales familialistes ou individualistes, les services offerts risquent d'être différents. Les pays d'Europe du Sud, plus « familialistes », offrent ainsi moins de services aux proches-aidants (ministère de la Santé et des Solidarités, 2005).

Que pensent les aidants des services ?

De façon générale, très peu de travaux ont porté sur les perceptions et les attentes des aidants familiaux quant aux services. C'est à la suite de cette observation que nous avons conduit deux études, dont l'une avait précisément pour but d'explorer et de décrire les perceptions et les attentes de quatre groupes d'acteurs relativement aux services offerts dans la perspective du virage ambulatoire : les aidants, les intervenants œuvrant dans les centres locaux de services communautaires, les travailleurs des groupes communautaires et les gestionnaires des services (Ducharme *et al.*, 2004). Quant à la deuxième étude, elle visait à décrire les services aux yeux des hommes aidants (Ducharme *et al.*, 2005).

La perception des services offerts dans le cadre du virage ambulatoire

Pour réaliser cette étude, des groupes de discussion ont été menés, et des données ont été recueillies à l'aide d'entrevues individuelles auprès d'informateurs clés, c'est-à-dire de personnes (aidants, intervenants, travailleurs et décideurs) reconnues pour leur compétence, leur expérience et leur connaissance approfondie de la problématique du virage ambulatoire, du maintien à domicile et des aidants familiaux. Il ressort de notre analyse, ce qui s'avère particulièrement intéressant, des éléments de convergence, soit des perceptions similaires entre les quatre groupes d'acteurs quant à la structure, au processus et aux résultats des services.

Globalement, de nombreuses limites aux services actuels ont été décrites par les détenteurs d'enjeux interrogés. Dans ce contexte particulier de virage ambulatoire, l'absence d'évaluation des capacités des aidants à prendre en charge les soins à domicile, la nécessité pour les aidants de prodiguer des soins professionnels, les longs délais pour l'obtention de soins à domicile, le manque de coordination et de continuité de l'intervention du centre hospitalier au domicile, le peu de services offerts et l'accessibilité limitée des services le soir, la nuit et les fins de semaine ont fait l'unanimité.

Le tableau 5.1 présente un résumé des perceptions qui font consensus.

Dans les pages qui suivent, nous discutons plus en détail des thèmes abordés par les groupes interrogés en illustrant certains de ceux-ci à l'aide d'extraits du discours des participants.

TABLEAU 5.1	Perceptions d'informateurs clés quant aux services offerts aux aidants familiaux

SUR LE PLAN DE LA STRUCTURE

Macrosystème
- Complexité du système de santé et lourdeur bureaucratique
- Transfert des responsabilités des établissements de santé vers la communauté et la famille
- Hospitalocentrisme du système

Ressources humaines, matérielles et financières
- Manque de ressources humaines et financières au sein du réseau de la santé
- Soutien à domicile sous-financé
- Gratuité des services en péril

Conditions de pratique
- Instabilité du personnel soignant dans les établissements
- Méconnaissance des rôles des divers intervenants du système
- Diminution du travail de promotion de la santé et de prévention dans les CLSC

Accessibilité
- Services aux aidants quasi inexistants
- Accès limité aux services le soir, la nuit et les fins de semaine
- Disparité des services offerts aux aidants par les CLSC

SUR LE PLAN DU PROCESSUS

Organisation des soins
- Priorité accordée aux services aux personnes âgées plutôt qu'à la dyade personne âgée-aidant
- Manque de souplesse des services

Coordination et continuité
- Manque de continuité dans les services offerts
- Difficultés de coordination et de liaison entre le CH, le CLSC et les services communautaires
- Déficience dans la planification des congés hospitaliers

Respect des droits et de la perspective du client
- Exigences trop grandes du réseau de la santé envers les aidants
- Prise en charge rapide et imposée aux familles
- Peu de respect pour les capacités, les ressources, la disponibilité et les choix des aidants

SUR LE PLAN DES RÉSULTATS

Caractère approprié
- Obligation, pour les aidants, de prodiguer des soins traditionnellement offerts par les professionnels

Livraison au bon moment
- Attente longue pour l'obtention de services

Le respect du choix et des capacités des aidants : la nécessité d'une évaluation

Les aidants interrogés dans notre étude perçoivent qu'ils ont peu de choix quant à leur rôle et que celui-ci leur est plus ou moins imposé. Leur point de vue est cohérent avec celui des autres participants qui soutiennent, sans équivoque, que la prise en charge d'un proche après une hospitalisation est imposée aux familles. L'ensemble des acteurs souligne que cette prise en charge est rapide et se fait sans respect pour les capacités, la disponibilité et le choix des personnes aidantes.

On note, entre autres, le manque d'évaluation des capacités et des ressources de l'entourage avant le congé hospitalier :

> « Par exemple, dans la grille d'évaluation utilisée par les CLSC pour les personnes en perte d'autonomie, il y a peut-être trois ou quatre lignes où l'on se préoccupe des aidants ; autrement, tout est en fonction de la personne aidée. »

Une grille d'évaluation de la situation de prise en charge des aidants devrait être systématiquement utilisée. De même, il y aurait lieu d'inclure les personnes aidantes dans les plans de services et les processus décisionnels. Les intervenants souhaiteraient précisément qu'une évaluation des possibilités et des ressources des personnes aidantes soit faite par un intervenant du CLSC avant l'obtention du congé hospitalier :

> « L'aidant n'a pas toujours les connaissances et la qualification pour le faire ; c'est stressant, ça peut être dangereux. On leur en demande trop… ».

Les gestionnaires soulignent aussi la nécessité de respecter les capacités et les limites des personnes aidantes. Ils estiment qu'il serait nécessaire que le ministère de la Santé et des Services sociaux (MSSS) rende explicite la place des personnes aidantes dans les différentes politiques touchant le domaine de la santé.

Des exigences exagérées à l'égard des aidants… des mesures sociales indispensables

De façon générale, il semble que les exigences du réseau de la santé à l'endroit des personnes aidantes soient trop grandes et que plusieurs de ces personnes se voient dans l'obligation de prodiguer des soins professionnels à domicile. Comme nous le disait une aidante :

> « On demande de faire des gestes qui exigent une formation pro-
> fessionnelle à des gens qui n'en ont pas et, en plus, qui ont des
> liens affectifs avec la personne dont ils s'occupent. Moi, je pense
> que s'il y a des pansements, s'il y a des injections, s'il y a des
> sédatifs à administrer, ça devrait être fait par les services profes-
> sionnels. Les aidants en font déjà beaucoup. »

Les participants souhaitent la mise en place de mesures sociales et financières pour soutenir les aidants dans leur engagement auprès de leur
proche. Ces mesures pourraient prendre différentes formes, par exemple
une compensation financière, un horaire de travail plus flexible, l'introduction d'une forme de congé (semblable au congé parental) pour permettre aux personnes qui travaillent de prendre soin d'un parent âgé.

Des différences entre milieu rural et milieu urbain

Les données recueillies ont permis de souligner certaines différences
entre les milieux rural et urbain. En milieu rural, on note de plus
grandes difficultés de transport et des distances géographiques qui
limitent l'accessibilité aux services existants et aux soins spécialisés.
La vie communautaire et les actions bénévoles y semblent par ailleurs
plus intenses, et il existe une plus grande possibilité d'y établir des
partenariats. Enfin, l'arrimage et la concertation entre les divers services y sont plus présents. Pour ce qui est du milieu urbain, les acteurs
évoquent un tissu social plus effrité lié à une plus grande proportion
de personnes âgées isolées et sans famille ; la bureaucratie apparaît
plus lourde, et il y a urgence d'établir le rôle et la fonction de gestionnaire de cas pour assurer la coordination des services.

Un système en péril ?

Selon les participants, le sous-financement des soins de santé occa-
sionne un manque de ressources humaines, une instabilité du personnel soignant et le transfert de certains coûts des établissements vers les
familles. Le manque de ressources financières dans le réseau de la santé
et des services sociaux a aussi pour conséquence de rendre ardue la
réponse aux besoins de soins posthospitaliers et de soins à domicile.

Les participants ont noté plus particulièrement que le virage ambulatoire a des impacts financiers sur les personnes aidantes. Certains
coûts ont été transférés aux familles, qui doivent maintenant payer
les médicaments et le matériel médical. Dans un système où la gratuité et l'universalité sont des principes directeurs des soins de santé,

on s'inquiète de l'émergence d'un système de santé « à deux vitesses »
qui met cette gratuité et cette universalité des services en péril.
Comme nous le disait une aidante :

> « Le système à deux vitesses, je peux en témoigner comme
> aidante. C'est évident que si tu veux de l'aide suffisante, alors
> il faut te la payer parce que de l'aide, il n'y en a pas. »

La quantité et la qualité des services

Les personnes aidantes et les travailleurs de groupes communautaires
affirment que les services destinés spécifiquement aux personnes
aidantes sont presque inexistants et qu'un manque de souplesse caractérise les quelques services existants. Cette situation découle de la
priorité accordée aux personnes malades, faisant en sorte que les
aidants sont oubliés ou passent en deuxième. Pour leur part, les intervenants et les gestionnaires soutiennent que les services offerts aux
aidants sont rares et mal adaptés à leurs besoins.

Par ailleurs, en conséquence de la rapidité des transformations dans
le réseau de la santé, de nombreuses déficiences dans la planification
des congés hospitaliers ont été notées. Les intervenants remarquent
que les considérations budgétaires prennent souvent le pas sur les
considérations cliniques :

> « Souvent, vite il faut sortir le patient. L'ergothérapeute et la phy-
> siothérapeute n'ont pas eu le temps de finir leur évaluation, et
> l'aidant se retrouve à la maison avec un patient en très grande
> perte d'autonomie… et il ne sait pas trop quoi faire. »

Également, plusieurs participants ont noté le manque de coordination et de concertation entre les centres hospitaliers et les centres
locaux de services communautaires (CLSC), ce qui provoque une dis-
continuité dans la prestation des services. Les intervenants constatent le grand rôle que jouent les personnes aidantes au regard de la
coordination et de la continuité des soins : celles-ci doivent faire plusieurs démarches afin d'obtenir l'ensemble des services dont elles ont
besoin et, de plus, doivent très souvent assumer la coordination de
l'ensemble des services requis par la situation de soins :

> « La coordination des soins, c'est probablement ce qu'il y a de plus
> difficile pour un aidant dans le contexte actuel, surtout quand les
> services ne sont pas intégrés. Les aidants ne savent plus qui appeler

si leur proche ne va pas bien… il faut se battre avec le système…
je pense que c'est le stress majeur que les aidants ont à vivre. »

Les délais d'attente pour l'obtention de services posthospitaliers par le réseau de la santé sont aussi trop longs, alors que les durées de séjour en milieu hospitalier sont trop courtes, ce qui fait que la convalescence est parfois difficile à domicile :

> « …*je pense que ça retourne tellement vite présentement, beaucoup trop vite à la maison… Si on donnait quelques jours de plus pour récupérer, quand la personne arriverait à la maison, il y aurait déjà là certains soins qu'on aurait plus besoin de faire. »*

L'accessibilité aux services de soutien à domicile est également réduite le soir, la nuit et les fins de semaine. À l'exception des gestionnaires, tous les acteurs interrogés ont souligné une lourdeur bureaucratique qui accompagne la demande de services et la complexité du système de santé, ce qui réduit son accessibilité pour le profane.

En somme, il semble que les modes actuels d'accès aux services favorisent l'épuisement des aidants, l'augmentation du nombre de demandes d'hébergement, voire la réhospitalisation rapide des malades âgés. Certains participants s'interrogent même sur la sécurité de certaines situations de soins pour les aidants ayant peu de ressources personnelles et devant prendre soin de personnes très malades à domicile.

L'encadré 5.1 présente quelques témoignages sur les services provenant des principaux acteurs du virage ambulatoire.

Voyons maintenant ce que pense une autre clientèle en croissance, les aidants masculins.

La perception des hommes aidants

Dans le cadre de notre étude sur la santé des hommes aidants (Ducharme *et al.*, 2005), nous avons exploré plus à fond, auprès de 18 aidants, la perception des services reçus à domicile pendant l'attente et après l'hébergement de la conjointe. Nous avons notamment interrogé ces participants sur les services qui auraient pu leur permettre de poursuivre leur aide à domicile plus longtemps.

Des témoignages sur les services

Moi, j'ai refusé carrément de sortir mon épouse… Là, ils ont donné ça à la travailleuse sociale, ils lui ont dit : « Rencontre Monsieur parce que ça va mal. » J'ai attendu 24 heures pour la rencontrer. Ça n'avait pas d'allure de la renvoyer à domicile, c'était complètement hors de question. L'infirmière m'a dit bonjour, tout est sur sa table de chevet, sa carte médicale, ses prochains rendez-vous, ses médicaments à prendre. J'ai dit : « Bon, appelez-moi le médecin qui a signé la décharge, je veux lui parler. » Il n'a jamais voulu se montrer. J'étais laissé à moi-même. S'il y a un gros problème, vous la ramènerez à l'hôpital, qu'ils m'ont dit.

UN AIDANT

Eh ! mon Dieu ! J'irais même jusqu'à dire que les services aux aidants, il n'y en a pas ! D'abord, on a imposé le retour à la maison, sans évaluer les capacités des proches à prendre soin de la personne qui est malade. On va pas leur demander leur consentement, on va prendre pour acquis qu'ils vont le faire. Ensuite, on va leur dire qu'il va y avoir des services, que le CLSC va prendre les choses en main. Sauf que la réalité, c'est pas toujours ça en bout de ligne.

UN TRAVAILLEUR DANS UN GROUPE COMMUNAUTAIRE

…Je retournais un patient à domicile avec un protocole d'anticoagulothérapie à la maison. Le monsieur devait recevoir des anticoagulants, et moi je lui enseignais qu'il était important qu'il commence à les prendre dès la sortie de l'hôpital pour l'amener à un taux acceptable et éviter la formation de caillots et les complications. Et le monsieur a tout de suite négocié avec moi s'il ne pourrait pas retarder à dimanche ou à lundi puisque c'était le début du mois (on était le 29). Ce mois-ci, il n'avait pas consommé de médicaments, ce qui fait qu'il devait payer sa franchise de 48 $ et, dès le début du mois prochain, il devait repayer un autre 48 $, donc deux 48 $ coup sur coup. Il voulait éviter ça parce que, financièrement, il n'en avait pas les moyens. Je comprenais, mais il fallait qu'il sache qu'il pouvait faire un AVC…

UNE INTERVENANTE

Il aurait fallu mettre les ressources en place, ensuite tranquillement faire sortir le monde. Mais les coupures budgétaires ont forcé les établissements hospitaliers à couper leurs services, alors que les CLSC n'étaient pas toujours prêts à recevoir les malades.

UN GESTIONNAIRE

Les trois services formels les plus utilisés sont le centre de jour, les services d'aide aux activités de la vie quotidienne (AVQ), soit les services d'hygiène, plus précisément l'aide au bain et, enfin, les services d'aide aux activités de la vie domestique (AVD), soit l'entretien ménager. Les commentaires recueillis ont porté sur diverses dimensions de la qualité des soins et des services, entre autres sur la continuité, l'accessibilité, la pertinence et le rapport avec les intervenants.

Alors que plusieurs sont très satisfaits et reconnaissants de l'aide qu'on leur a fournie, d'autres aidants sont plus nuancés, voire très critiques. De façon générale, bien que les situations soient différentes, il reste que tous ont bénéficié de services formels leur permettant de maintenir leur conjointe à la maison. En ce qui concerne les critiques à l'égard des services, il s'agit principalement de l'insuffisance des ressources et de l'inadéquation entre l'offre et les besoins. Les aidants ont notamment reçu peu de soutien moral ou psychologique pour les aider à traverser la période difficile de l'hébergement, outre celui prodigué par les membres de leur famille ou de leurs amis.

Certains hommes ont plus particulièrement critiqué le manque de transparence des intervenants dans l'information qui leur a été transmise pendant l'attente de l'hébergement. D'autres soulignent que le réseau formel public de services de soutien à domicile ne tient pas suffisamment compte des aidants dans l'organisation des services ni de leurs limites. Conséquemment, les services ne peuvent qu'être inadaptés à leurs besoins :

> « *Vous savez qu'on est un peu abandonné. Le système est géré pour le malade, et on s'intéresse beaucoup au malade, à ses problèmes.* »

Les aidants constatent qu'ils n'auraient pas pu prendre soin de leur conjointe à la maison aussi longtemps qu'ils l'ont fait sans avoir recours à des services dispensés par le secteur privé. À cet effet, certains déplorent que les intervenants tiennent compte de leur capacité de payer et, conséquemment, ne leur offrent pas les services gratuits qu'ils seraient en droit de recevoir.

Plusieurs aidants pensent toutefois que les rares services disponibles sont pertinents, c'est-à-dire qu'ils apportent une réponse appropriée à leurs besoins. C'est plutôt la continuité des services qui pose le plus grand problème : un manque de suivi dans les dossiers et une absence de communication entre les différentes instances ou différents organismes qui les soutiennent sont mentionnés. Quant à l'accessibilité des services, elle est jugée faible. Ce manque d'accessibilité se manifeste particulièrement pour les services de présence-surveillance. C'est l'inadéquation entre le nombre d'heures offert par le secteur public et celui réellement nécessaire pour répondre aux besoins des aidants qui est en cause :

> « *Ils m'offraient quatre heures par semaine, qu'est-ce que vous voulez que je fasse avec ça ? Le temps d'aller faire les commissions,*

c'est pas assez. Comme je vous dis, il aurait fallu du gardien-nage cinq jours par semaine au moins, mettons les cinq jours de la semaine. »

Les aidants ont aussi parlé des listes d'attente, du fait qu'il faille « cou-rir » après les services puisqu'on ne les propose pas systématiquement. Plus que cela, les aidants soulignent qu'on ne les informe pas des ser-vices qui sont offerts.

Enfin, les relations avec les intervenants constituent un élément fonda-mental de la prestation des services auprès des personnes atteintes et de leurs aidants : ce sont souvent ces relations qui déterminent, en grande partie, la satisfaction des aidants par rapport aux services. Quoique plu-sieurs aidants aient souligné la compétence, le professionnalisme et la bonne attitude des intervenants, d'autres ont éprouvé des problèmes.

En résumé, c'est l'accessibilité liée à l'insuffisance des ressources, à leur fréquence limitée et aux coûts de plus en plus importants de même que l'inadéquation entre l'offre et les besoins des aidants qui se démarquent dans les commentaires touchant les services. De façon plus particulière, les hommes aidants perçoivent qu'ils n'ont pas réel-lement reçu de soutien moral ou psychologique pour les aider à faire les démarches d'hébergement et qu'il y a peu de services formels orga-nisés pour les soutenir après l'hébergement.

Cette étude a permis de mettre en évidence, selon une perspective émique ou « de l'intérieur », des services fragmentés, peu intégrés et ne répondant pas aux besoins des aidants qui ont peine à se reconnaître dans le labyrinthe du système de santé. La prochaine section présente les attentes des aidants relativement à ces services.

Que souhaitent les aidants familiaux ?

Dans l'Enquête sociale générale canadienne, il a été demandé aux aidants leurs attentes relativement aux services ou, en d'autres termes, ce qui pourrait les aider à assumer leur rôle. Se faire remplacer occasionnellement, recevoir une compensation financière pour leur travail encore « invisible », obtenir de l'information sur la maladie et l'incapacité de leur proche et sur le rôle d'aidant ainsi que recevoir du counselling figuraient parmi les principales attentes exprimées (Cranswick, 1997).

Des programmes en milieu de travail pourraient répondre à certains de leurs besoins. Ainsi, des horaires plus flexibles, la possibilité de faire du télétravail depuis le domicile, avoir l'autorisation d'absences non payées, bénéficier d'une protection du revenu par l'assurance-emploi de même qu'obtenir des informations sur les ressources communautaires, la santé et le vieillissement sont des souhaits de ce sous-groupe. Même si plusieurs aidants ont déjà accès à une certaine flexibilité de la part de leur employeur, il demeure que la trop longue durée des soins fournis semble poser un problème et compromettre la possibilité de bénéficier de telles mesures.

D'autres aidants ayant hébergé leur conjointe ont exprimé des attentes par rapport aux services qu'ils auraient aimé recevoir pour eux, à la suite de l'hébergement. Ces aidants aimeraient notamment profiter des services de bénévoles pour contrer leur solitude à la suite du départ de leur conjointe ou pour les aider dans les activités de la vie quotidienne et les activités de la vie domestique à leur domicile. D'autres souhaiteraient participer à des groupes de « parole » ou d'entraide organisés spécifiquement pour parler de leur expérience au cours des deux premiers mois après l'hébergement. Pour d'autres encore, ce n'est pas nécessairement à leur domicile qu'ils souhaiteraient recevoir de l'aide, mais plutôt au centre d'hébergement. On souhaite, entre autres, avoir un espace pour partager quelques moments avec la conjointe, par exemple lors des repas :

> « Dans un milieu idéal, si j'avais pu manger avec ma femme, ça aurait peut-être été mieux. Tandis que là, mon souper, moi, je le prenais quand je sortais de là… vers huit heures et demie. »

Certaines attentes ont également été dégagées de notre étude sur les aidants du virage ambulatoire (Ducharme *et al.*, 2004). C'est ainsi que tous nos interlocuteurs évoquent, sur le plan macrosystémique, la nécessité pour l'État de rendre explicite la place des aidants dans les politiques et la mise en place de mesures sociales. Quant aux ressources, on sollicite unanimement un investissement financier dans les services de soutien à domicile et une accessibilité de ces services jour et nuit.

Certains participants souhaitent aussi la mise sur pied de services de répit, tels que des haltes-répit facilement accessibles ou du répit de nuit. D'autres aimeraient que soient offerts des services d'écoute téléphonique, de consultation professionnelle et de référence ainsi que des services psychosociaux accessibles. On demande davantage de places dans les centres de jour et en milieu d'hébergement temporaire ainsi que des lits de convalescence, tout en conservant la gratuité des services, là où elle existe déjà. Les gestionnaires aimeraient voir établir, surtout en milieu rural, l'accès à des maisons de convalescence pour les premières 24 heures après le congé hospitalier. Finalement, l'instauration de services souples, rapides, rassurants, simples et faciles d'accès de même qu'une réponse rapide aux questions et aux inquiétudes des aidants sont attendues. La consolidation et l'amélioration des services existants sont ainsi souhaitées.

Les participants interrogés dans le cadre de notre étude sont d'accord pour souligner la nécessité d'un intervenant qui assurerait le suivi après la sortie de l'hôpital. Cette personne, dite « gestionnaire de cas », aurait pour mandat de planifier et de coordonner l'ensemble des services formels, informels et communautaires dès le congé hospitalier. Elle pourrait également répondre rapidement aux questions des aidants afin de les rassurer. Comme le disait une intervenante :

> « Ce dont les aidants ont vraiment besoin c'est, dès le départ quand ils s'en vont à domicile avec leur proche, d'avoir un réseau coordonné, d'avoir une personne, le nom d'une personne, savoir que s'il arrive telle chose, on sait qui appeler… plutôt que de se faire dire, si ça va pas, vous reviendrez à l'urgence. »

Ainsi, la mise sur pied de services intégrés pour les personnes âgées et leurs aidants de même que la nécessité d'un gestionnaire de cas qui permettrait d'assurer la coordination et la continuité de l'ensemble des soins et des services semblent constituer, aux dires des acteurs, des conditions *sine qua non* à la qualité des services offerts. On souhaite des services qui s'adaptent aux réalités de la vie quotidienne, ainsi qu'une réponse plus rapide aux besoins.

De façon plus précise, une plus grande continuité dans la dispensation des services à domicile est un souhait généralisé. Les intervenants aimeraient qu'un suivi téléphonique systématique soit fait dans les 24 heures suivant le congé hospitalier. Le personnel du CLSC pourrait, par exemple, être présent à l'hôpital afin de prendre contact directement avec les personnes âgées et leurs aidants au moment du congé. Les aidants évoquent aussi les aspects suivants :

- l'importance d'une planification du congé dans laquelle ils seraient partenaires ;

- une évaluation de leurs habiletés et de leurs ressources personnelles avant le retour à domicile de leur parent âgé ;

- des services offerts par un personnel régulier ayant une connaissance de la situation de soins ;

- une intégration de l'ensemble des ressources communautaires et du réseau de la santé au plan de service individualisé ;

- des services de soutien émotionnel qui leur seraient offerts en tant que clients du système de santé.

Des recommandations précises ont été formulées à la suite de cette recherche sur les perceptions et les attentes des aidants en lien avec le virage ambulatoire. Ces recommandations ont été formulées par les principaux intéressés et fournissent des éléments pour alimenter le débat sur les services à offrir aux familles, débat qu'il est urgent de tenir pour la santé publique. L'encadré 5.2 présente un sommaire de cette étude et les recommandations qui en découlent.

ENCADRÉ 5.2

Une étude sur les services destinés aux aidants familiaux de personnes âgées

Étude réalisée par une équipe de chercheurs (Ducharme, Pérodeau, Paquet, Legault et Trudeau, 2003) en partenariat avec des organismes communautaires et gouvernementaux.

Contexte de l'étude

- Dans le contexte du virage ambulatoire, les personnes aidantes se voient imposer de plus en plus de responsabilités dans les soins à leurs parents âgés.
- On note une diminution de la durée moyenne de séjour hospitalier chez les personnes âgées de 75 ans et plus (MSSS, 1997).
- L'Enquête Santé Québec (Trahan, Bégin et Piché, 2000) nous apprend que la famille et les proches sont la source principale d'aide à domicile tant pour les personnes qui ont été hospitalisées (81 % de l'aide) que pour celles ayant subi une chirurgie d'un jour (96 %).
- Une étude (Ducharme, Pérodeau et Trudeau, 2000) a démontré que les aidantes familiales se considèrent comme de véritables infirmières et qu'elles vivent une situation de grande insécurité relativement aux soins complexes qu'elles doivent prodiguer à domicile.
- Les services dispensés actuellement dans le cadre du virage ambulatoire s'adressent principalement aux personnes qui ont subi une hospitalisation et négligent les besoins propres des membres de leur famille qui sont leurs personnes-soutien à domicile.

L'ensemble de ces constatations nous a amenés à nous interroger sur les perceptions et les attentes des personnes et des groupes (les personnes aidantes, les membres des groupes communautaires, les gestionnaires ainsi que les planificateurs de services hospitaliers et communautaires, les intervenants de la santé) qui sont appelés à prendre part au débat social quant aux services à offrir aux personnes aidantes dans la perspective du virage ambulatoire.

Méthode de recherche

Une méthode ethnographique a été utilisée pour réaliser une démarche de recherche en deux phases : une phase de groupes de discussion et une phase d'entrevues individuelles réalisées, respectivement, auprès d'informateurs généraux et d'informateurs clés. Au cours des deux phases du projet, tout près de 80 personnes ont été rencontrées en groupe (n = 49) ou individuellement (n = 29). De façon plus précise, nous avons rencontré 12 personnes aidantes, 16 membres de groupes communautaires, 28 intervenants et 22 gestionnaires ou planificateurs. Le contenu des groupes de discussion et des entrevues individuelles a été enregistré, et la transcription a fait l'objet d'une analyse en profondeur en fonction de chacun des sous-groupes. Une analyse globale des données des deux phases de l'étude a été réalisée. Sur la base des données recueillies, l'équipe de recherche et ses partenaires ont formulé des recommandations quant aux services destinés aux personnes aidantes de personnes âgées dans le cadre du virage ambulatoire. Ce sont ces recommandations qui sont présentées ici.

RECOMMANDATIONS EN MATIÈRE DE POLITIQUE DE SOUTIEN AUX AIDANTS

Que le ministère de la Santé et des Services sociaux :

- reconnaisse les personnes aidantes dans sa politique de soutien à domicile comme des clientes et des partenaires du système de santé ;
- s'assure du consentement libre et éclairé ainsi que de la compétence des personnes à la participation aux soins et au soutien d'un proche à domicile ;
- s'assure que la planification et l'organisation des services pour les personnes aidantes soient élaborées à partir d'une évaluation complète et systématique de leurs besoins ; cette évaluation devra tenir compte de la dynamique familiale, de l'entourage, de l'environnement et de la complexité de la situation, de même qu'elle devra s'ajuster à l'évolution de la situation ;
- s'assure que l'organisation des services de soutien à domicile respecte les limites de la personne aidante et sa volonté de prendre part aux décisions qui la concerne.

RECOMMANDATIONS EN MATIÈRE D'ACTION MINISTÉRIELLE INTERSECTORIELLE

Que le gouvernement :

- mette en place et favorise des mesures sociales et financières afin d'assurer la conciliation des responsabilités parentales, familiales et professionnelles des personnes aidantes ;
- assure un système de transport efficace et adapté aux besoins de santé des usagers dans le cadre du virage ambulatoire, et ce, particulièrement dans les régions rurales.

▶ **RECOMMANDATIONS EN MATIÈRE DE FINANCEMENT DES SERVICES DE SOUTIEN À DOMICILE**

Que le ministère de la Santé et des Services sociaux :

- augmente le financement du soutien à domicile afin de répondre à la complexité des besoins à combler dans la perspective du virage ambulatoire ;
- finance l'ensemble du matériel et des équipements requis dans le cadre du virage ambulatoire ;
- prévoie un meilleur financement des groupes communautaires qui œuvrent en soutien à domicile, de même que le financement adéquat des regroupements de personnes aidantes.

RECOMMANDATIONS EN MATIÈRE DE DÉVELOPPEMENT DE L'OFFRE ET DE LA COORDINATION DES SERVICES AUX PERSONNES ÂGÉES ET À LEURS PERSONNES AIDANTES

Que le ministère de la Santé et des Services sociaux, en collaboration avec les agences régionales :

- mette en place un réseau de services intégrés répondant à l'ensemble des besoins des personnes âgées et de leurs aidants ;
- instaure et favorise des mécanismes de concertation et de coordination des services visant un meilleur arrimage intraétablissement, interétablissements et intersectoriel ;
- assure l'accessibilité aux services par un mécanisme d'accès unique ; la coordination des services devrait être assurée par un gestionnaire de cas sous la responsabilité du CLSC ;
- mette en place et favorise la création de services gratuits, accessibles, souples et flexibles qui répondent aux besoins des personnes aidantes.

Références

BLACK, W. et O. ALMEIDA. « A systematic review of the association between the behavioral and psychological symptoms of dementia and burden of care », *International Psychogeriatrics*, vol. 16, 2004, p. 295-315.

BRODATY, H., F. FRANZEP, A. GREEN et A KOSCHERA. « Meta-analysis of psychosocial interventions for caregivers of people with dementia », *Journal of American Geriatrics Society*, vol. 51, 2003, p. 657-664.

BURNS, L., G. LAMB et D. WHOLEY. « Impact of integrated community nursing services on hospital utilization and costs in a medicare risk plan », *Inquiry*, vol. 33, 1996, p. 30-41.

CONGDON, J. « Managing the incongruities ; the hospital discharge experience for elderly patients, their families, and nurses », *Applied Nursing Research*, vol. 7, 1994, p. 125-131.

COOKE, D., L. McNALLY, K. MULLIGAN, M. HARRISON et S. NEWMAN. «Psychosocial interventions for caregivers of people with dementia : a systematic review», *Aging and Mental Health*, vol. 5, 2001, p. 120-135.

CRANSWICK, K. «Les fournisseurs de soins au Canada», *Tendances sociales canadiennes, hiver*, Ottawa, Statistique Canada, cat. 11-008, 1997.

CUMMINGS, S.M., J.K. LONG, S. PETERSON-HAZEN et J. HARRISON. «The efficacy of a group treatment model of helping spouses meet the practical challenges of early stage caregiving», *Clinical Gerontologist*, vol. 20, 1998, p. 29-45.

DUCHARME, F., G. PÉRODEAU et D. TRUDEAU. «Perceptions, stratégies d'adaptation et attentes des femmes âgées aidantes "naturelles" dans la perspective du virage ambulatoire», *Revue canadienne de santé mentale communautaire*, vol. 19, 2000, p. 79-103.

DUCHARME, F., G. PÉRODEAU, M. PAQUET, A. LEGAULT et D. TRUDEAU. *Perceptions et attentes envers les services destinés aux aidants familiaux dans la perspective du virage ambulatoire*, Montréal, rapport de recherche subventionnée par le CRSH, 2003.

DUCHARME, F., G. PÉRODEAU, M. PAQUET, A. LEGAULT et D. TRUDEAU. «Virage ambulatoire et soins familiaux à domicile : un enjeu de santé publique», *Revue canadienne de santé publique*, vol. 95, 2004, p. 64-68.

DUCHARME, F., L. LÉVESQUE, L. LACHANCE et J. VÉZINA. *Facteurs psychosociaux liés à la vulnérabilité des hommes âgés aidants : Vérification d'un modèle spécifique aux soins informels*, Montréal, rapport présenté au FQRSC, 2005.

Étude canadienne sur la santé et le vieillissement. «Patterns of caring for people with dementia in Canada», *Canadian Journal on Aging*, vol. 13, 1994, p. 470-487.

JACKSON, M. «Geriatric versus general medical wards : comparison of patients' behaviours following discharge from an acute care hospice», *Journal of Advanced Nursing*, vol. 14, 1994, p. 906-914.

KUHN, D.R. «Caring for caregivers with early stage Alzheimer's disease : an exploratory study», *American Journal of Alzheimer's Disease*, vol. 13, 1998, p. 189-196.

MINISTÈRE DE LA SANTÉ ET DES SERVICES SOCIAUX. *Les services aux aînés en perte d'autonomie. Un défi de solidarité. Plan d'action 2005-2010*, Québec, 2005.

MINISTÈRE DE LA SANTÉ ET DES SERVICES SOCIAUX. *Chez soi : le premier choix*, Québec, 2003.

MINISTÈRE DE LA SANTÉ ET DES SERVICES SOCIAUX. *Recueil des fiches statistiques rédigées dans le cadre du dossier «Bilan et perspectives pour le système sociosanitaire québécois»*, Québec, Direction des communications, 1997.

MINISTÈRE DE LA SANTÉ ET DES SOLIDARITÉS. Études et résultats, les politiques en faveur de la famille : de nouveaux enjeux pour les pays d'Europe du Sud, France, Drees, 2005.

PAQUET, M. «Comprendre la logique familiale de soutien aux personnes âgées dépendantes pour mieux saisir le recours aux services», dans J.C. HENRARD, O. FIRBANK, S. CLÉMENT, M. FROSSARD, J.P. LAVOIE et A. VÉZINA (édit.), *Personnes âgées dépendantes en France et au Québec. Qualité de vie, pratiques et politiques*, Québec, Gouvernement du Québec, ministère des Relations internationales, Paris, INSERM, 2001, p. 77-95.

PEACOCK, S.C. et D.A. FORBES. «Interventions for caregivers of persons with dementia : a systematic review», *Canadian Journal of Nursing Reasearch*, vol. 35, 2003, p. 88-107.

ROBERGE, D., F. DUCHARME, P. LEBEL, R. PINEAULT et J. LOISELLE. «Qualité des soins dispensés en unités de courte durée gériatriques : la perspective des aidants», *Revue canadienne du vieillissement/Canadian Journal on Aging*, vol. 21, 2002, p. 393-403.

SÖRENSEN, S., M. PINQUART, D. HABIL et P. DUBERSTEIN. «How effective are interventions with caregivers? An updated meta-analysis», *The Gerontologist*, vol. 42, 2002, p. 356-372.

TRAHAN, L., P. BÉGIN et J. PICHÉ. «Recours à l'hospitalisation, à la chirurgie d'un jour et aux services posthospitaliers», *Enquête sociale et de santé 1998*, chapitre 20, Québec, Institut de la statistique du Québec, 2000.

ZARIT, S.H., J.E. GAUGLER et S.E. JARROTT. «Useful services for families : research finding and directions», *International Journal of Geriatric Psychiatry*, vol. 14, 1999, p. 165-181.

ZARIT, S.H. et S.A. LEITSCH. «Developing and evaluating community based intervention programs for Alzheimer's patients and their caregivers», *Aging and Mental Health*, vol. 5 (supplément 1), 2001, p. S84-S98.

Chapitre 6

Les politiques s'adressant aux aidants familiaux

Sommaire

Dans ce chapitre, nous décrivons quelques politiques actuellement en vigueur dans certains pays occidentaux pour venir directement ou indirectement en aide aux proches-aidants. La conscientisation de plus en plus présente relativement à la problématique de l'aide familiale poursuit des avancées en donnant lieu à des mesures qui, même si elles sont relativement modestes et restreintes pour le moment, s'accroissent au fil des ans.

Certaines politiques gouvernementales globales s'adressent évidemment aux aînés en perte d'autonomie et, indirectement, à leurs aidants familiaux. D'autres, moins nombreuses, sont plus pointues en s'adressant, sur les plans local et national, à des clientèles particulières incluant les aidants familiaux.

Ainsi, on commence à reconnaître lentement les tenants et les aboutissants de l'expérience vécue par les familles et à rendre cette expérience plus explicite et visible. C'est avec la connaissance que vient la reconnaissance. Un statut officiel permettra éventuellement d'envisager et de défendre à la fois des droits et des obligations pour les aidants. Actuellement, les proches sont cependant encore relativement peu protégés, et on leur reconnaît davantage d'obligations que de droits (Joublin, 2005).

Les tentatives de l'Amérique et de l'Europe

Au Canada, on voit poindre des initiatives pour favoriser le soutien aux familles. La Coalition canadienne des aidantes et aidants naturels – formée d'organismes, de groupes et d'individus – prônait, il y a quelques années, la nécessité d'une politique nationale sur le *caregiving* au Canada (CCAN, 2002). Cette coalition a pour mission principale d'influer sur les politiques et de promouvoir l'action pour répondre aux besoins des aidants à travers le Canada. Elle offre une voix aux aidants et a comme stratégie de défendre leurs intérêts. Récemment, cette coalition a proposé un cadre pour une stratégie canadienne en matière de prestation de soins (CCAN, 2005).

En Europe, la plateforme AGE, qui représente de nombreuses organisations pour les personnes âgées des États membres de l'Union européenne, envisage de mener une campagne avec les associations d'aidants pour la création d'une Charte des aidants familiaux de personnes âgées dépendantes (Assemblée nationale, 2005). Dans cette même perspective, le Conseil de l'Europe adoptait, en 1998, une recommandation relative à la dépendance. Cette recommandation réclamait, entres autres, une reconnaissance des aidants sans statut professionnel en soulignant qu'il est de la responsabilité d'une société de se préoccuper de l'aide aux personnes dépendantes et que les pouvoirs publics ont le devoir de prendre les mesures nécessaires pour améliorer la qualité de vie des aidants. La définition du statut des aidants demeure toutefois encore à préciser. L'Irlande du Nord a récemment produit un document officiel visant à reconnaître, à valoriser et à soutenir le rôle d'aidant. Elle a inclus cette nouvelle perspective dans les priorités de son système de santé et de services sociaux (Department of Healt Social Services and Public Safety, 2006). En France, l'Allocation personnalisée d'autonomie (APA) a été mise en place depuis janvier 2002 (Clément et Lavoie, 2005). Tout en ayant pour bénéficiaire la personne âgée dépendante, cette allocation peut être utilisée pour payer une aide à domicile sauf si cette personne est le conjoint ou le concubin. On envisage aussi de plus en plus un statut de l'aidant avec une reconnaissance associée à des droits sociaux. Aux États-Unis, on reconnaît le rôle des aidants dans le cadre d'une structure formelle : le *National Family Caregiver Support Program*. Ce programme, gouvernemental depuis l'an 2000, finance de nombreuses actions pour les aidants de personnes de plus de 70 ans (par exemple, groupes de soutien, formation pour les proches, répit, information).

Par ailleurs, les mouvements féministes sont parmi ceux qui militent de plus en plus pour une reconnaissance des droits des proches-aidants. Une journée du « travail invisible » a ainsi été organisée en 2004 et a marqué, au Canada, le début d'une campagne de lobbying en faveur de prestations universelles, et ce, tant pour les parents au moment de la naissance ou de l'adoption d'un enfant que pour les aidants qui s'absentent du marché du travail pour aider leur proche.

Diverses mesures concrètes, notamment dans les entreprises, voient aussi le jour pour favoriser la conciliation famille-travail. Des horaires variables et réduits, le télétravail, différents plans d'assurance ainsi que des services d'orientation et de consultation constituent des mesures possibles offertes dans différentes compagnies (Conseil de la famille et de l'enfance, 2004), dont certaines sont davantage proactives et vont au-delà de ces stratégies de base (Conference Board of Canada, 1999). Aux États-Unis, la Family Caregiver Alliance, vaste organisation qui a pour mission officielle de stimuler le développement de politiques visant à soutenir les familles, a produit un modèle de politique pour les entreprises.

La sensibilisation croissante au phénomène du *caregiving* au sein de différents pays incite à reconnaître l'importance de mieux évaluer les besoins et de soutenir, à l'aide de services adéquats, les familles qui prennent en charge un proche âgé à domicile. C'est ainsi que, dans le plan d'action 2005-2010 du ministère de la Santé et des Services sociaux du Québec (2005) concernant les services aux aînés en perte d'autonomie, était inscrit clairement un choix, celui d'appuyer l'entourage par le soutien aux proches aidants.

Le Québec inscrivait aussi, dans sa politique de soutien à domicile *Chez soi : le premier choix* (MSSS, 2003), que les aidants familiaux doivent être considérés comme des « clients » des services, des partenaires et des citoyens remplissant leurs obligations, plutôt qu'uniquement comme des ressources favorisant le maintien à domicile des personnes âgées. Selon l'énoncé de cette politique, l'engagement du proche-aidant devrait être volontaire et résulter d'un choix libre et éclairé tenant compte de ses capacités et de ses responsabilités familiales, sociales et professionnelles ; ce choix peut être réévalué en tout temps. On reconnaît ainsi que les aidants ont besoin d'appui et d'accompagnement pour remplir leur rôle et qu'ils doivent recevoir l'information, la formation et la supervision nécessaires à la réalisation des tâches qu'ils ont librement accepté d'effectuer. Le proche-aidant doit aussi avoir accès à une aide immédiate en cas d'urgence. Enfin, des mesures doivent être prévues pour aider l'aidant dans ses obligations, notamment par des normes du travail, de l'assurance-emploi, des congés sociaux et des mesures fiscales. Cette politique est relativement proactive. On y souligne l'importance d'agir dans un esprit de prévention de l'épuisement et de soutien. Néanmoins, en dépit de la clarté apparente de ses grandes orientations et de certaines précisions publiées pour favoriser son implantation (MSSS, 2004), l'opérationalisation des mesures prévues dans les diverses instances locales est encore loin d'être effective.

> *L'engagement du proche-aidant devrait être volontaire et résulter d'un choix libre et éclairé.*

Ainsi, les gouvernements cherchent de plus en plus de stratégies pour venir en aide aux citoyens qui doivent prodiguer des soins à leurs proches. Des mesures de soutien financier sont mises sur pied sous la forme de crédits d'impôt, de remboursement des dépenses et d'allocation directe pour se prémunir de divers services, notamment des services de répit. L'Agence du revenu du Canada permet, par exemple, aux Canadiennes et aux Canadiens de demander des déductions et des crédits

pour les particuliers qui viennent en aide aux personnes ayant une incapacité. Le montant accordé est un crédit d'impôt non remboursable,
lequel permet de réduire l'impôt fédéral sur le revenu. Tout récemment,
le gouvernement canadien lançait également un programme de soutien
aux familles qui doivent vivre à domicile avec un proche en phase terminale nécessitant des soins palliatifs. Ces prestations dites « de compassion » peuvent être versées pendant au plus six semaines à un
employé s'occupant d'un proche « qui risque de mourir » en moins de
26 semaines. En France, un congé similaire de « solidarité familiale »
permet à un salarié de s'arrêter pour assister un proche souffrant d'une
maladie pouvant entraîner la mort. Ce congé maintient les droits de la
personne quant à son travail, mais il n'est pas rémunéré.

En 2005, le gouvernement canadien, par son ministre d'État aux
familles et aux aidants naturels et Développement Social Canada, a
lancé une vaste campagne de consultations auprès des Canadiennes
et des Canadiens afin de recueillir leur opinion sur la priorité à accorder à diverses mesures sociales et financières s'adressant aux aidants
familiaux. La prestation de compassion, les mesures fiscales, les mesures liées à l'emploi, des scénarios d'aide financière, les services de
répit et d'information figuraient parmi les mesures sur lesquelles la
population avait à se prononcer. Ce type de sondage est signe de
changement et de reconnaissance graduelle de l'importance de soutenir les aidants au moyen de politiques. De nombreux groupes et associations se sont exprimés lors de cette consultation. Développement
social Canada a organisé, avec l'appui de la Coalition canadienne des
aidantes et aidants naturels, une conférence nationale où ont été
invités des représentants de divers organismes : des groupes de soutien
à la famille, des fournisseurs de services, des représentants du secteur
privé et des syndicats, des universitaires et des membres de groupes
autochtones, de minorités ethniques et de femmes. Cette conférence
avait pour but de cerner les éléments-clés d'un programme politique
pour les aidants (Gouvernement du Canada, 2006).

Par ailleurs, la question de la rémunération des proches-aidants reste
encore entière aujourd'hui (voir White et Keefe, 2005). Au Québec, dans
le cadre du budget provincial du gouvernement du Québec d'avril
2005, un dédommagement symbolique de 1000 $ par année a été pro-
posé pour les aidants. Des écrits soulignent toutefois que, s'il y a rémunération, celle-ci devrait être compétitive ou, en d'autres termes,
correspondre à celle du marché et constituer une possibilité pour les
aidants qui choisissent de laisser leur emploi pour faire ce travail de
soins (Keefe et Fancey, 1997). Les mesures financières proposées au

cours des années, entre autres celles qui permettraient de payer un membre de sa famille pour « prendre soin », posent aussi certains dilemmes éthiques liés à l'introduction d'un échange financier dans les liens familiaux. Au Québec, il est permis à une personne d'engager, à l'aide d'une allocation directe, un voisin ou un ami pour prodiguer les soins, mais pas un membre de sa famille. En France, comme il a été mentionné précédemment, avec l'Allocation personnalisée d'autonomie (APA) qui offre déjà un soutien financier à la personne dépendante, un enfant qui aide son parent âgé peut être rémunéré, mais pas le conjoint ou le concubin. La Finlande permet également une telle pratique, mais ce pays s'interroge sur les enjeux éthiques d'une telle politique.

Une question cruciale touche donc la répartition des responsabilités entre la sphère privée et la sphère publique. Des considérations relatives à l'équité sont également en jeu. Comment offrir équitablement ces compensations à tous les aidants ? Comment évaluer leurs besoins ? En Australie et dans une partie de la Suisse, des allocations identiques sont versées à tous les aidants et ont une valeur symbolique marquant l'utilité sociale des aidants (Joublin, 2005). De telles mesures de compensation financière offrent certainement une reconnaissance et un statut aux aidants, mais elles limitent l'intervention des professionnels formés qui pourraient soutenir davantage les familles.

On connaît somme toute peu de choses sur l'influence de ces différentes politiques d'aide sur les coûts personnels qu'engendre, pour les familles, le « prendre soin ». De nombreuses questions demeurent encore sans réponse quant aux effets de ces politiques sur les situations singulières de *caregiving*, sur les diverses configurations de réseaux familiaux où se côtoient les aidants principaux et les autres membres de la famille, davantage en périphérie des soins et, enfin, sur la capacité des aidants à composer avec la prise en charge de leurs parents dépendants lorsque celle-ci se complexifie avec le temps (Fast et Keating, 2000).

Il serait par ailleurs plutôt simpliste de se limiter à ces quelques mesures de soutien qui touchent la santé et les soins, la sécurité du revenu et le travail. Beaucoup d'autres politiques ont une influence sur l'expérience du *caregiving*. À titre d'exemple, on peut penser aux politiques d'habitation et de transport qui ont un impact sur le quotidien de nombreux aidants.

En résumé, plusieurs initiatives ont vu le jour au cours des dernières années. Ces politiques sont le reflet d'un système de valeurs et de structures sociales en constante évolution. Les tendances démographiques, sociales, économiques et politiques qu'on observe au Canada sont semblables à celles qui se présentent dans d'autres pays industrialisés. La prochaine section présente quelques mesures concrètes qui ont été mises de l'avant dans certains pays européens.

Des pays avant-gardistes dans les mesures de soutien aux aidants : deux exemples

Les politiques du Royaume-Uni

L'expérience des aidants familiaux a été décrite il y a déjà plusieurs décennies au Royaume-Uni (RU), où le vieillissement de la population est une réalité depuis fort longtemps. La longueur d'avance de ce pays dans le domaine de la reconnaissance des aidants de même que des services et des politiques qui leur sont destinés est incontestable. Les racines de ce mouvement sont liées au mouvement féministe des années 1950 et 1960 ainsi qu'à la fondation du National Council for the Single Woman and her Dependents en 1965. Plusieurs mesures sociales ont été adoptées à la suite de la fondation de ce conseil national ; depuis plus de dix ans déjà, le soutien aux aidants familiaux constitue, dans ce pays, une priorité sur le plan politique.

Carers UK, une association d'aidants à but non lucratif subventionnée par le Département de la santé, comptait plus de 13 000 membres en 2001. Elle met à leur disposition une ligne d'aide téléphonique (*Carers Line*) et un site web important, *Carers Online*, où de l'information nationale est diffusée. Également, le Princess Royal Trust for Carers, inauguré en 1991, est composé de plus de 100 centres indépendants qui offrent des services aux aidants (lignes d'écoute, avis, counselling, éducation, etc.) et aux professionnels à travers le pays. D'autres organisations ont aussi vu le jour (par exemple, Crossroads Caring for Carers) et dénotent toute l'importance accordée au phénomène du *caregiving* dans ce pays.

Néanmoins, c'est en 1995 que le *Carers Recognition and Services Act* (loi portant sur la reconnaissance des aidants et les services) reconnaissait le droit des aidants familiaux à demander une évaluation de leurs propres besoins. L'obligation de prendre en compte ces besoins lors de l'élaboration du plan de services était également inscrite dans cette législation. Plus spécifiquement, le *Carers Act* mandate les intervenants à procéder à une évaluation des besoins des aidants familiaux en vue de mieux planifier les services qui leur sont destinés, et ce, dans un but de promotion de la santé et de prévention.

D'autres initiatives ont vu le jour à la suite du *Carers Act*, soit la stratégie nationale pour les aidants intitulée *Caring about Carers* (1999), qui offre notamment, comme mesure de soutien, une allocation sous forme de paiement direct pour que les aidants puissent se procurer des services de répit. Le budget alloué à cette mesure augmente chaque année. Pour répondre à la demande des aidants, cette allocation peut maintenant servir à l'achat d'autres services. Un guide relatif à cette politique (*An easy guide to direct payments : giving you the choice and control*) est maintenant à la disposition des aidants (version en braille et sur audiocassette). Certains standards ont ainsi été explicitement mentionnés dans ce document eu égard aux services offerts aux aidants :

- les aidants doivent participer à l'organisation des services ;

- les prestataires de services doivent travailler en partenariat avec les agences locales ;

- les services doivent être rendus et évalués à partir de principes clairs ;

- tout le personnel, incluant les bénévoles, doit être formé.

En 2000, le *Carers and Disabled Children Act* (loi portant sur les aidants et les enfants avec incapacités) est venu renforcer le *Carers Act* de 1995 en précisant que les aidants peuvent eux-mêmes demander une évaluation de leurs besoins, même si leur parent refuse cette évaluation pour lui-même. Ainsi, les aidants ont des droits qui leur sont reconnus, et ce, indépendamment de ceux de leur parent aidé. Cette loi permet aussi aux aidants d'obtenir des services de répit plus flexibles à l'aide de bons d'échange spéciaux.

Par ailleurs, le *Health and Social Care Act* (loi portant sur les services de santé et les services sociaux, 2003) spécifie que la planification du retour à domicile à la suite d'une hospitalisation doit se faire avec la participation active des aidants. L'accès à des équipements gratuits y est mentionné. On souligne également l'obligation d'offrir les paiements directs aux aidants.

Enfin, la plus récente des initiatives, le *Carers Equal Opportunities Act*, (loi portant sur l'égalité des chances) est entrée en vigueur en avril 2005 et vise, entre autres, à favoriser la cohérence dans l'offre de services aux aidants. On enchâsse spécifiquement dans cette loi : l'obligation pour les intervenants d'informer les aidants de leur droit d'avoir une évaluation de leurs besoins en services, incluant une évaluation de leur capacité à prodiguer l'aide au proche âgé et de continuer à prodiguer cette aide ; l'obligation d'évaluer si l'aidant travaille à l'extérieur ou désire travailler à l'extérieur, ou encore s'il est aux études ou désire poursuivre des études, une formation ou des activités de loisirs. Cette loi est issue d'une vaste campagne de lobbying appelée *Give carers a chance* entreprise par Carers UK.

C'est toutefois le *Carers Act* qui a été l'initiateur de toutes ces mesures. Les études sur l'impact de cette législation montrent néanmoins qu'une modeste partie des objectifs attendus a été atteinte et que plusieurs bénéfices se font encore attendre. Ces résultats sont notamment attribuables aux compressions budgétaires qui ont cours dans le domaine de la santé au Royaume-Uni. Ces compressions ont amené les responsables des services, tout comme dans d'autres pays, à recourir à des mesures pour freiner la demande de services (par exemple, critères d'accès plus serrés, délais d'accès plus longs, moins de publicité sur les services disponibles et imposition de frais). Selon les chercheurs, ces mesures contribuent à un retour graduel à une approche d'évaluation et de planification centrée sur les services en délaissant l'approche centrée sur les besoins préconisée par le *Carers Act*.

L'expérience britannique montre ainsi que le contexte économique joue un rôle important pour assurer le succès des politiques. Cette prise de conscience est d'autant plus cruciale que, d'une part, les autorités gouvernementales canadiennes semblent de plus en plus sensibles à l'importance d'une politique de soutien aux aidants et que, d'autre part, les compressions budgétaires dans le domaine de la santé sont colossales.

Par ailleurs, nous retenons l'importance d'avoir des législations pour que la contribution des aidants aux soins de leur proche soit explicitement reconnue et pour proposer des mesures concrètes de soutien aux familles aidantes qui ont l'avantage d'avoir force de loi. Le droit des aidants à l'évaluation de leurs besoins ainsi que les paiements directs et les consultations pour demeurer à l'écoute des aidants sont des mesures qui peuvent contribuer à leur qualité de vie et qui envoient le message de ne pas responsabiliser davantage les familles. Même si les compressions budgétaires en santé semblent avoir freiné l'application concrète de telles mesures, si on en juge par les études, il demeure que les aidants ont acquis une visibilité sociale, obligeant de plus en plus les services de santé et les services sociaux à les considérer comme des clients à part entière.

Les politiques suédoises

Il est reconnu que la Suède est avant-gardiste relativement à ses politiques sociales dans de nombreux domaines. Dans ce pays, les pouvoirs publics ont élaboré un système décentralisé d'allocation pour les aidants, et les mesures économiques mises de l'avant sont particulièrement intéressantes. Parmi ces mesures, mentionnons, entre autres, l'*Attendance Allowance*, qui permet à la personne prise en charge de payer un membre de la famille qui lui donne des soins, et le *Carers Allowance*, qui permet d'offrir un salaire aux aidants familiaux similaire à celui du personnel des agences de santé qui fournit des soins à domicile. Cette mesure ne s'applique toutefois pas aux aidants de 65 ans et plus ; le *Care Leave* est destiné aux aidants qui ont un emploi rémunéré. Cette mesure permet aux aidants d'un parent qui requiert des soins de compassion (*palliative care*) de s'absenter de leur travail pour une période maximale de 60 jours, tout en recevant 80 % de leur salaire (Johansson, 2004). En outre, un comité parlementaire est chargé d'étudier les implications économiques relatives à une politique nationale qui reconnaîtrait le droit des aidants de tout âge de bénéficier hebdomadairement d'un certain nombre d'heures de répit pour eux-mêmes.

Parmi les mesures de soutien offertes en Suède, on peut noter des services jour et nuit en tout temps ainsi que la mise en place de programmes de soutien dans les régions éloignées du pays utilisant les technologies de l'information et de la communication (Magnusson *et al.*, 2002), ce dont nous discuterons plus en détail dans la deuxième partie de ce livre. Par ailleurs, les familles suédoises sont au cœur même des décisions qui les concernent. Il leur appartient de solliciter ou non l'aide financée par leur collectivité.

En conclusion, force est de constater que, même si les politiques destinées aux aidants en sont encore à leurs premiers balbutiements, elles se développent grandement dans les pays industrialisés où une sensibilisation à l'expérience des aidants familiaux a été entreprise tant par les chercheurs, les intervenants, que par les décideurs qui, au sein de leur quotidien, vivent souvent eux-mêmes l'expérience d'aider, de soutenir et parfois de soigner leurs propres parents. Les études réalisées auprès des aidants devront de plus en plus être conçues en ayant des préoccupations liées à l'établissement de politiques. Le resserrement des liens entre la recherche et les politiques est une avenue essentielle pour que les mesures mises en œuvre dans l'avenir soient des mesures basées sur des résultats probants, résultats qui offrent certaines garanties d'efficacité et d'efficience.

Références

ASSEMBLÉE NATIONALE. *Proches des personnes malades, dépendantes ou handicapées : Droits et statut des aidants informels en Europe*, Colloque, Assemblée nationale, Paris, 26 novembre 2005.

Carers and Disabled Children Act, Londres, Royaume-Uni, HMSO, 2000.

Carers Equal Opportunities Act, Londres, Royaume-Uni, HMSO, 2004.

CARERS NATIONAL STRATEGY. *Caring about Carers*, Londres, Royaume-Uni, HMSO, 1999.

Carers Recognition and Services Act, chapitre 12, Londres, Royaume-Uni, HMSO, imprimé par Paul Freeman, Controller and Chief Executive of her Majesty's Stationary Office, 1995.

CLÉMENT, S. et J.-P. LAVOIE. *Prendre soin d'un proche âgé. Les enseignements de la France et du Québec*, Toulouse, Érès, Collection pratiques gérontologiques, 2005.

COALITION CANADIENNE DES AIDANTES ET AIDANTS NATURELS. «Calling for a national caregiving policy : a prerequisite for providing home and community care», *Canadian caregiver coalition policy paper Series*, n° 1, 2002.

COALITION CANADIENNE DES AIDANTES ET AIDANTS NATURELS. Cadre pour une stratégie canadienne en matière de prestation de soins, 2005.

CONFERENCE BOARD OF CANADA. *Caring about caregiving : the eldercare responsibilities of canadian workers and the impact on employers*, Ottawa, 1999.

CONSEIL DE LA FAMILLE ET DE L'ENFANCE. *Avis. Vieillissement et santé fragile, un choc pour la famille?*, Montréal, 2004.

DEPARTMENT OF HEALTH, SOCIAL SERVICES AND PUBLIC SAFETY. *Caring for Carers : recognising, valuing and supporting the caring role*, North Ireland, 2006.

GOUVERNEMENT DU CANADA. Conférence nationale sur les aidants naturels 2005, résumé des délibérations, Ottawa, 2006.

Health and Social Care Act, Londres, Royaume-Uni, HMSO, 2003.

JOHANSSON, L. *Policy and support for families caring for elderly*, document inédit, Suède, Département de la santé, 2004.

JOUBLIN, H. *Réinventer la solidarité de proximité*, Paris, Albin Michel, 2005.

KEEFE, J. et P. FANCEY. « Financial compensation or home health services : examining differences among program recipients », *Canadian Journal on Aging*, vol. 16, 1997, p. 254-278.

MAGNUSSON, L., E. HANSON, L. BRITO, H. BERTHOLD, M. CHAMBERS et T. DALY. « Supporting family carers through the use of information and communication technology – The EU project ACTION », *International Journal of Nursing Studies*, vol. 39, 2002, p. 369-381.

MINISTÈRE DE LA SANTÉ ET DES SERVICES SOCIAUX. *Un défi de solidarité. Les services aux aînés en perte d'autonomie. Plan d'action 2005-2010*, Québec, 2005.

MINISTÈRE DE LA SANTÉ ET DES SERVICES SOCIAUX. *Chez soi : le premier choix, Précisions pour favoriser l'implantation de la politique de soutien à domicile*, Québec, 2004.

MINISTÈRE DE LA SANTÉ ET DES SERVICES SOCIAUX. *Chez soi : le premier choix, Politique de soutien à domicile*, Québec, 2003.

WHITE, S. et J. KEEFE. Rénumérer les prestataires de soins familiaux : un document d'information, CCAN, 2005.

DEUXIÈME PARTIE

Comment soutenir les familles des personnes âgées ?

Chapitre 7

La réussite des transitions de vie lors du vieillissement : des pistes pour le soutien aux familles

Sommaire

- **Pourquoi certaines personnes s'adaptent mieux que d'autres aux transitions de vie ?**
- **Une étude sur les couples âgés et l'adaptation aux transitions de vie**
  - Les facteurs associés à la satisfaction de vivre des couples âgés
- **Et lorsque la santé se détériore ? Deux transitions de vie : l'acquisition du rôle d'aidant et la perte du partenaire de vie**
  - L'acquisition du rôle d'aidant
  - La perte du partenaire de vie
- **Références**

L a première partie de ce livre a fait état d'éléments contextuels qui permettent de mieux comprendre le phénomène contemporain du *caregiving*. Les nombreux besoins et les nombreuses attentes des aidants familiaux, de même que la précarité de leur état de santé, y ont été traités et la pénurie d'interventions pour les soutenir, mise en exergue. Dans cette deuxième partie du livre, nous présentons, à partir de recherches récentes, différentes initiatives qui ont été mises de l'avant pour favoriser la qualité de vie des familles, de même que certaines pistes pour l'avenir. Notamment, un modèle d'intervention s'appuyant sur des principes de gestion du stress qui a démontré des effets tangibles sur le bien-être des aidants à domicile et en milieu d'hébergement y est décrit. Mais d'abord, pour approfondir notre compréhension des enjeux du « prendre soin », le présent chapitre porte sur certains facteurs qui permettent d'expliquer le « bien-vieillir » et qui fournissent des ingrédients de base pour mieux intervenir.

La notion de transition de vie est de plus en plus abordée dans les écrits. On la définit généralement comme un passage ou un mouvement, d'un état, d'une condition ou encore d'un endroit à un autre (Meleis *et al.*, 2000). Plusieurs étapes de la vie des personnes âgées répondent à cette définition. On peut notamment penser au départ des enfants, à la retraite prise de plus en plus tôt et souvent accompagnée d'une deuxième carrière et d'un réaménagement du temps, à l'apparition de problèmes de santé chroniques menant fréquemment à l'acquisition d'un rôle d'aidant familial, aux changements de milieu de vie, à la perte inévitable d'amis, de proches parents et du conjoint (Ducharme, 2004). Ces périodes de transition peuvent parfois occasionner de véritables crises familiales qui nécessitent une réorganisation du mode de fonctionnement habituel pour en arriver à un nouvel équilibre. En fait, toutes ces transitions sollicitent les capacités d'adaptation des personnes âgées. Certaines d'entre elles auront les ressources personnelles et sociales pour composer avec ces changements, alors que d'autres manifesteront de la détresse et une atteinte à leur qualité de vie. Voyons quelques tentatives d'explication à ce phénomène.

Pourquoi certaines personnes s'adaptent mieux que d'autres aux transitions de vie?

Depuis très longtemps, les chercheurs ont tenté de répondre à cette importante question. Les études réalisées au cours des 25 dernières années indiquent un ensemble de facteurs qui sont associés au bien-être lors des grandes périodes de changement au cours de la trajectoire de vie. Outre les facteurs génétiques et les habitudes de vie, la réaction des personnes aux stresseurs variés de la vie quotidienne et aux événements majeurs est une variable importante.

Sur le plan historique, l'étude de la réaction au stress provient d'observations répétées concernant certaines différences individuelles qui existent quant à la façon de composer avec les événements de la vie. Les études sur le concept d'aliénation effectuées par les sociologues Marx, Weber et Durkheim, ainsi que celles dans les domaines de la psychopathologie et de la psychanalyse eu égard aux mécanismes intra-individuels de défense, notamment celles de Freud, ont précédé les travaux que nous connaissons aujourd'hui (Ducharme, 1999). C'est, par ailleurs, à la suite de l'étude de Stouffer (1949) sur la fatigue de combat des soldats américains, depuis lors appelée stress post-traumatique, qu'il est reconnu que certaines personnes n'ont pas les ressources suffisantes pour composer avec des traumatismes majeurs et, conséquemment, succombent rapidement à des désordres psychiatriques sous l'influence du stress. Ces constatations provenant de l'histoire militaire américaine et concernant la vulnérabilité différentielle des individus ont favorisé l'émergence d'un important champ de recherche sur l'étude des facteurs intervenant dans la réaction au stress.

Certaines explications théoriques ont ainsi permis de mettre en évidence les réactions au stress, le contexte dans lequel cette réaction se produit ainsi que l'effet de certains facteurs sur cette réaction. Dans ces travaux, le stress a été défini comme étant une transaction entre la personne et son environnement, transaction qui excède les ressources de la personne et qui nécessite des efforts d'adaptation. Selon cette perspective, le stress est associé à un large éventail de problèmes de santé, et certaines stratégies adaptatives (*coping*) sont des ressources qui réduisent l'impact du stress sur la santé.

Les psychologues Lazarus et Folkman (1984) décrivent plus particulièrement la réaction au stress comme étant un processus dynamique selon lequel la personne apprécie d'abord le stress auquel elle est confrontée (événement majeur de la vie ou stress chronique de la vie de tous les jours) en lui accordant une signification et une importance (appréciation cognitive), puis évalue les ressources dont elle dispose pour y faire face (ressources personnelles et ressources de l'environnement). Par la suite, elle fournit des efforts pour faire face à la situation ou composer avec celle-ci. Ces efforts ou ces stratégies adaptatives sont d'ordre cognitif (en pensée) ou comportemental et visent à maîtriser la situation ou à réduire les demandes qui y sont associées. Ces stratégies peuvent avoir une fonction instrumentale et sont, dans ce cas, centrées sur la réduction ou l'élimination du problème qui est la source du stress. Par exemple, une personne peut chercher de l'information pour résoudre son problème ou demander de l'aide de son réseau de soutien social. Les stratégies utilisées peuvent aussi avoir une fonction palliative et, dans ce cas, elles visent à régulariser les émotions associées à la situation problématique (stratégies centrées sur les émotions). Une personne peut ainsi changer sa façon de percevoir une situation sans que la situation en tant que telle soit changée (par exemple, sa façon de percevoir la maladie chronique qui l'affecte ou qui affecte son proche), ce qui contribue à régulariser ses émotions pénibles.

Ce modèle explicatif de la réaction au stress a été évalué dans le cadre de nombreux travaux de recherche où l'on a effectivement découvert que la perception du stress (appréciation cognitive), les ressources disponibles et les stratégies adaptatives influent sur différentes facettes de la qualité de vie. Ce modèle fournit quelques réponses à la question suivante : Pourquoi certaines personnes s'adaptent-elles plus facilement que d'autres et, conséquemment, vieillissent-elles mieux ? En somme, la façon dont les personnes perçoivent ce qui leur arrive, qu'il s'agisse d'un deuil, d'un changement de milieu de vie ou de l'avènement d'un problème aigu ou chronique de santé, est une des réponses à cette question. Ainsi, une même situation peut avoir plusieurs significations et produire, selon le sens qu'on lui attribue, différents effets sur la santé et la qualité de vie : c'est le verre à moitié plein ou à moitié vide. Certaines personnes percevront, par exemple, le départ des enfants comme une libération, une plage de liberté dans leur vie, alors que d'autres vivront cette même expérience comme une terrible perte ou le début d'une période difficile de nid vide (*empty nest*). Il en va de même pour le rôle d'aidant familial que certaines personnes verront comme gratifiant, valorisant, alors que d'autres le percevront uniquement comme un lourd fardeau à porter.

Les ressources dont dispose une personne pour faire face au stress constituent un autre élément d'explication. À cet égard, on peut penser aux ressources telles que le niveau d'éducation, le milieu socioéconomique ainsi que la diversité et la qualité du réseau familial, social et communautaire. Il semble que le réseau de soutien informel composé des personnes qui nous entourent (parents, amis, voisins et communauté environnante) joue un rôle particulièrement crucial pour surmonter les étapes difficiles du parcours de la vie. En effet, depuis plus de trois décennies, les études ont démontré que le soutien social a un effet protecteur « tampon » sur le stress (Cobb, 1976). Cela signifie que les personnes qui bénéficient d'un réseau d'entraide de qualité vivent en général les transitions de façon plus harmonieuse.

Les ressources personnelles intrinsèques, qu'Antonovsky (1979) a appelées les ressources de résistance généralisées, sont aussi importantes et concernent les attitudes et les habiletés qui augmentent le potentiel des personnes à composer de façon efficace avec le stress. Des travaux ont permis de constater l'influence de ces ressources internes. Il s'agit, entre autres, du sens de contrôle qu'a la personne sur les événements (Wheaton, 1985), de son sens ou de sa perception d'efficacité personnelle relativement aux différents aspects de sa vie (Bandura, 1997) et de sa résilience ou de sa capacité à rebondir devant les épreuves (Richardson et Waite, 2002). Toutes ces habiletés ont, selon plusieurs recherches, un effet positif sur le bien-être lors des transitions de vie. Par exemple, la résilience a été définie, à la suite d'études réalisées auprès des survivants des grandes catastrophes telles que l'Holocauste, comme étant un ressort psychologique ou une capacité à réagir positivement à des conditions défavorables et à des facteurs de stress importants. Cette capacité serait caractérisée par quatre éléments principaux : l'acceptation de la réalité, la croyance au sens de la vie, l'habileté à improviser et le sens de l'humour (Richardson et Waite, 2002).

Le choix des stratégies adaptatives qui seront retenues par la personne pour composer avec les facteurs de stress est également déterminant. Comme il a été mentionné précédemment, il y aurait deux grandes catégories de stratégies : celles centrées sur le problème et celles centrées sur les émotions (Lazarus et Folkman, 1984). Il semble que, dans presque toutes les situations de la vie, ces deux types de stratégies sont utilisés simultanément même si, en général, un type domine sur l'autre. Les stratégies centrées sur le problème sont utilisées lorsque la situation est dite « modifiable ». Elles consistent à utiliser un processus systématique de résolution de problème. Par exemple, devant une difficulté d'accès à des services de santé, les nouveaux aidants familiaux peuvent rechercher de l'information dans leur quartier et consulter des personnes-ressources qu'ils connaissent. Par ailleurs, certaines situations sont « non modifiables » et font davantage appel à des stratégies centrées sur la perception et les émotions. L'annonce du diagnostic de la maladie d'Alzheimer de son conjoint n'est pas une situation qui peut être changée ou modifiée, et des stratégies cognitives peuvent, dans ce cas, faciliter la gestion du stress associé à cette situation difficile. Persister à vouloir changer une telle situation non modifiable est source de détresse. Il s'agit plutôt, dans ce cas, de faire du recadrage ou, en d'autres termes, de tenter de voir la situation différemment, plus spécifiquement de construire l'itinéraire entre la situation, sa perception et les émotions qu'elle génère. En somme, la ou les stratégies sélectionnées doivent être « ajustées » à la nature du stress vécu.

La figure 7.1 présente certains facteurs facilitant l'adaptation lors des transitions de vie. On y observe qu'en présence de certains antécédents personnels et environnementaux (par exemple, traits de personnalité, histoire de vie familiale, etc.), l'appréciation des situations, les ressources disponibles (personnelles et environnementales) et les stratégies d'adaptation sont des facteurs médiateurs, c'est-à-dire des facteurs qui diminuent l'impact des stresseurs sur le bien-être.

Figure 7.1   Facteurs facilitant l'adaptation aux transitions de vie

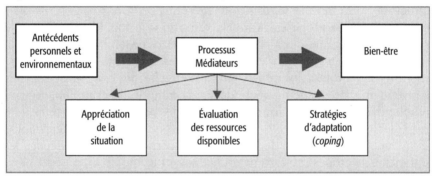

À la suite de ces considérations et dans la perspective de mieux comprendre certains enjeux d'un vieillissement sain, nous avons mené une étude qui nous a permis de constater ce qui se produit chez les conjoints lorsqu'ils doivent affronter certaines transitions de vie. Au cours des six années qu'a duré cette recherche, certains conjoints ont vécu l'expérience de la perte de leur partenaire, tandis que d'autres, plus nombreux, ont dû acquérir un nouveau rôle, celui d'aidant familial. Dans les pages qui suivent, nous présentons les principaux résultats de cette étude afin de mieux comprendre les stratégies d'adaptation au moment de ces étapes du vieillissement, stratégies qui nous fournissent des pistes pour l'intervention.

Une étude sur les couples âgés et l'adaptation aux transitions de vie

Pourquoi s'intéresser aux couples vieillissants ? La réponse à cette question est toute simple : il est reconnu depuis longtemps que les conjoints constituent la principale source d'aide, de soutien et de soins au moment du vieillissement des familles (Depner et Ingersoll-Dayton, 1985), et que le soutien conjugal est un facteur protecteur de la mortalité et de la morbidité (Gove *et al.*, 1983). En d'autres termes, le soutien d'un conjoint a un effet protecteur sur la santé. Également, compte tenu du vieillissement démographique et de l'allongement de la durée des relations familiales, de plus en plus de personnes vivent et vivront une relation de couple à un âge avancé. En fait, la majorité des personnes vivent avec leur conjoint au cours de leurs dernières années de vie.

Pour une meilleure compréhension des résultats de nos études réalisées auprès de ces couples, quelques éléments de contexte touchant leur réalité semblent pertinents à présenter. Ainsi, en Amérique du Nord, la structure de la famille vieillissante présente certaines caractéristiques qu'il importe de rappeler. Après la retraite, une fois libérés d'un rôle parental actif et amenés à passer plus de temps ensemble, même si cela se produit de plus en plus tardivement, les conjoints ont le loisir de modifier leurs rôles. Il semble toutefois que chez les couples âgés ayant souvent près de un demi-siècle de vie commune, la complémentarité établie dans le mode de fonctionnement des partenaires soit difficile à modifier (Ducharme, 1996, 1984). Certaines études font néanmoins état d'une augmentation de la satisfaction conjugale après le départ des enfants. Ces études rapportent un *pattern* en forme de U, où est observée une satisfaction élevée quant à la vie conjugale dans les premières années de mariage, plus basse dans la période médiane d'élevage des enfants et de nouveau élevée dans les dernières années de vie commune ou dans la période souvent appelée « nid vide » (Spanier *et al.*, 1975). Les conjoints s'investissent alors dans leurs rôles de grands-parents et dans leur relation mutuelle.

Nos études démontrent par ailleurs une différence de perception entre les partenaires âgés quant à leur satisfaction conjugale. Les hommes sont généralement plus satisfaits que les femmes. Ces dernières perçoivent moins de soutien provenant de leur conjoint et davantage de conflits dans leur relation de couple (Ducharme, 1995, 1994, 1993). La satisfaction conjugale revêt aussi une signification différente pour les hommes et les femmes, signification associée étroitement, au sein de la cohorte actuelle de personnes âgées, aux rôles traditionnels encore joués par chacun des partenaires. Les aspects instrumentaux de la relation sont pour les hommes des indicateurs importants de satisfaction. On peut penser au soutien qu'ils reçoivent de leur conjointe pour l'accomplissement des tâches quotidiennes telles que la préparation des repas et l'entretien ménager, de même que pour les soins physiques. Les femmes soulignent surtout, quant à elles, des aspects affectifs lorsqu'elles décrivent les facteurs qui contribuent à leur satisfaction dans leur vie de couple. Le soutien émotif, le dialogue, le partage d'intérêts communs et la communication sont parmi les éléments qu'elles évoquent (Ducharme, 1993).

Ces divergences de perception ne sont pas sans précédents dans les écrits ayant pour objet l'interaction entre conjoints (Antonucci et Akiyama, 1987; Bernard, 1972). Le processus de socialisation différent des hommes et des femmes aujourd'hui âgés, s'étant concrétisé par un développement des habiletés des femmes sur le plan émotif, fournit une explication à ce phénomène. Les femmes ont été entraînées dès leur jeune âge à entretenir des relations humaines significatives et à être, en quelque sorte, « gardiennes » des relations interpersonnelles tant au sein du couple qu'au sein du réseau social extérieur. Nos études nous ont démontré que les conjointes âgées utilisent davantage les ressources de leur réseau social, plus large et plus diversifié que celui de leur partenaire (Ducharme, 1995). Les hommes sont par ailleurs plus satisfaits du soutien reçu de leur conjointe, possiblement parce que leur réseau social devient de plus en plus restreint à la suite de la retraite et que leur conjointe demeure souvent leur seule source de soutien significative. La nature diversifiée du réseau social des femmes permettrait à ces dernières de faire certaines comparaisons entre la qualité du soutien reçu de leur conjoint et la qualité du soutien provenant d'autres sources, plus particulièrement de leurs amies et de leur famille. Un changement est toutefois à prévoir au sein des futures cohortes de *baby-boomers,* où l'on observe des rôles plus flexibles et interchangeables entre conjoints.

Prenant en compte cette réalité des couples âgés, nous avons réalisé une étude visant à mettre en évidence les facteurs associés à leur satisfaction de vivre, dont voici les principaux résultats.

Les facteurs associés à la satisfaction de vivre des couples âgés

Nos travaux nous ont permis de suivre, pendant une durée de six ans, une cohorte composée de couples âgés de plus de 65 ans vivant au sein de leur domicile (Ducharme, 1991, 1997). Les couples participants à cette étude nous ont amenés à mettre en évidence certains facteurs qui prédisent leur bien-être et à constater les effets de quelques transitions sur leur vie, notamment l'acquisition du rôle d'aidant et la perte définitive de leur partenaire de vie. Pour participer à cette étude, les conjoints devaient avoir 65 ans et plus, cohabiter et avoir les capacités physiques et mentales de participer à une entrevue d'une durée d'environ 90 minutes. Il s'agissait de couples autonomes et en santé.

Nous avons interrogé séparément les conjoints masculins et féminins à l'aide d'un guide d'entrevue qui permettait de recueillir leurs perceptions sur différents aspects de leur vie. Nous les avons plus précisément interrogé sur le soutien instrumental ou tangible reçu de leur partenaire de vie, le soutien émotif, la réciprocité ou les échanges mutuels au sein du couple, les conflits perçus, les stratégies utilisées pour faire face aux stresseurs de leur vie quotidienne tels que les préoccupations eu égard à leur état de santé, aux soins de plus en plus fréquents à prodiguer à leur partenaire ainsi qu'au bien-être des enfants. Des questions portaient sur les stratégies de résolution de problème telles que la recherche d'aide auprès du réseau social informel (parents, amis, voisins) et formel (services), la recherche d'information, le recours au soutien spirituel, de même que les stratégies d'ordre cognitif comme les stratégies passives (par exemple, le déni des problèmes) et le recadrage des situations stressantes.

Nos objectifs étaient plus précisément de mettre en évidence certains facteurs associés à la satisfaction de vivre des conjoints, mais aussi de pouvoir observer les changements se produisant avec le temps eu égard à ces facteurs. C'est ainsi que nous avons interrogé les participants à trois reprises à intervalles de 24 mois. Lors de la première entrevue, 135 couples, soit 270 conjoints, ont répondu à notre questionnaire. De ce nombre, 90 couples ont été en mesure de participer au deuxième temps de mesure, 24 mois plus tard, tandis que seulement 49 d'entre eux ont répondu à la dernière entrevue. Les raisons de non-participation étaient prévisibles et concernaient principalement le fait que les conjoints ne correspondaient plus aux critères de l'étude, soit parce qu'ils avaient un état de santé physique et mental trop détérioré qui les limitait dans leurs capacités à répondre aux questions ou encore en raison d'un déménagement dans un centre d'hébergement de l'un des partenaires ou du couple (Ducharme, 1997). Les conjoints participants avaient vécu en moyenne 47 ans en couple lors de la dernière entrevue, et leur âge moyen était de 75 ans.

Nos données nous démontrent des résultats constants ; en d'autres termes, il y a peu de changement avec le passage du temps. La disponibilité d'un soutien conjugal instrumental (pour les tâches de la vie quotidienne) et d'un soutien conjugal affectif ainsi que la réciprocité entre conjoints, soit l'échange mutuel de biens, de services et d'amour, sont apparus des facteurs qui prédisent significativement, avec le temps, la satisfaction de vivre des conjoints âgés. En ce qui concerne les stratégies gagnantes pour faire face aux éléments stressants de leur vie quotidienne, une seule stratégie s'est avérée, de façon constante, associée à la satisfaction de vivre : une stratégie centrée sur les émotions, le recadrage des situations problématiques.

Ces résultats sont en lien avec les résultats d'études qui, depuis longtemps, ont démontré une relation entre différentes dimensions du soutien social et la santé mentale (Cohen et Wills, 1985 ; House *et al.*, 1988). Dans notre étude, c'est davantage la présence d'un soutien provenant du conjoint que la présence d'un vaste réseau social extérieur qui a été associée à la satisfaction de vivre. La qualité semble primer sur la quantité. En ce qui concerne la réciprocité, nos résultats soulignent une association positive entre des échanges symétriques aidants-aidés et la satisfaction de vivre. Ces résultats vont dans le sens d'une théorie classique des échanges sociaux (Blau, 1964), selon laquelle des échanges symétriques sont associés au bien-être, tandis que des échanges inégaux ou asymétriques entre deux personnes surchargent la personne qui donne tout en réduisant le sens de contrôle de la personne qui reçoit. Par ailleurs, il est quelque peu surprenant de constater que les conflits au sein de la relation conjugale ne semblent pas liés, à cet âge avancé, à la satisfaction de vivre. Une des explications à ce phénomène serait que les conjoints qui ont vécu de nombreuses années ensemble accordent plus d'importance aux aspects positifs de leur vieillissement commun qu'aux aspects conflictuels. Il semble aussi que le répertoire de stratégies pour faire face au stress généré par les conflits soit plus large et plus flexible en vieillissant, et que les conjoints réagissent avec plus de maturité en utilisant davan-tage de stratégies d'appréciation cognitive pour gérer les conflits (Diehl *et al.*, 1996).

> *La restructuration cognitive permet de percevoir davantage de contrôle sur les situations et est associée à la qualité de vie.*

En ce qui concerne précisément les stratégies adaptatives associées à la satisfaction de vivre des conjoints, il est particulièrement intéressant de constater qu'une seule stratégie d'ordre cognitif ressort de nos analyses. Il s'agit, comme il a été mentionné précédemment, d'une stratégie individuelle de restructuration cognitive des situations qui permet d'attribuer un autre sens à la situation jugée stressante et, conséquemment, de percevoir davantage de contrôle devant cette même situation. On reconnaît depuis fort longtemps que la perception de contrôle des personnes âgées est un important facteur associé à leur bien-être et à leur qualité de vie (Rodin, 1986). Ce résultat n'est donc pas très surprenant. Il semble ainsi que l'utilisation de stratégies « intérieures » prédisent une plus grande satisfaction quant à la vie que l'utilisation de stratégies «extérieures» telles que le recours à l'aide du réseau social. Demander de l'aide peut être signe que la personne est incapable de résoudre elle-même ses problèmes. Il est clair, dans notre société, qu'il est mieux vu de donner que de recevoir de l'aide.

Enfin, nos résultats ont aussi permis d'établir un lien entre le soutien du conjoint, l'utilisation du recadrage et la satisfaction de vivre. Un soutien de qualité est associé directement, mais aussi indirectement, à la satisfaction de vivre en favorisant l'utilisation du recadrage. Ce dernier résultat est en accord avec la proposition des psychologues Lazarus et Folkman (1984) à l'effet que la disponibilité de soutien ou la perception que le soutien est disponible en cas de besoin favorise l'utilisation de stratégies adaptatives efficaces en situation de stress. Certains auteurs ont aussi avancé le fait que le soutien aurait des propriétés inductives, notamment en contribuant à rehausser l'estime de soi (s'il est réciproque), ce qui, en retour, contribuerait à développer un sentiment de contrôle sur les événements et les stresseurs de la vie quotidienne ainsi qu'un sentiment de bien-être psychologique (Pearlin *et al.*, 1981).

Et lorsque la santé se détériore ? Deux transitions de vie : l'acquisition du rôle d'aidant et la perte du partenaire de vie

Il arrive un moment où la santé de l'un des conjoints devient de plus en plus précaire. Ce changement dans la dynamique de la vie conjugale amène inévitablement une transition relativement à l'actualisation des rôles de chacun des partenaires. C'est ainsi que des hommes et davantage de femmes acquièrent le rôle d'aidant principal de leur conjoint et éventuellement subissent la perte de leur partenaire. Nous avons tenté, dans notre étude longitudinale, de répondre à plusieurs questions : Comment les partenaires composent-ils avec ce nouveau rôle d'aidant et avec la perte de leur conjoint ? Quelles stratégies sont associées à leur bien-être lors de ces transitions de vie ?

Nous avons pu fournir certaines réponses à ces questions en interrogeant, parmi les participants à notre étude, ceux et celles qui avaient vécu ces transitions importantes dans leur vie. Nous avons été à même de vérifier si des changements survenaient dans l'utilisation des stratégies adaptatives lorsque les conjoints devaient affronter ces stresseurs du vieillissement. Nous voulions plus particulièrement savoir si les mêmes stratégies ou de nouvelles étaient liées à leur qualité de vie. Nous avons recueilli des données auprès de 33 conjoints qui avaient acquis, avec le temps, le rôle d'aidant, de même qu'auprès de 10 veufs et de 22 veuves qui avaient soigné, pendant une durée moyenne de deux ans, leur conjoint avant son décès. Ces personnes avaient perdu leur partenaire de vie depuis 18 à 23 mois (Ducharme et Corin, 1998).

L'acquisition du rôle d'aidant

Les résultats de nos travaux soulignent d'abord que l'acquisition du rôle d'aidant est un stresseur important pour les conjoints âgés. Ces aidants avaient une santé fragile ainsi qu'un réseau de soutien restreint, et ils percevaient peu de réciprocité dans leur relation de couple. Ils étaient, dans notre étude, exclusivement des femmes. À la suite de l'avènement de ce nouveau rôle, ces femmes avaient recours au soutien provenant principalement de leur réseau social informel, soit de leurs parents et de leurs amies. Elles utilisaient plus qu'avant les ressources du réseau social formel, quoique cette utilisation demeurait plutôt limitée. Les services de santé étaient notamment utilisés en dernier recours, ce qui démontre de nouveau le principe hiérarchique de recherche de soutien.

Tout comme pour les couples, l'utilisation de stratégies adaptatives « extérieures » de recherche d'aide ne semble pas liée à la satisfaction de vivre des aidantes. Encore une fois, il semble plutôt que ce soient les stratégies internes d'ordre cognitif qui soient associées à leur bien-être et à leur qualité de vie. La situation chronique de stress vécue par ces femmes peut, en partie, expliquer ce résultat. Puisque la maladie du conjoint ne peut être modifiée, changer sa propre perception de la situation est une stratégie « ajustée » à l'expérience vécue. Les femmes qui ont une plus grande satisfaction de vivre sont celles qui sont capables de recadrer la situation et d'y voir certains aspects positifs ou gratifiants. Également, pour les femmes âgées qui jouent ce rôle d'aidante familiale, assumer le soutien au conjoint malade est une norme. Ne pas remplir ces tâches d'aide, de soutien et de soins signifierait faire défection à ses responsabilités et à son rôle d'épouse.

Nous n'avons pas pu évaluer, dans le cadre de cette étude, les stratégies utilisées par les hommes aidants. C'est dans une étude plus récente que nous avons pu recruter un nombre considérable d'hommes qui prenaient soin, sur une base régulière, de leur conjointe atteinte de troubles physiques fonctionnels ou de troubles cognitifs (Ducharme, Lévesque, Lachance, Vézina et Gangbe, sous presse). Notre étude nous a permis d'obtenir un profil descriptif de ce sous-groupe d'aidants. Les résultats de nos entrevues avec ces hommes soulignent une grande utilisation de stratégies de résolution de problème. Ayant toujours eu à résoudre, au cours de leur vie en milieu de travail, des problèmes concrets, les aidants masculins continuent à utiliser une telle stratégie lorsqu'ils sont confrontés à des problèmes liés à l'organisation des soins à prodiguer à leur conjointe ou liés à la logistique du domicile comme lieu de soins. Cette stratégie n'a toutefois pas été associée significativement à la santé des hommes. C'est plutôt la perception d'efficacité personnelle en tant que ressource qui a été associée à la santé psychologique des hommes de cet échantillon.

La perte du partenaire de vie

Mais qu'arrive-t-il lorsque, après plus de 50 ans de vie partagée, un des conjoints quitte définitivement l'autre ? Cette perte est, semble-t-il, l'un des événements les plus stressants pour les personnes âgées. En effet, le grand nombre d'années de vie commune et la centralité du soutien conjugal chez les personnes âgées donnent à la perte du conjoint une signification toute particulière (Ducharme et Corin, 1997). De la crise engendrée par cette perte peut résulter, avec le temps, un ensemble de circonstances telles que des difficultés économiques, de l'isolement social, une perte d'autonomie ainsi que des difficultés dans l'appropriation et dans l'accomplissement de nouveaux rôles. Toutes ces circonstances peuvent devenir des stresseurs chroniques, phénomène que l'on a nommé, il y a de nombreuses années, le *bereavement overload* (Kastenbaum, 1969). La perte du conjoint constitue ainsi une réelle rupture dans la trajectoire de vie, et l'on peut se demander si les stratégies adaptatives utilisées jusqu'alors se maintiennent à la suite de cette importante perte. Y a-t-il changement d'accent ou modulation des stratégies en place ? Les stratégies associées à la satisfaction de vivre demeurent-elles les mêmes ?

De façon générale, toutes nos données mettent en évidence une certaine continuité dans le déploiement des stratégies adaptatives, et ce, même au moment du veuvage. Ce résultat est particulièrement percutant. C'est comme s'il offrait un appui à l'adage bien connu « on vieillit comme on a vécu ».

Ainsi, les hommes qui ont perdu leur conjointe substituent l'important soutien conjugal dont ils bénéficiaient par d'autres sources de soutien, souvent féminines, ayant des caractéristiques semblables. Une référence continue à la conjointe (source première de soutien) perdure au-delà de

sa disparition. Le prolongement de la présence de la défunte et la structuration du temps par des activités sociales et ludiques (structuration
existante lorsque les hommes étaient au travail) contribuent au maintien
d'un sentiment de continuité avec le passé. Contrairement aux veuves,
les veufs ont davantage recours au soutien formel, notamment au moyen
de services mis sur pied par les organismes communautaires ou par les
résidences pour personnes âgées. Cela peut s'expliquer par les difficultés
qu'ils nous ont confiées à s'acquitter des tâches domestiques et leur difficulté à tolérer la solitude à la suite de la perte de leur épouse, source première de soutien affectif et instrumental. Ils s'assurent également de cette
manière d'un cadre temporel qui peut offrir à leur existence un rythme
analogue à celui qu'ils ont connu tout au long de leur vie.

Les veuves, quant à elles, évoquent un sentiment de vide après avoir
bien souvent donné, en fin de vie, toute leur énergie aux soins de leur
partenaire. Elles continuent à privilégier la stratégie de recadrage et ont
recours à leur réseau informel provenant de la famille, principalement
de leurs filles et de leurs sœurs, mais aussi d'amies, souvent veuves et
confidentes. Elles font des activités de bénévolat où elles actualisent
leurs habiletés de *caring*. Somme toute, elles maintiennent, elles aussi,
certains patrons qui assurent une continuité dans leur trajectoire de vie.
Ces veuves continuent d'exprimer leur besoin de prendre soin par la
substitution de « l'objet » de soin qui était leur conjoint. Après la perte
de leur partenaire de vie, elles prennent soin d'autres personnes à travers leurs activités de bénévolat. Ce maintien reflète l'importance personnelle et culturelle de ce type d'activités pour les femmes de cette
cohorte. Pour ces dernières, les habiletés de soutien, plus spécifiquement
celles liées aux soins, ont été développées depuis le jeune âge, déployées
tout au long de leur vie auprès de leurs enfants et de leur conjoint, pour
se poursuivre au moment du veuvage. Il est intéressant de noter que les
femmes veuves continuent, elles aussi, à accorder une place importante
au soutien provenant de leur conjoint en prolongeant, sur un plan imaginaire, la présence de ce dernier dans leur vie. En dépit de la perte, la
centralité du soutien conjugal persiste, en écho à la centralité de ce dernier tout au long de l'existence commune. La possibilité de prolonger en
pensée la présence de leur mari, alliée à la possibilité de recadrage du
sens de la vie, permet souvent aux femmes veuves d'acquérir un sentiment d'efficacité personnelle. Une étude antérieure, réalisée auprès de
42 veuves âgées ayant exercé le rôle d'aidante de leur conjoint pendant
une durée de plus de trois ans, souligne des résultats similaires, soit une
présence d'autocontrôle et une utilisation importante de réévaluation
positive ou de recadrage (Trudeau, 1996). À la suite du veuvage et de la
perte du recours au soutien conjugal, la stratégie de recadrage demeure

encore liée à la satisfaction de vivre : être capable d'envisager cette perte et la nouvelle vie qui s'annonce de façon différente est liée au bien-être des veufs et des veuves.

Enfin, cette étude permet de souligner que les stratégies adaptatives utilisées lors de ces importantes transitions de la vie que sont le passage à un rôle d'aidant et au veuvage, semblent être le fruit d'une manière d'être et d'agir élaborée en fonction de différents facteurs liés, bien sûr, à la personnalité, mais aussi à la trajectoire de vie et au contexte social dont elles reflètent les normes et les valeurs. Ce qu'on observe avec le temps semble non pas être une rupture dans les stratégies privilégiées, mais plutôt une modulation dans l'utilisation de ces stratégies. L'aménagement de ces nouvelles situations de vie semble se faire dans un cadre relativement connu et préétabli. C'est la continuité qui caractérise surtout la réaction aux transitions de vie (Ducharme, 1997 ; Ducharme et Corin, 1998, 2000). Les stratégies utilisées lors de ces grands changements prolongent la manière habituelle dont les personnes ont fait face aux difficultés quotidiennes et aux crises au cours de leur existence.

Ces résultats mettent en évidence l'importance d'un apprentissage de stratégies ajustées à la nature des sources de stress de la vie. Apprendre de nouvelles stratégies adaptatives peut être des plus « aidants », ce que nous abordons au prochain chapitre en proposant un modèle d'intervention basé sur une théorie du stress.

Références

ANTONOVSKY, A. *Health, stress and coping*, San Francisco, Jossey-Bass, 1979.

ANTONUCCI, T. et H. AKIYAMA. « An examination of sex differences in social-support in mid and late life », *Sex Roles*, vol. 17, 1987, p. 737-749.

BANDURA, A. *Self-efficacy : The exercice of control*, New York, Freeman, 1997.

BERNARD, J. *The future of marriage*, New York, World, 1972.

BLAU, P. *Exchange and power in social life*, New York, John Wiley, 1964.

COBB, S. « Social support as a moderator of life stress », *Psychosomatic Medicine*, vol. 38, 1976, p. 300-314.

COHEN, S. et T. WILLS. « Stress, social support and buffering hypothesis », *Psychological Bulletin*, vol. 98, 1985, p. 310-357.

DEPNER, C. et B. INGERSOLL-DAYTON. «Conjugal social support : patterns in later life», *Journal of Gerontology*, vol. 40, 1985, p. 761-766.

DIEHL, M., N. COYLE et G. LABOUVIE-VIEF. «Age and sex differences in strategies of coping and defense across the life span», *Journal of Gerontology*, vol. 40, 1996, p. 761-766.

DUCHARME, F. «Transitions de vie et vieillissement… des facteurs protecteurs?», *Vie et vieillissement*, vol. 2, n° 4, 2004, p. 15-17.

DUCHARME, F. «Notion de concept. Le paradigme stress-coping», *Recherches en soins infirmiers*, n° 58, 1999, p. 64-76.

DUCHARME, F. «Conjugal support, coping behaviours and mental health of elderly couples : a three wave longitudinal panel study», *Health Care in Later Life, An International Research Journal*, vol. 2, 1997, p. 155-165.

DUCHARME, F. «La personne âgée et sa famille», dans S. LAUZON et E. ADAM (édit.), *La personne âgée et ses besoins. Intervention infirmière*, Montréal, Éditions du Renouveau pédagogique, 1996, p. 723-738.

DUCHARME, F. «Longitudinal change in conjugal support and coping behaviors of elderly marital partners», *Journal of Family Nursing*, vol. 1, 1995, p. 281-302.

DUCHARME, F. «Conjugal support, coping behaviors and psychological well-being of the elderly spouse : An empirical model», *Research on Aging*, vol. 16, 1994, p. 167-190.

DUCHARME, F. «Soutien conjugal, stratégies adaptatives et bien-être : analyse différentielle des perceptions des conjoints âgés», *Revue canadienne du vieillissement*, vol. 12, 1993, p. 33-49.

DUCHARME, F. «Soutien conjugal et bien-être des conjoints âgés, proposition d'un mécanisme d'action», *Revue canadienne de santé mentale communautaire*, vol. 10, 1991, p. 11-29.

DUCHARME, F. «Le couple à la retraite», *Le gérontophile*, vol. 6, 1984, p. 6-7.

DUCHARME, F. et E. CORIN. «Y a-t-il restructuration des stratégies d'adaptation suite au veuvage? Une étude longitudinale», *Revue canadienne du vieillissement*, vol. 19, 2000, p. 160-185.

DUCHARME, F. et E. CORIN. «Stratégies adaptatives face aux stresseurs de la vie quotidienne : suivi longitudinal auprès de conjoints et de veufs âgés», *Rapport de recherche subventionnée par le Programme national de recherche et de développement en matière de santé*, Montréal, Université de Montréal, 1998.

DUCHARME, F. et E. CORIN. «Le veuvage chez les hommes et les femmes âgés, une étude exploratoire des significations et des stratégies adaptatives», *Revue canadienne du vieillissement*, vol. 16, 1997, p. 112-141.

DUCHARME, F., L. LÉVESQUE, L. LACHANCE, J. VÉZINA et M. GANGBE. «Older husbands as caregivers of their wives : descriptive study of the context and relational aspects of care», *International Journal of Nursing Studies*, sous presse.

GOVE, W., M. HUGHES et C. STYLE. «Does marriage have a positive effect on the psychological well-being of the individual?», *Journal of Health and Social Behavior*, vol. 24, 1983, p. 122-131.

HOUSE, J., K. LANDIS et D. UMBERSON. «Social relationships and health», *Science*, vol. 241, 1988, p. 540-545.

KASTENBAUM, R. «Death and bereavement in later life», dans A. KUTSCHER (édit.), *Death and bereavement*, Sprinfield, Ill. Charles C. Thomas, 1969.

LAZARUS, R. et S. FOLKMAN. *Stress, appraisal and coping*, New York, Springer, 1984.

MELEIS, A., L. SAWYER, D. MESSIAS et K. SCHUMACHER. «Experiencing transitions : An emerging middle-range theory», *Advances in Nursing Science*, vol. 23, 2000, p. 12-28.

PEARLIN, L., M. LIEBERMAN, E. MENAGHAN et J. MULLEN. «The stress process», *Journal of Health and Social Behavior*, vol. 22, 1981, p. 337-356.

RICHARDSON, G. et P. WAITE. «Mental health promotion through resilience and resiliency education», *International Journal of Emergency Mental Health*, vol. 4, 2002, p. 65-75.

RODIN, J. «Aging and health : effects on the sense of control», *Science*, vol. 233, 1986, p. 1271-1276.

SPANIER, G., R. LEWIS et C. COLE. «Marital adjustment over the family life cycle : the issue of curvilenearity», *Journal of Marriage and the Family*, vol. 37, 1975, p. 263-275.

STOUFFER, S. *The American soldier*, Princeton, Princeton University Press, 1949.

TRUDEAU, D. *Perception de la qualité de vie et stratégies adaptatives de veuves âgées ayant exercé le rôle de soignante auprès de leur conjoint*, mémoire de maîtrise non publié, Montréal, Faculté des sciences infirmières, Université de Montréal, 1996.

WHEATON, B. «Personal resources and mental health. Can there be too much of a good thing?», *Research in Community and Mental Health*, vol. 5, 1985, p. 139-184.

Chapitre 8

Un modèle d'intervention pour favoriser la gestion du stress des aidants familiaux à domicile : outil pratique pour les professionnels

Sommaire

E n dépit du fait que l'on officialise de plus en plus le domicile comme lieu de dispensation des soins aux personnes âgées et que l'on reconnaît que les familles ont l'expérience d'une longue trajectoire de soins auprès de leurs proches âgés, les services de santé ne ciblent pas systématiquement les besoins de santé des aidants familiaux en tant que clientèle-cible. Ces derniers sont plutôt perçus comme des ressources pouvant être utiles aux soins, et non comme des clients potentiels des services de santé (Lavoie *et al.*, 1998).

Par ailleurs, les résultats des recherches évaluatives (Brodaty *et al.*, 2003; Cooke *et al.*, 2001; Pusey et Richards, 2001; Schulz *et al.*, 2005; Sörensen *et al.*, 2002; Zarit et Leitsch, 2001) portant sur les programmes d'intervention et services destinés à soutenir les aidants dans leur rôle (interventions éducatives, services de répit, groupes de soutien) sont, comme il a été mentionné, plus ou moins concluants.

Selon quelques auteurs, les interventions individuelles, étant plus ciblées et ayant une plus grande intensité, auraient davantage de probabilité d'avoir des effets significatifs sur la santé des aidants que les approches de groupe (Knight *et al.*, 1993; Pusey et Richards, 2001). Toutefois, mis à part quelques exceptions (Gitlin *et al.*, 2003; Lévesque et Gendron, sous presse; Mittleman *et al.*, 1994), peu de modèles d'intervention individuelle ayant fait l'objet d'études évaluatives sont disponibles jusqu'à présent.

Ces constats nous ont amenées à réaliser un projet-pilote (Ducharme et Trudeau, 2002) qui a permis d'élaborer le contenu d'un programme d'intervention individuelle de gestion du stress pour les aidants de personnes âgées vulnérables vivant à domicile. Ce projet visait aussi à évaluer l'acceptabilité de ce programme pour les aidants et les intervenants professionnels œuvrant dans les Centres locaux de services communautaires du Québec (CLSC). Par la suite, nous avons poursuivi notre démarche et avons évalué systématiquement ce modèle d'intervention. Il s'agissait de comparer cette intervention avec le suivi habituellement offert par les centres locaux de services communautaires dans le cadre de leur programme de soutien à domicile des personnes âgées (Ducharme *et al.*, sous presse). Dans le présent chapitre, nous présentons le cadre théorique de ce programme, ses principaux constituants, les résultats de son évaluation et un exemple concret d'application des stratégies enseignées aux aidants.

Le cadre théorique du modèle d'intervention

Le programme de gestion du stress repose sur l'approche théorique transactionnelle de l'adaptation au stress (*stress coping*) de Lazarus et Folkman (1984), largement utilisée dans les études auprès des aidants familiaux et qui a été originalement transposée vers l'intervention par Folkman et ses collaborateurs (Folkman *et al.*, 1991). Selon cette théorie cognitive que nous avons brièvement présentée au chapitre précédent, le stress est conceptualisé comme une relation entre la personne et son environnement, que la personne perçoit comme excédant ou minant ses ressources personnelles et sociales. Les deux éléments principaux de ce cadre de référence sont l'appréciation cognitive et les stratégies adaptatives, lesquelles constituent des facteurs protecteurs des effets néfastes du stress sur le bien-être et, comme nous l'avons vu, des facteurs qui favorisent les expériences de transitions harmonieuses lors du vieillissement.

L'appréciation cognitive est le processus selon lequel un individu accorde une signification et une importance à une situation, en tenant compte de ses ressources personnelles et sociales ainsi que des choix qui lui sont disponibles pour composer avec cette situation. Plus simplement, il s'agit de la façon de chacun d'envisager les situations. En fait, la perception d'une situation est plus importante que la situation « objective » en tant que telle.

Les stratégies adaptatives sont, par ailleurs, les efforts cognitifs et les comportements de l'individu pour faire face à une situation perçue comme étant stressante. Comme il a été mentionné, ces efforts peuvent être dirigés vers la modification du problème (par exemple, recherche d'information, recours au réseau de soutien social informel et aux services, etc.), vers la régulation des émotions (recadrage, humour, attention sélective, recours au soutien spirituel, relaxation, etc.) ou, le plus souvent, vers ces deux modalités. Plus précisément, différentes stratégies seront appropriées selon que l'élément stresseur de notre vie est modifiable ou non, et les stratégies adaptatives seront efficaces si elles sont « ajustées » au type de stresseur. D'une part, persister à utiliser une méthode de résolution de problème dans une situation qui ne peut être modifiable, ou encore qui est incontrôlable, peut augmenter la détresse et l'épuisement. D'autre part, l'utilisation de stratégies centrées sur les émotions telles que l'évitement ou la pensée magique peut aussi se révéler nuisible, empêchant la personne d'agir sur certains éléments qui pourraient être modifiés. Dans ce cas, recadrer la situation ou voir la situation différemment en utilisant la restructuration cognitive serait davantage associé à des résultats positifs : réduction du stress, perception de bien-être physique et psychologique. Ainsi, selon ce cadre théorique à la base de notre intervention :

- lorsque le stresseur **est modifiable,** les stratégies adaptatives doivent être dirigées vers la modification du problème, et les stratégies suivantes sont particulièrement appropriées :
  - résolution de problème ;
  - recherche de soutien (parents, amis, voisins et services) ;
  - collecte d'information ;
  - gestion du temps ;
  - aménagement de l'environnement, etc. ;

- lorsque le stresseur **n'est pas modifiable,** les stratégies adaptatives doivent plutôt être dirigées vers la régulation des émotions, et les stratégies suivantes sont davantage ajustées :
  - recadrage ;
  - attention sélective (détourner son attention) ;
  - distance émotionnelle ;
  - comparaison sociale (se renseigner sur ce que d'autres personnes vivent dans une situation semblable et faire des comparaisons) ;
  - expression des sentiments ;
  - relaxation, humour, etc.

Dans les situations difficiles que nous vivons tous, les sources de stress sont presque toujours liées à un événement, à une perception ou au sens même de la situation. Selon la source du stress et les types de stresseurs en jeu, le choix des stratégies adaptatives qui seront ajustées sera différent. Ainsi :

- lorsque la source du stresseur est un événement et ses conséquences :
  - le stresseur est de type pratique ou instrumental ; ce type de stresseur fait appel à des stratégies visant la modification du problème ou de l'événement ;

- lorsque la source du stresseur est une perception :
  - le stresseur est de type émotif ; ce type de stresseur fait appel à des stratégies centrées sur les perceptions ;

- lorsque la source du stresseur est liée au sens de la situation :
  - le stresseur est de type existentiel ; ce type de stresseur fait appel à des stratégies liées à la recherche de sens ou d'une signification, par exemple le recours à la spiritualité.

De façon générale, l'intervention de gestion du stress qui est proposée dans ce programme vise à faciliter le processus selon lequel la personne trouve des façons ajustées de faire face à une situation difficile liée au « prendre soin » de son proche âgé à domicile. Ce type d'intervention vise à réduire le stress et à améliorer la perception de bien-être.

Des études qui justifient l'intervention proposée

Plusieurs études fournissent des appuis au cadre théorique de l'adaptation au stress que nous avons retenu pour l'intervention individuelle auprès des aidants familiaux. Ainsi, les résultats de recherches soulignent une relation significative entre la perception de stress d'une situation ou son appréciation cognitive et la détresse psychologique des aidants (Bombardier *et al.*, 1990 ; Ducharme *et al.*, 1997 ; Lévesque *et al.*, 1995 ; Nolan *et al.*, 1990). Ainsi, une même situation peut comporter différentes significations et produire, selon le sens qui lui est attribué, différents effets sur la santé. Une étude réalisée auprès d'un échantillon de 554 aidants de personnes âgées a révélé que la perception de stress expliquait presque la moitié des malaises psychologiques des aidants (Nolan *et al.*, 1990).

Le type de stratégies adaptatives utilisées en réponse aux situations de stress a également été associé au bien-être des personnes âgées et de leurs aidants familiaux. Le recours à des stratégies adaptatives de recadrage, de résolution de problème et de gestion des symptômes de stress (par exemple, prendre du temps pour soi) a été associé positivement à la santé des aidants (Aldwin et Revenson, 1987 ; Carver *et al.*, 1993 ; Ducharme, 1994, 1997 ; Kneebone et Martin, 2003 ; Lévesque *et al.*, 1995). Voyons maintenant en quoi consiste plus précisément ce programme.

Description du programme d'intervention

En accord avec son cadre théorique, le programme d'intervention poursuit les objectifs suivants :

- modifier la perception de stress des aidants familiaux liée aux situations de soins à domicile de leur proche âgé ;

- améliorer l'efficacité des aidants à composer (utilisation de stratégies adaptatives) avec les exigences liées à leur rôle d'aidant ;

- promouvoir la santé et la qualité de vie des aidants.

De façon plus opérationnelle, le programme comprend cinq rencontres hebdomadaires entre l'aidant et un intervenant professionnel (infirmière, travailleur social), d'une durée de 30 à 45 minutes, ainsi qu'une visite de suivi, un mois plus tard, pour un total de six sessions individuelles à domicile. Chacune des rencontres comporte des objectifs précis ainsi que des activités d'apprentissage et de soutien qui correspondent à des étapes du processus de gestion du stress. La figure 8.1 représente les différentes étapes de l'intervention.

Un manuel destiné à l'intervenant et un cahier pour les aidants bénéficiant du programme d'intervention ont été conçus afin de présenter de façon détaillée le contenu de chacune des rencontres (Ducharme, Trudeau et Ward, 2005). Le processus d'intervention se déroule selon les cinq étapes principales suivantes.

La première étape – Prise de conscience

L'aidant est d'abord invité à s'exprimer de façon générale sur son expérience d'aidant, et plus particulièrement à entrer en contact avec l'ensemble de sa situation de soin. Il prend ainsi conscience des aspects irritants de la situation, des aspects confortables et des effets du stress sur son bien-être. Il s'agit ici de promouvoir des conditions favorables pour que l'aidant puisse dresser un portrait le plus complet possible de sa situation.

La deuxième étape – Choix d'un stresseur et d'un objectif à atteindre

L'aidant est ensuite amené à sélectionner une situation particulière de sa « vie d'aidant » qui l'affecte et à laquelle il veut apporter un changement, une amélioration. L'ensemble de la démarche de gestion du stress sera ensuite basée sur cette situation. L'aidant formule un objectif à atteindre en vue de réduire sa perception de stress quant au stresseur choisi. Il est important que l'objectif soit réaliste et approprié à la situation.

Figure 8.1   Processus de gestion du stress – Étapes de l'intervention

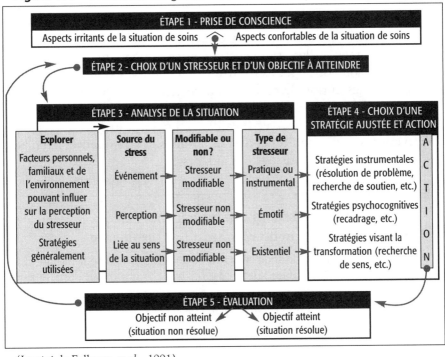

(Inspiré de Folkman *et al.*, 1991)

La troisième étape – Analyse de la situation

L'aidant analyse la situation de soins plus en profondeur. Il explore d'abord les facteurs contextuels, soit les facteurs personnels, familiaux et de son environnement qui peuvent influer sur la perception du stresseur choisi. Pour l'aider dans sa démarche, l'intervenant discute des éléments qui peuvent affecter la façon d'envisager les difficultés et qui font partie des « grilles intérieures de la personne » (croyances, philosophie de vie, expériences passées, éducation, personnalité, etc.). Ces éléments ont un impact sur nos pensées et nos perceptions.

Cette analyse amène l'aidant à reconnaître si la source du stress est un événement, une perception ou si elle est liée au sens de la situation. Il importe ici de bien cibler le stresseur afin de pouvoir choisir une stratégie « ajustée » qui sera efficace pour le changer ou l'améliorer. Les stratégies que l'aidant utilise habituellement pour faire face au type de stresseur sélectionné sont ensuite explorées. L'objectif consiste à renforcer l'utilisation des stratégies ajustées ou appropriées ainsi qu'à réduire l'utilisation de stratégies non ajustées.

La quatrième étape – Choix d'une stratégie ajustée et action

À la quatrième étape, l'intervenant discute des stratégies adaptatives qui pourraient être ajustées au stresseur choisi. L'aidant est invité à expérimenter la ou les stratégies qui lui conviennent le mieux en fonction de son contexte. Cette stratégie peut, par exemple, être une stratégie de résolution de problème, la recherche de soutien social ou le recadrage. Les étapes et les éléments de ces trois principales stratégies sont passés en revue avec les aidants. Les encadrés 8.1, 8.2 et 8.3 décrivent plus en détail les contenus abordés. Cette quatrième étape est centrée sur l'apprentissage des aidants.

ENCADRÉ 8.1

QUATRIÈME ÉTAPE DU PROGRAMME :
La stratégie de résolution de problème

Une stratégie à envisager lorsque la source du stress est un événement qui est modifiable (Zarit *et al.*, 1985).

Bien que nous utilisions régulièrement cette stratégie adaptative dans notre vie de tous les jours, et ce, sans nécessairement être conscients de toutes les étapes qui la composent, l'efficacité de la stratégie de résolution de problème est accrue lorsque ses étapes sont suivies systématiquement et qu'elle est appliquée avec réalisme et persévérance. Plus précisément, la résolution de problème s'effectue selon les sept étapes suivantes :

La stratégie de résolution de problème : ses différentes étapes

1. La définition du problème : Que se passe-t-il au juste ? Qu'est-ce qui me dérange ?
2. La recherche de différentes solutions : L'aidant est invité à faire un remue-méninges des solutions possibles au problème sans porter de jugement sur les solutions proposées.
3. L'examen des avantages et des inconvénients des solutions énumérées.
4. Le choix d'une solution, celle qui semble la plus susceptible, dans le contexte de vie de l'aidant, de donner des résultats, c'est-à-dire de contribuer à réduire ou à éliminer la situation problématique.
5. Le plan d'action pour appliquer la solution retenue : Le choix du bon moment, de la fréquence, la prévision des difficultés.
6. L'application de la solution choisie.
7. L'évaluation des résultats : Le problème est-il réglé ? Comment la situation s'est-elle modifiée ? Si la démarche n'a pas donné les résultats escomptés, que dois-je modifier ? Recommencer le processus, le cas échéant.

ENCADRÉ 8.2

QUATRIÈME ÉTAPE DU PROGRAMME :
La recherche de soutien social

Une stratégie à envisager lorsque la source du stress est un événement qui est modifiable (Lévesque et Bergeron, 1997).

Cette stratégie adaptative consiste à demander de l'aide à son entourage, à sa communauté ou au réseau de la santé et des services communautaires, selon les six étapes suivantes :

La recherche de soutien social : ses différentes étapes

1. Reconnaître ses réticences à demander de l'aide.
2. Définir son besoin de soutien : De quel type de besoin s'agit-il ? Besoin de soutien émotionnel, matériel, informatif, besoin de soutien pour des activités sociales ?
3. Identifier les personnes et les organismes pouvant répondre à ce besoin. Après avoir dressé la liste des personnes faisant partie de leur réseau social informel (parents, amis, voisins) et formel (services, ressources communautaires), les aidants sont amenés à se poser les questions suivantes : De qui peut provenir l'aide dont j'ai besoin ? Quelle serait la meilleure personne de mon environnement pour répondre à mon besoin ? Il s'agit ici de trouver le meilleur arrimage possible entre le type de soutien souhaité et la ressource apte à offrir ce soutien dans l'environnement de l'aidant.
4. Établir un plan d'action en vue d'une demande de soutien : Je reconnais et j'élimine mes réticences ou mes résistances à demander de l'aide (gêne, peur du jugement d'autrui, etc.). Je me prépare mentalement à faire ma demande de soutien.
5. Appliquer le plan d'action : Je fais ma demande.
6. Évaluer les résultats : L'aide reçue est-elle satisfaisante ? Si oui, que puis-je faire pour maintenir cette aide ? Sinon, je reprends la première étape de la démarche : Mon besoin devrait-il être défini autrement ? Est-ce que d'autres personnes ou organismes pourraient mieux répondre à mon besoin ? Devrais-je envisager un autre plan d'action ?

ENCADRÉ 8.3

QUATRIÈME ÉTAPE DU PROGRAMME :
Le recadrage

Une stratégie à envisager lorsque la source du stress est une perception.

Il s'agit ici de chercher une autre façon de voir la situation difficile afin de réduire le stress. Pour ce faire, l'aidant est amené à réfléchir au lien existant entre ses émotions, ses pensées et une situation particulière qu'il juge stressante à partir de certaines questions.

> **Le recadrage : des questions importantes à se poser**
>
> - Quelle situation me fait vivre une émotion désagréable ?
> - Quels mots pourraient décrire l'émotion que je ressens ?
> - Quelles sont mes pensées devant cette situation ?
> - Quelle pensée pourrait être plus « aidante » quant à cette situation ?
> - Quand je remplace ma pensée « non aidante » par une pensée plus favorable ou « aidante », qu'est-ce que cela change en moi ?
> - Quand je remplace ma pensée « non aidante » par une pensée plus aidante, qu'est-ce que cela change à la situation ?
>
> Il est fréquent de croire que ce sont les situations qui causent nos émotions pénibles. Toutefois, selon l'approche enseignée, inspirée de l'approche cognitive (Burns, 1994 ; Chaloult, 1993), c'est la façon d'envisager une situation qui donne lieu à ces émotions. En somme, les émotions dépendent des interprétations que l'on fait d'une situation ou de la signification qu'on lui donne. La stratégie adaptative du recadrage vise ainsi à changer de perspective, donc les pensées, ce qui a un effet sur les émotions. Cette stratégie implique que la personne prenne conscience de ses pensées au moment où elle ressent une émotion difficile (peur, culpabilité, honte, tristesse, etc.) et se questionne : Pourquoi cette situation m'affecte-t-elle autant ? Que s'est-il passé ? Puis-je voir cette situation différemment ? Il s'agit donc de modifier des pensées dites « non aidantes » en pensées plus aidantes, ajustées à la situation. Ces pensées non favorables sont souvent des pensées « distordues », c'est-à-dire qui ne correspondent pas tout à fait à la réalité. Généraliser, affirmer sans preuve suffisante, exagérer et minimiser, personnaliser sont des attitudes qui conduisent à des pensées « distordues » (Burns, 1994). Il s'agit de favoriser la prise de conscience d'un itinéraire particulier : celui de la situation à l'émotion.

La cinquième étape – Évaluation des résultats

La cinquième étape du programme d'intervention permet de faire un retour sur : l'atteinte de l'objectif fixé, les acquis ou les apprentissages réalisés, la « nouvelle » perception du stress, l'ensemble de la démarche.

Si l'objectif établi au départ n'est pas atteint, c'est l'occasion de reprendre l'ensemble de la démarche et de poursuivre la réflexion. Le stresseur principal a-t-il été bien choisi ? L'objectif à atteindre était-il réaliste ? La source du stresseur avait-elle été bien établie ? La stratégie choisie était-elle vraiment ajustée à la situation ? Devrait-on tenter un autre type de stratégie ? Le questionnement devrait permettre à l'aidant de tenter une nouvelle action qui, par la suite, sera elle aussi évaluée. Cette démarche systématique permet à l'aidant de guider sa réflexion jusqu'à ce que l'objectif qu'il s'était fixé au départ soit atteint.

Finalement, une rencontre de suivi (*follow up*) est prévue quatre semaines plus tard. Cette dernière rencontre a pour but de répondre aux questions de l'aidant relativement à l'intervention afin qu'il puisse lui-même appliquer les étapes de la démarche apprise à d'autres situations de stress et, ainsi, s'assurer de la transférabilité du processus dans sa vie quotidienne. Lors de cette rencontre, on discute avec l'aidant d'une situation à laquelle il a dû faire face depuis la fin de l'intervention de même que des stratégies qu'il a utilisées.

Les stratégies d'implantation et d'évaluation du programme

Afin d'en évaluer sa faisabilité et son acceptabilité, cette intervention a été implantée dans deux centres locaux de services communautaires comparables de la région métropolitaine de Montréal avec l'aide de 17 gestionnaires de cas (travailleurs sociaux et infirmières). Ces intervenants ont bénéficié d'une formation et d'un suivi (*coaching*) hebdomadaire au sein de leur milieu de pratique. Les aidants familiaux qui ont bénéficié de cette nouvelle intervention ont été recrutés parmi la clientèle régulière suivie par les gestionnaires de cas. Ces aidants devaient toutefois correspondre aux critères d'inclusion suivants : être aidant familial d'un proche âgé de plus de 65 ans atteint de troubles physiques ou de déficits cognitifs, reconnu « à risque ». Les gestionnaires de cas ont déterminé les aidants « à risque » à partir de leur expertise clinique et selon les facteurs proposés par Nolan et ses collègues (Nolan *et al.*, 1994), soit en considérant :

1. la complexité des soins prodigués par les aidants ;

2. l'importance de leur perception de stress ;

3. la perception d'un état de santé précaire par les aidants ;

4. un faible réseau de soutien formel et informel.

Dans chacun des CLSC, un groupe expérimental et un groupe de contrôle ont été formés. Les effets de l'intervention sur différentes mesures de santé ont été évalués. En tout, 81 aidants, soit 42 dans le groupe expérimental (intervention de gestion du stress) et 39 dans le groupe de contrôle (suivi usuel des services de soutien à domicile), ont participé à l'étude.

Les résultats

L'implantation du programme dans les CLSC

Les données recueillies lors de l'analyse de l'implantation de l'intervention soulignent trois concepts redondants dans le discours des gestionnaires de cas qui l'ont expérimentée : leur réceptivité quant à l'intervention, leur conscientisation quant à l'importance d'utiliser une perspective familiale systémique pour l'intervention à domicile et la transférabilité potentielle de l'intervention à d'autres situations de santé et à d'autres clientèles. Plusieurs extraits de leurs propos reflètent la réceptivité à cette intervention et le changement dans les pratiques de soutien aux aidants après l'expérimentation :

> « J'ai maintenant une ouverture plus grande relativement à la problématique des aidants. Je rentre chez le client avec une vision plus globale de la famille et de toute la situation de soin. »

> « Cette intervention renforce ma volonté de trouver du temps pour soutenir davantage les aidants familiaux dans leurs lourdes responsabilités. »

Quant à la transférabilité, voici ce que quelques gestionnaires de cas ont mentionné :

> « Je me sers de certaines parties de ce modèle d'intervention avec d'autres clients. Même mes notes d'observation au dossier ont changé. »

> « Ce programme peut servir à d'autres milieux, soit dans les centres d'hébergement ou dans les centres de jour, et être adapté à chaque situation. En fait, il peut être utile pour tous les types de stress. »

> « J'ai moi-même l'impression d'avoir plus de contrôle sur mes émotions et, surtout, d'avoir moins de stress. »

Les gestionnaires de cas ont également proposé des suggestions pour améliorer l'intervention et son applicabilité dans le cadre de leur pratique quotidienne en santé communautaire. Ils ont, entre autres, suggéré de faire les rencontres à intervalle de deux semaines plutôt que sur une base hebdomadaire. Étant donné que le programme est un programme psychoéducatif et que, conséquemment, les aidants familiaux sont en situation d'apprentissage de nouvelles habiletés, ceux-ci ont besoin de temps pour l'intégration des notions apprises :

> « *La démarche est parfois exigeante pour l'aidant ; les visites devraient être aux deux semaines pour une intégration plus facile.* »

De même, il semble que ce ne soit pas tant le nombre de rencontres qui importe, mais plutôt l'acquisition des étapes clés du modèle d'intervention. Une plus grande flexibilité quant au nombre de rencontres pour réaliser les objectifs de l'intervention semble donc envisageable :

> « *Le nombre de rencontres pourrait être flexible et ajusté aux besoins et aux capacités des aidants. Il s'agit de tenir compte des étapes et d'atteindre les objectifs de chaque étape, mais selon le rythme du client. Pour certains, trois rencontres seraient suffisantes ; pour d'autres, même les cinq rencontres sont insuffisantes.* »

Enfin, la formation et la supervision (*coaching*) sont considérées comme essentielles par les gestionnaires de cas pour l'intégration de l'intervention dans leur pratique quotidienne :

> « *Il faudrait former des intervenants qui deviendraient des formateurs pour cette intervention.* »

> « *Je crois que le* coaching *par une personne-ressource habile avec le modèle d'intervention est essentiel, surtout lors de nos premières expériences.* »

> « *Ce que j'ai trouvé le plus enrichissant pour moi a été le* coaching*. J'ai énormément appris.* »

L'évaluation qualitative du processus d'intervention auprès des aidants

Des données ont aussi été recueillies auprès des aidants. Ces données démontrent qu'une variété de situations stressantes ont été considérées avec les gestionnaires de cas et que plusieurs stratégies adaptatives ont fait l'objet d'apprentissages. Le tableau 8.1 présente des exemples de stresseurs reconnus par les aidants, de même que les stratégies adaptatives qui ont été privilégiées lors de l'intervention. Les situations retenues touchent différents aspects de la vie quotidienne des aidants. On y note plusieurs éléments qui concernent leur vie émotionnelle et sociale, et leur propre santé. Par ailleurs, les comportements du proche sont aussi reconnus comme étant des sources de préoccupations, qu'il s'agisse de problèmes fonctionnels ou des problèmes liés à l'affect.

TABLEAU 8.1 Exemples de stresseurs et de stratégies adaptatives sélectionnés pour l'intervention de gestion du stress

STRESSEURS CHOISIS	STRATÉGIES RETENUES
Ignorance des signes et des symptômes de la maladie du proche	Recherche d'information Recherche de soutien informatif
Limites physiques imposées par les problèmes de santé du proche (incontinence, hygiène, mobilité)	Recherche de soutien instrumental
Problèmes dépressifs et comportementaux du proche	Recadrage Recherche de soutien informatif
Sentiments de culpabilité et d'impuissance	Recadrage
Solitude et symptômes dépressifs de l'aidant	Recherche de soutien émotionnel (confident) Résolution de problème
Sentiments de captivité	Résolution de problème Recherche de soutien instrumental
Fatigue, douleur lombaire, problèmes de sommeil	Résolution de problème Recadrage Recherche de soutien instrumental
Conflit dans les relations avec le proche	Recadrage Résolution de problème
Résistance à demander de l'aide	Résolution de problème
Incertitude quant à l'avenir	Recherche de soutien informatif Recadrage

Comme il a été prévu au protocole d'intervention, les aidants devaient se fixer des objectifs personnels relativement à ces stresseurs. Ces objectifs pouvaient par exemple être : avoir au moins une activité personnelle quotidiennement ; se sentir moins coupable lors de moments de liberté ; prendre le temps et accepter de demander de l'aide pour un problème personnel de santé ; rire de temps en temps devant la situation ; gérer les comportements agressifs du conjoint sans impatience ; envisager un placement éventuel du parent et en parler.

L'analyse de contenu des entrevues souligne plusieurs modifications de comportements ou d'attitudes chez les aidants à la suite de l'intervention et l'atteinte des principaux objectifs visés. Les changements perçus sont en lien avec les stresseurs reconnus et touchent sept thèmes, soit :

1. une meilleure compréhension des comportements du proche et de la façon d'y réagir ;

2. une augmentation des interactions sociales et de la perception de soutien ;

3. des activités plus nombreuses pour prendre soin de soi et un désir accru de faire des projets personnels ;

4. une gestion consciente des émotions difficiles ;

5. une relation plus harmonieuse avec les autres ;

6. une plus grande habileté à rechercher et à accepter de l'aide ;

7. une façon différente de « voir la vie » et d'envisager l'avenir.

Le tableau 8.2 présente des extraits du discours des aidants reflétant ces changements perçus à la suite de l'intervention.

Les effets de l'intervention sur le bien-être des aidants

Des analyses statistiques démontrent des effets significatifs de l'intervention de gestion du stress sur plusieurs indicateurs de santé et de bien-être des aidants, soit des effets sur la perception de défi associé au rôle d'aidant, l'autocontrôle, l'utilisation du soutien social et la résolution de problème. Plus précisément, les aidants ayant bénéficié de cette intervention structurée de gestion du stress perçoivent davantage de défi relativement à leur rôle d'aidant, de contrôle personnel devant la situation ainsi que de soutien social provenant de leur entourage et des services que ceux qui ont reçu le suivi usuel offert par les CLSC dans le cadre de leur programme régulier de soutien à domicile. Ces aidants utilisent également davantage la stratégie de résolution de problème pour faire face à leurs difficultés. De plus, près de 75 % des aidants ayant participé à l'intervention ont atteint l'objectif qu'ils s'étaient fixé au début de l'intervention. Le tableau 8.3 présente un résumé des principaux effets du programme de gestion du stress sur les comportements et les attitudes des aidants.

TABLEAU 8.2 Évaluation de l'intervention par les aidants familiaux	
THÈMES	**EXTRAITS DU DISCOURS DES AIDANTS**
Meilleure compréhension des comportements du proche et de la façon d'y réagir	« Je réalise maintenant que la capacité de compréhension de mon mari a diminué en raison de sa maladie. Avant, je croyais qu'il avait tendance à me manipuler. » « Avant, je me fâchais tout de suite. Là, je passe par-dessus et je me dis, elle est malade. »
Augmentation des interactions sociales et de la perception de soutien	« J'ai pu parler de choses que je gardais toujours en moi… » « Ça m'a rapprochée de ma famille. Je me sens beaucoup mieux. »
Activités plus nombreuses pour prendre soin de soi et désir accru de réaliser des projets personnels	« Les rencontres m'ont fait comprendre de laisser mon travail d'aidante de temps en temps pour m'amuser… ça aide à décompresser. » « Depuis que j'ai parlé, j'organise ma vie en m'occupant un peu de moi, sans lui enlever ses soins. Je dois développer une façon de m'occuper encore de moi. »
Gestion consciente des émotions difficiles	« J'ai appris à doser mes réactions. » « Prendre conscience de ce qui arrive… essayer de comprendre avant de paniquer, de voir ce que cela veut dire. » « J'ai réalisé que mes pensées influencent comment je me sens… on comprend mieux ce qui se passe. »
Relations plus harmonieuses avec les autres	« J'ai de meilleurs rapports avec tout le monde depuis les rencontres, mon mari, mes fils… » « Ça m'a rapprochée de ma sœur. »
Capacité à rechercher de l'aide et à l'accepter	« Je sais maintenant qu'il y a une solution de rechange et que je peux avoir de l'aide. » « Ces rencontres m'ont permis de pouvoir admettre que j'ai besoin d'aide. »
Façon différente de « voir la vie » et d'envisager l'avenir	« Ce qui m'a le plus aidée, c'est de m'avoir amenée à analyser ma perception des choses, de m'avoir aidée à voir les choses différemment. » « J'ai compris une chose : il faut que je change ma façon de voir les situations. »

TABLEAU 8.3 Effets du programme de gestion du stress
Changements qualitatifs dans les comportements et les attitudes des aidants
• Meilleure compréhension des comportements du proche et de la façon d'y réagir
• Augmentation des interactions sociales et de la perception de soutien
• Activités plus nombreuses pour prendre soin de soi et désir accru de réaliser des projets personnels
• Gestion consciente des émotions difficiles
• Relations plus harmonieuses avec les autres
• Capacité à rechercher de l'aide et à l'accepter
• Façon différente de « voir la vie » et d'envisager l'avenir
Changements quantitatifs dans les comportements et les attitudes des aidants
• Perception de défi relativement au rôle d'aidant
• Autocontrôle devant la situation de soins à domicile
• Perception d'un plus grand soutien social provenant de l'environnement et des services
• Utilisation plus grande de la stratégie de résolution des problèmes pour faire face aux difficultés liées aux soins à domicile

Tiré de DUCHARME, F., P. LEBEL, L. LACHANCE et D. TRUDEAU (sous presse). « Implementation and effects of an individual stress management intervention for family caregivers of an elderly relative living at home : A mixed research design », *Research in Nursing and Health, sous presse.*

Enfin, l'exemple suivant montre de façon concrète cette démarche de gestion du stress et comment différentes stratégies adaptatives peuvent être appliquées. À partir de l'histoire de cas de M. Bélanger, les étapes de l'application de trois stratégies adaptatives sont présentées tour à tour. Les stratégies de résolution de problème, de recherche de soutien et de recadrage qui peuvent contribuer à diminuer le stress que M. Bélanger vit tous les jours avec sa conjointe y sont illustrées.

Un exemple concret d'application de la démarche de gestion du stress et d'utilisation de stratégies adaptatives

La situation de soins de M. Bélanger

M. Bélanger a 75 ans. Il manifeste de sérieux troubles cardiaques et souffre de diabète. Il demeure néanmoins un homme actif et engagé. Il habite en résidence avec son épouse. Les conjoints sont entourés de leurs deux fils et de la parenté avec qui ils entretiennent de bonnes relations. L'épouse de M. Bélanger présente, depuis plus d'un an, des troubles de mémoire et de vision qui se sont aggravés durant les derniers mois, ce qui fait en sorte que plusieurs tâches domestiques doivent maintenant être exécutées par M. Bélanger. Celui-ci s'inquiète de son épouse, qui lui semble déprimée. Sa conjointe pleure lorsqu'il quitte le foyer. M. Bélanger avoue trouver la situation bien difficile. Sa conjointe est de plus en plus dépendante de lui, et cette situation l'empêche de vaquer à ses obligations. De plus, Mme Bélanger requiert de l'aide pour ses soins d'hygiène, et cela le gêne. M. Bélanger se demande jusqu'à quel point sa conjointe a véritablement besoin d'aide ou si elle se laisse un peu aller.

Démarche de gestion du stress avec M. Bélanger

Étape 1 Prise de conscience

Portrait de la situation

L'aidant s'exprime au sujet de sa situation en général. Il ressort les aspects confortables et les aspects irritants de la situation de soins. Il reconnaît plusieurs stresseurs auxquels il doit faire face régulièrement :

Stresseur 1   Gêne devant les soins d'hygiène de ma conjointe
Stresseur 2   Manque de liberté
Stresseur 3   Doute quant à la légitimité des demandes de ma conjointe
Stresseur 4   Augmentation de mes tâches domestiques
Stresseur 5   Inquiétude quant à la santé et au moral de ma conjointe
Stresseur 6   Déception relativement à notre vieillissement
Stresseur 7   Ignorance de la maladie et du savoir-faire relativement à une personne malade

Étape 2 Choix d'un stresseur et d'un objectif à atteindre

Sélection, par l'aidant, d'un stresseur en particulier

M. Bélanger choisit **un** stresseur en particulier au sujet duquel il veut vivre un changement ou une amélioration.

Pour étoffer davantage notre exemple, nous présentons ici comment il pourrait parcourir les étapes de la démarche avec trois stresseurs différents :

Stresseur 1   Gêne devant les soins d'hygiène de ma conjointe
Objectif :   « J'aimerais ne plus avoir à m'occuper des soins d'hygiène de ma conjointe chaque jour. »

Stresseur 2   Manque de liberté
Objectif :   « J'aimerais m'absenter de temps en temps pour aller faire une marche ou prendre un peu de temps pour moi. »

Stresseur 3   Doute quant à la légitimité des demandes de ma conjointe
Objectif :   « J'aimerais trouver une manière d'être un peu moins impatient ! »

Étape 3 Analyse de la situation

Stresseur 1	Stresseur 2	Stresseur 3
Gêne devant les soins d'hygiène de ma conjointe	Manque de liberté	Doute quant à la légitimité des demandes de ma conjointe
J'ai grandi dans une famille très pudique ; laver une autre personne, ça me dérange beaucoup. Je me sens maladroit, je ne sais pas trop comment m'y prendre. Je n'ai jamais donné des soins comme ça à ma conjointe. Il me semble que c'est plus une affaire de femme que de donner ces soins d'hygiène. Ce n'est pas la place d'un homme.	J'ai travaillé à l'extérieur toute ma vie. J'ai tellement besoin de sortir un peu, de voir la vie à l'extérieur de chez nous. J'ai toujours été autonome ; c'est moi qui décidais de mes allées et venues. J'ai toujours aimé être actif et contribuer à différentes organisations. Pour ça, ça prend du temps ! J'ai vu mon ami Paul devenir captif de son rôle d'aidant et je m'étais vraiment dit que, moi, je ferais bien différemment.	J'en ai vu des personnes âgées profiter de leurs petits malaises pour attirer l'attention. C'est peut-être ce qu'elle fait. Je m'aperçois que je ne connais pas bien sa maladie parce que je ne sais plus faire la différence entre ce qui vient de sa maladie et ce qui vient de sa personnalité. C'est la première fois que je vois quelqu'un que je connais changer autant à cause d'une maladie. Est-ce possible ?

Étape 4 Choix d'une stratégie ajustée et action

Stresseur 1	Stresseur 2	Stresseur 3
Résolution de problème	Recherche de soutien	Recadrage

Étape 5 Évaluation des résultats

Stresseur 1	Stresseur 2	Stresseur 3
Voir description ci-dessous	Voir description ci-dessous	Voir description ci-dessous

Première stratégie : la résolution de problème et son application à la situation de M. Bélanger

La stratégie adaptative de résolution de problème est une stratégie qui est ajustée à une situation lorsque la source du stress est un événement et ses conséquences. Le stresseur est alors de type **pratique** ou **instrumental** et il est, en tout ou en partie, **modifiable**.

Chacun de nous fait régulièrement de la résolution de problème, par exemple pour planifier des activités, des vacances. Cette stratégie peut aussi être utilisée afin de gérer certains comportements d'un proche malade. L'efficacité de cette stratégie est accrue lorsque ses étapes sont suivies systématiquement et qu'elle est appliquée avec réalisme et persévérance. La résolution de problème s'effectue selon les sept étapes suivantes :

• définition du problème ;
• recherche de différentes solutions ;
• examen des avantages et des inconvénients des solutions énumérées ;
• choix d'une solution ;
• plan d'action pour appliquer la solution choisie ;
• application de la solution ;
• évaluation des résultats.

Définition du problème

Il s'agit d'examiner, un à un, les éléments présents dans la situation problématique, et ce, avec le plus de précision possible. Tel un détective, il faut amasser un maximum d'information et d'observations afin d'avoir une vision complète du problème. À cette étape, tous les facteurs individuels et environnementaux ainsi que les conséquences sont à explorer.

Questions	Exemple de M. Bélanger
Qu'est-ce qui se passe ? Quelles sont les circonstances ?	« Mon épouse ne peut pas faire sa toilette seule et dégage parfois des odeurs désagréables. Ça me gêne beaucoup de faire sa toilette pour elle. »

Recherche de différentes solutions

Lorsque le problème a été minutieusement examiné et décrit, il s'agit ensuite de dresser une liste des solutions possibles afin d'améliorer la situation. Il importe d'inscrire librement toutes les solutions qui viennent à l'esprit sans jugement et sans rejet.

Question	Exemple de M. Bélanger
Qu'est-ce qui pourrait être fait ?	• Je continue à l'aider. • Je demande à mes belles-filles de venir l'aider. • Je paie la préposée de la résidence pour venir aider ma femme. • Je demande les services du CLSC. • Je laisse mon épouse se débrouiller même si ce n'est pas bien fait.

Examen des avantages et des inconvénients des solutions énumérées

À cette étape, les solutions proposées lors du remue-méninges sont examinées une après l'autre, en fonction de leurs avantages et de leurs inconvénients. On recherche ici le pour et le contre de chacune d'elles.

Question	Exemple de M. Bélanger		
	Idées issues du remue-méninges	Avantages	Inconvénients
Qu'est-ce que cela me donnerait ?	• Je continue à l'aider.	Elle est habituée avec moi.	Je me sens vraiment mal à l'aise et je perds patience.
	• Je demande à mes belles-filles de venir l'aider.	Elles sont gentilles et me comprennent vraiment quand je leur parle de ce que je vis avec ma femme.	Elles sont très occupées, et je ne voudrais pas les embarrasser avec ça.
	• Je paie la préposée de la résidence pour venir aider ma femme.	Elle est vraiment très disponible et elle peut venir à l'heure que je veux.	Ça coûte cher.
	• Je demande les services du CLSC.	Quand j'aurai besoin d'autres services, mon dossier sera ouvert, ma situation sera connue, je saurai à qui m'adresser.	Ce sont eux qui choisissent quand venir, leur heure ne me convient pas.
	• Je laisse mon épouse se débrouiller même si ce n'est pas bien fait.	Ça me donne un peu de temps à moi.	Ce ne serait pas fait avec minutie ; les odeurs désagréables persisteront.

Choix d'une solution

L'aidant est invité à choisir une solution, soit celle qui lui convient le mieux et qui convient à la situation.

Question	Exemple de M. Bélanger
Quelle solution vais-je choisir ?	« Je demande les services du CLSC… Je pense que ça va m'aider plus tard si je suis connu dès maintenant par les intervenants du système de la santé. »

Plan d'action pour appliquer la solution choisie

Il s'agit de la planification concrète et pratique de la solution choisie : le moment, la fréquence, la durée, le matériel requis, etc. Afin de faciliter ce travail, nous suggérons à l'aidant de s'imaginer en train d'appliquer la solution choisie, de se projeter dans l'avenir comme dans un film. Cette visualisation permet de prévoir les difficultés qui pourraient surgir ou les ressources nécessaires afin d'accroître les chances de réussite du plan échafaudé.

Question	Exemple de M. Bélanger
Comment faire cela ?	« Après une évaluation du CLSC, une auxiliaire familiale viendra une fois par semaine donner un bain à mon épouse, toujours le même jour. »

Application de la solution

Il importe d'appliquer une seule solution à la fois, de s'en tenir au plan élaboré, d'être persévérant et constant. Il est important aussi d'observer ce qui arrive lors de l'application de la solution choisie.

	Exemple de M. Bélanger
Passer à l'action !	« L'intervenante du CLSC vient aider mon épouse pour ses soins corporels. »

Évaluation des résultats

La dernière étape consiste à évaluer si l'application de la solution choisie a apporté ou non des effets et des changements dans la situation. Lorsque les résultats ne sont pas satisfaisants pour l'aidant, il faut reprendre les étapes de la résolution de problème et faire l'essai d'une nouvelle solution.

Question	Exemple de M. Bélanger
Cela a-t-il été efficace ?	« Ça va assez bien, même si c'est seulement une fois par semaine. Quand le personnel change, c'est moins facile. »

Deuxième stratégie : la recherche de soutien et son application à la situation de M. Bélanger

La stratégie adaptative de recherche de soutien est, elle aussi, une stratégie qui est ajustée à la situation lorsque la source du stress provient d'un événement et de ses conséquences. Le stresseur est alors de type pratique ou instrumental et il est, en tout ou en partie, modifiable. Cette stratégie adaptative consiste à demander de l'aide à son entourage, à sa communauté ou au réseau de santé et des services sociaux, et ce, selon les cinq étapes suivantes :

• description de mon besoin de soutien ;
• identification des personnes et des organismes pouvant répondre à mon besoin ;
• établissement d'un plan d'action en vue d'une demande de soutien ;
• application du plan d'action ;
• évaluation des résultats.

Description de mon besoin de soutien

Il s'agit de décrire le plus précisément possible le besoin et le type de soutien approprié. On peut classer le soutien en quatre types, soit le soutien émotionnel, matériel, informationnel et celui lié aux activités sociales. Le soutien émotionnel fait référence au réconfort moral, à la présence d'un confident, etc. Le soutien matériel est un soutien plus concret et pratique. Il s'agit par exemple de répit, de tâches domestiques, de la gérance des finances. Le soutien informationnel, comme son nom l'indique, se traduit par de l'information, des conseils, des suggestions. Finalement, le soutien lié aux activités sociales fait appel aux loisirs, aux divertissements, à la socialisation tels les sports, les visites d'amitié, le cinéma, la marche en plein air, etc.

Questions	Exemple de M. Bélanger
De quel type de soutien ai-je davantage besoin ? De soutien émotionnel ? De soutien matériel ? De soutien informationnel ? De soutien lié aux activités sociales ?	« Lorsque je veux m'absenter pour faire une marche ou avoir un peu de temps pour moi, mon épouse pleure pour que je reste avec elle. J'aurais besoin que quelqu'un de confiance puisse venir lui tenir compagnie pour pouvoir me reposer un peu. » (soutien matériel)

Identification des personnes et des organismes pouvant répondre à mon besoin

Lorsque le besoin et le type de soutien sont précisés, il s'agit de trouver la personne ou l'organisme le plus en mesure de pouvoir y répondre. Demander le bon type de soutien à la bonne personne augmentera les chances d'obtenir l'aide voulue, car les personnes et les organismes n'ont pas tous les mêmes connaissances, habiletés et intérêts.

Questions	Exemple de M. Bélanger
Qui ou quel organisme pourrait possiblement répondre à ce type de besoin ?	« Je ne peux pas demander à des organismes, car il faut réserver la personne à l'avance et pour un temps déterminé. J'ai de la famille qui pourrait venir. Je pense surtout à mes belles-filles. »

Établissement d'un plan d'action en vue d'une demande de soutien

Il est reconnu que les aidants ont des réticences à demander du soutien. Ces réticences sont généralement liées à la façon de penser des personnes. Il s'agira donc de prendre conscience des réticences présentes et de les transformer en une autre façon de concevoir la demande d'aide. Planifier une demande d'aide auprès d'une personne ou d'un organisme permet souvent de dépasser nos résistances, de passer à l'action et, ainsi, d'augmenter les chances que le soutien souhaité devienne réalité.

Questions	Exemple de M. Bélanger
Comment vais-je planifier une demande d'aide auprès d'une personne ou d'un organisme ?	« Je vais appeler Lyne, ma belle-fille, pour lui demander si elle pourrait venir de temps en temps tenir compagnie à mon épouse. »

Application du plan d'action

Comme le titre le mentionne, il s'agit de faire sa demande d'aide de façon concrète et explicite, c'est-à-dire de passer à l'action.

Questions	Exemple de M. Bélanger
De quelle façon vais-je faire une demande concrète à quelqu'un ou à un organisme ?	« J'appelle ma belle-fille Lyne et je lui demande si elle peut venir mercredi prochain de 10 h à 12 h. »

Évaluation des résultats

Il s'agit d'évaluer le soutien reçu. L'aide reçue est-elle satisfaisante par rapport au besoin? Si le soutien n'est pas satisfaisant pour l'aidant, il s'agit de revenir aux étapes précédentes pour vérifier si un ajustement ou un éclaircissement sont possibles.

Questions	Exemple de M. Bélanger
L'aide reçue répond-elle au besoin?	« Lyne ne pouvait pas venir au moment que j'avais prévu, mais j'ai redirigé ma demande vers une amie de ma conjointe, qui a accepté de venir lui tenir compagnie pendant ma sortie. Je ferai appel à Lyne une prochaine fois. »

Troisième stratégie : le recadrage et son application à la situation de M. Bélanger

La stratégie adaptative de recadrage est une stratégie qui est ajustée à une situation lorsque la source du stress est une perception. Le stresseur est alors de type émotif. Cette stratégie est utile lorsqu'il est impossible de modifier le stresseur ou quand il y a une perception déformée de la situation. Elle est proposée afin de gérer des stresseurs de type émotionnel. Il s'agit d'explorer avec l'aidant les provenances du stress et de chercher avec lui une autre façon de voir la situation difficile afin de réduire le stress qu'il perçoit.

D'un premier coup d'œil, il peut apparaître que les événements qui arrivent sont à la source des émotions que l'on vit. Cependant, quand on s'attarde à la question de plus près, on remarque que ce sont souvent les pensées que nous avons à propos des événements qui provoquent nos humeurs et nos sentiments (Burns, 1994). La manière dont on envisage une situation peut donc nous faire vivre une émotion agréable ou désagréable. La réaction à un stresseur est ainsi directement liée à ce que la personne « se dit à elle-même », ce que l'on nomme le discours intérieur. Ce discours est responsable de nos sentiments, de nos émotions agréables ou désagréables.

En présence de sentiments désagréables se trouve inévitablement une souffrance. Il peut s'agir d'anxiété, d'hostilité, de culpabilité, de honte ou encore de tristesse. À l'origine de ces émotions, on retrouve des pensées qui peuvent être des pensées illogiques, irrationnelles ou non aidantes. Les pensées non aidantes nous font voir la réalité à travers un filtre négatif, comme si nous portions des lunettes déformantes (par exemple, affirmer sans preuve, généraliser, exagérer, minimiser). En fait, nous sommes en présence de mauvaises habitudes de penser, tout comme certaines personnes ont de mauvaises habitudes alimentaires ou de mauvaises habitudes de vie.

Ces mauvaises habitudes de penser peuvent heureusement se modifier. En enseignant à une personne à transformer ses pensées non aidantes en pensées aidantes, il est possible de diminuer ou de nuancer ses sentiments désagréables et, ainsi, de diminuer sa souffrance. Il s'agit d'abord d'aider l'aidant en lui faisant connaître le lien entre l'événement, ses pensées, ses émotions et ses comportements. Puis, de le guider vers une prise de conscience de ses pensées non aidantes qui provoquent ses émotions désagréables. Pour ce faire, on apprend à l'aidant à se questionner, à douter de ses pensées et à vérifier leur validité. Finalement, l'aidant est amené à voir la situation de façon différente, en remplaçant les pensées non aidantes par des pensées plus aidantes. Tout au cours de cette démarche, l'intervenant doit être accueillant, soutenant et chaleureux. Le tableau suivant présente un exemple de recadrage.

Étapes	Questions	Exemple de M. Bélanger
1. Description de la situation	Quelle situation me fait ressentir une émotion désagréable ?	« Mon épouse est beaucoup plus demandante qu'avant. Elle en fait de moins en moins à la maison. Elle est de plus en plus dépendante de moi. »
2. Émotion ressentie	Quels mots pourraient décrire l'émotion que je ressens ?	« Je me sens impatient ; je ne veux pas être manipulé. »
3. Pensée présente	Quelle est ma pensée devant cette situation ?	« Elle se laisse aller. Elle pense peut-être que, si elle pleure, je vais répondre à toutes ses petites demandes, même les plus inutiles. »
4. Pensée de remplacement (action)	Quelle pensée pourrait être plus favorable dans cette situation ?	« Les petits détails prennent une autre importance à cause de sa maladie. De plus, elle n'a jamais souhaité cette maladie, et c'est hors de son contrôle. »
5. Effets de la modification de pensée sur la personne et sur la situation (évaluation)	Quel est l'effet de cette nouvelle pensée sur moi ? Quel est l'effet de cette nouvelle pensée sur la situation ?	« Quand j'arrive à contrôler mon impatience, je réussis à mieux saisir ce qui se cache sous sa demande. J'ai ainsi le sentiment de mieux l'aider. »

Quelques éléments de réflexion

Dans ce chapitre, nous avons présenté une étude qui souligne l'importance d'offrir une intervention individuelle structurée et systématique prenant en considération les aidants familiaux des personnes âgées. Les participants à ce programme ont révélé plusieurs effets positifs. Ils ont notamment mentionné leur plus grande capacité à prendre soin d'eux et à rechercher de l'aide, à gérer consciemment leurs émotions et à envisager de façon différente leur vie et l'avenir. Ces constatations soulignent les liens étroits entre le modèle théorique, le contenu du programme et les résultats. Compte tenu des changements rapportés, ce programme d'intervention possède ce que l'on appelle une validité sociale ou écologique, c'est-à-dire qu'il est pertinent dans le contexte de la vie quotidienne des aidants (Minkin *et al.*, 1976).

En somme, les évaluations réalisées, qu'elles soient d'ordre quantitatif ou qualitatif, mettent en évidence la pertinence et le potentiel d'un tel type d'intervention individuelle. Ce programme est novateur au sens où, actuellement, peu d'interventions systématiques sont offertes aux aidants familiaux à domicile. Il fournit ainsi des pistes d'intervention concrètes afin d'assurer des services tenant compte des membres des familles qui prodiguent des soins.

À l'aube du XXIᵉ siècle, des services intégrés doivent être mis de l'avant non seulement pour combler les besoins des personnes âgées vulnérables toujours plus nombreuses, mais également afin de prévenir l'épuisement physique et psychologique de leurs aidants et de promouvoir leur qualité de vie. Le prochain chapitre présente d'autres modalités d'interventions pour les familles des personnes âgées à domicile.

Références

ALDWIN, C. et T. REVENSON. « Does coping help ? A reexamination of the relation between coping and mental health », *Journal of Personality and Social Behavior*, vol. 53, 1987, p. 337-348.

BOMBARDIER, C., C. D'AMICO et J. JORDAN. « The relationship of appraisal and coping to chronic illness adjustement », *Behavior Research and Therapy*, vol. 28, 1990, p. 297-304.

BRODATY, H., F. FRANZEP, A. GREEN et A. KOSCHERA. « Meta-analysis of psychosocial interventions for caregivers of people with dementia », *Journal of American Geriatrics Society*, vol. 51, 2003, p. 657-664.

BURNS, D. *Être bien dans sa peau*, Saint-Lambert, Héritage, 1994.

CARVER, C., S. POZO et C. HARRIS. « How coping mediates the effect of distress : a study of women with early stage breast cancer », *Journal of Personnality and Social Psychology*, vol. 65, 1993, p. 375-390.

CHALOULT, L. *La psychothérapie cognitive, aspects théoriques et pratiques*, Laval, Cité de la Santé, 1993.

COOKE, D., K. McNALLY, M. MULLIGAN, G. HARRISON et S. NEWMAN. « Psychosocial interventions for caregivers of people with dementia : a systematic review », *Aging and Mental Health*, vol. 5, 2001, p. 120-135.

DUCHARME, F. « Conjugal support, coping behaviours and mental health of elderly couples : a three wave longitudinal panel study », *Health Care in Later Life. An International Research Journal*, vol. 2, 1997, p. 155-165.

DUCHARME, F. «Conjugal support, coping behaviors and psychological well-being of the elderly spouse : an empirical model», *Research on Aging*, vol. 16, 1994, p. 167-190.

DUCHARME, F. et D. TRUDEAU. «Qualitative evaluation of a stress management intervention for elderly caregivers at home : a constructivist approach», *Issues in Mental Health Nursing*, vol. 2, 2002, p. 691-713.

DUCHARME, F., D. TRUDEAU et J. WARD. *Gestion du Stress. Programme psychoéducatif de gestion du stress destiné aux aidants familiaux d'un proche à domicile*, manuel de l'intervenant et cahier de l'aidant, Montréal, Chaire Desjardins en soins infirmiers à la personne âgée et à la famille, Centre de recherche, Institut universitaire de gériatrie de Montréal, 2005.

DUCHARME, F., L. LÉVESQUE et S. COSSETTE. «Predictors of psychosocial well-being of family caregivers of older people with dementia in institutions», *Health Care in Later Life. An International Research Journal*, vol. 2, 1997, p. 3-13.

DUCHARME, F., P. LEBEL, L. LACHANCE et D. TRUDEAU. «Implementation and effects of an individual stress management intervention for family caregivers of an elderly relative living at home : A mixed research design», *Research in Nursing and Health*, sous presse.

FOLKMAN, S., M. CHESNEY, L. McKUSICK, G. IRONSON, D. JOHNSON et T. COATES. «Translating coping theory into an intervention», dans J. ECKEN-RODE (édit.), *The social context of coping*, New York, Plenum Press, 1991, p. 239-260.

GITLIN, L., S. BELLE, L. BURGIO, S. CZAJA, D. MAHONEY, D. GALLAGHER-THOMPSON *et al.* «Effect of multicomponent interventions on caregiver burden and depression : the REACH multisite initiative at 6-month follow-up», *Psychology and Aging*, vol. 18, 2003, p. 361-374.

KNEEBONE, I. et P. MARTIN. «Coping and caregivers of people with dementia», *British Journal of Health Psychology*, vol. 8, 2003, p. 1-17.

KNIGHT, B.G., S.M. LUTSKY et F. MACOFSKY-URBAN. «A meta-analytic of interventions for caregiver distress : recommendations for future research», *The Gerontologist*, vol. 33, 1993, p. 240-248.

LAVOIE, J.P., J. PEPIN, S. LAUZON, P. TOUSIGNANT, N. L'HEUREUX et H. BELLY. *Les modèles de relations entre les services formels et les aidantes naturelles. Une analyse des politiques de soutien à domicile du Québec*. Montréal, Direction de la santé publique, 1998.

LAZARUS, R. et S. FOLKMAN. *Stress, appraisal, and coping*, NewYork, Springer, 1984.

LÉVESQUE, L. et M. GENDRON. «Taking care of the caregivers», dans M. VAN DER LINDEN (édit.), *Clinical management of early Alzheimer disease*, Hillsdale (N.J.), Erlbaum, sous presse, p. 297-317.

LÉVESQUE, L. et R. BERGERON. «L'arrimage entre le soutien social et les besoins des aidants familiaux dont le parent est atteint de démence», dans R. HÉBERT,

K. KOURI et G. LACOMBE (édit.), *Vieillissement cognitif normal et pathologique*, Actes du congrès scientifique de l'Institut universitaire de gériatrie de Sherbrooke, Saint-Hyacinthe, Edisem, 1997, p. 163-172.

LÉVESQUE, L., S. COSSETTE et L. LAURIN. « A multidimensional examination of the psychological and social well-being of caregivers of the demented relative », *Research on Aging*, vol. 17, 1995, p. 332-360.

MINKIN, N., C. BRAUKMANN, B. MINKIN, G. TIMBERS, B. TIMBERS, D. FIXSEN *et al.* « The social validation and training of conversation skills », *Journal of Applied Behavioral Analysis*, vol. 9, 1976, p. 127-139.

MITTLEMAN, M., S. FERRIS, E. SULMAN, G. STEINBERG, J. MACKELL et A. AMBINDER. « Efficacy of multicomponent individualized treatment to improve the well-being of Alzheimer's caregivers », dans E. LIGHT, G. NIEDEREHE et B. LEBOWITZ (édit.), *Stress effects on family caregivers of Alzheimer's patients*, New York, Springer, 1994, p. 156-184.

NOLAN, M., G. GRANT, K. CALDOCK et J. KEADY. *A framework for assessing the needs of family carers : A multi-disciplinary guide*, LPNS, 1994.

NOLAN, M., G. GRANT et N. ELLIS. « Stress in the eye of the beholder: reconceptualizing the measurement of carer burden », *Journal of Advanced Nursing*, vol. 15, 1990, p. 544-555.

PUSEY, H. et D. RICHARDS. « A systematic review of the effectiveness of psychosocial interventions for carers of people with dementia », *Aging and Mental Health*, vol. 5, 2001, p. 107-119.

SCHULZ, R., L. MARTIRE et J. KLINGER. « Evidence-based caregiver interventions in geriatric psychiatry », *Psychiatric Clinics of North America*, vol. 28, 2005, p. 1007-1038.

SÖRENSEN, S., M. PINQUART, D. HABIL et P. DUBERSTEIN. « How effective are interventions with caregivers? An updated meta-analysis », *The Gerontologist*, vol. 42, 2002, p. 356-372.

ZARIT, S., N. ORR et J. ZARIT. *The Hidden victims of Alzheimer's Disease : families under stress*, New York, New York University Press, 1985.

ZARIT, S. et S. LEITSCH. « Developing and evaluating community based intervention programs for Alzheimer's patients and their caregivers », *Aging and Mental Health*, vol. 5 (supplément 1), 2001, p. S84-S98.

Chapitre 9

D'autres modalités d'intervention pour les aidants familiaux à domicile

Sommaire

A u chapitre précédent, nous avons discuté d'un modèle d'intervention de gestion du stress destiné aux aidants familiaux de personnes âgées vulnérables à domicile. L'étude évaluative de ce modèle fournit des résultats qui permettent d'alimenter la pratique des intervenants œuvrant auprès des personnes âgées et des membres de leur famille en milieu naturel. D'autres modalités d'intervention à domicile ont aussi été expérimentées au cours des dernières années. Le présent chapitre, sans être exhaustif, présente certaines de ces modalités. Ainsi, nous y abordons les possibilités d'intervention offertes par la technologie, et y décrivons une initiative originale de répit et d'accompagnement à domicile, le Baluchon Alzheimer, de même que des programmes qui sont offerts dans certains centres communautaires ou qui ont été élaborés par des chercheurs en réponse à la pénurie d'interventions.

Les possibilités offertes par la technologie

La technologie, en ce début de XXIe siècle, permet de joindre un grand nombre de personnes qui vivent en régions éloignées et de mettre en réseau des groupes d'aidants qui, sans cet outil, seraient isolés. Nous discutons ici de la technologie dans un sens large, en incluant des équipements simples et connus depuis longtemps, comme le téléphone, mais aussi en considérant des moyens plus sophistiqués tels que les vidéophones, les sites Internet et les messageries électroniques. Nous traitons de certains avantages et de quelques inconvénients liés à l'utilisation de ces outils technologiques tout en conservant une approche générique. En effet, la technologie évolue à un rythme si rapide, pour ne pas dire effréné, que la description de ses constituants devient rapidement périmée.

L'intervention téléphonique auprès des aidants : un outil simple et convivial

L'utilisation du téléphone pour intervenir dans le domaine de la santé communautaire remonte aux années 1960. Alors faites par voie téléphonique, les interventions étaient, dans le domaine de la santé publique, de type information, soutien, référence et conseils sociosanitaires, tandis que, dans le domaine de la santé mentale, elles étaient de type counselling et intervention en situation de crise (Kristine, 1972). Relativement à la clientèle des aidants familiaux, l'utilisation du médium téléphonique pour l'information, le soutien ou le recours à différents organismes, surtout pour les aidants de personnes âgées atteintes de la maladie d'Alzheimer, date des années 1990 (Goodman et Pynoos, 1990 ; Silverstein *et al.*, 1993). Cette approche a été notamment expérimentée pour répondre aux besoins des aidants qui avaient des problèmes de transport pour se rendre dans les grands centres de santé, qui avaient des difficultés à trouver une personne fiable pour « surveiller » leur proche lors de leur absence ou encore pour ceux qui, trop inquiets de quitter leur domicile, refusaient de participer à d'autres formes de soutien à l'extérieur.

Toutefois, peu d'interventions psychoéducatives ont été réalisées par voie téléphonique, même si ce type d'intervention est possible par téléphone. Les résultats de l'étude d'Evans et de Halar, qui date de 1985, a démontré une réduction significative de l'isolement social et une augmentation des habiletés liées aux rôles sociaux chez des adultes handicapés à la suite d'une intervention psychoéducative d'une durée de huit semaines, à raison d'une conversation téléphonique par semaine. L'étude de Skipwith (1994), l'une des premières à être réalisées auprès des aidants familiaux, suggère aussi qu'un counselling téléphonique est réalisable et acceptable pour les aidants.

Le modèle PREP (acronyme pour *PReparedness, Enrichment and Predictability*), modèle multidimensionnel psychoéducatif d'intervention élaboré et évalué aux États-Unis, est un bon exemple de l'utilisation du téléphone. Ce modèle vise à accroître les connaissances (*preparedness*), l'enrichissement (*enrichment*) et la prévisibilité (*predictability*) associés au rôle d'aidant familial (Archbold *et al.*, 1995). Un soutien individualisé est d'abord offert aux aidants au moyen de visites à domicile faites par une infirmière facilitatrice, suivies d'interventions téléphoniques.

Lafrenière (1996) a aussi élaboré, mis à l'essai et évalué le processus d'une intervention téléphonique de gestion du stress de type réappréciation cognitive auprès d'aidantes familiales. Le cadre de référence de cette étude incluait la théorie du stress de Lazarus et Folkman (1984). L'intervention comportait des étapes similaires au modèle de gestion du stress présenté au chapitre précédent, soit : prise de conscience des effets du stress sur le bien-être ; choix d'un stresseur particulier pour l'intervention ; exploration des facteurs contextuels associés à la perception du stresseur sélectionné ; examen des stratégies adaptatives utilisées et ajustement des stratégies à la nature du stresseur ; mise à l'essai d'une ou des stratégies acceptables pour les aidants ; évaluation des résultats. Cette intervention était composée de huit contacts téléphoniques d'une durée de 20 à 35 minutes chacun, à raison d'un par semaine.

Les résultats soulignent que cette approche de gestion du stress est faisable, pertinente et acceptable, et qu'elle apporte des bénéfices aux aidants à domicile. Notamment, la modalité téléphonique de l'intervention s'insère plus facilement dans le quotidien «surchargé» des aidantes âgées. Ces dernières ont apprécié le fait de ne pas avoir à se préparer ou à faire l'entretien du domicile en prévision d'une visite d'un intervenant, ce qui provoque souvent un stress de plus. Les aidantes ont aussi perçu une réduction du stress associé à certaines de leurs difficultés liées à leur situation de soin. L'économie de temps pour les intervenants, également surchargés, constitue un autre bénéfice de ce type d'intervention, ce qui ne signifie en rien que l'intervention est de moindre qualité. Au contraire, comme le mentionnent certains auteurs (McMillan, 1991; Melton et Smoyak, 1992), les intervenants peuvent apprendre à «voir avec leurs oreilles». Néanmoins, il semble qu'il soit plus difficile de s'engager dans une telle intervention à caractère cognitif lorsque le niveau de stress original des aidants est très élevé ou lorsque les aidants ont des difficultés à conceptualiser les étapes de cette intervention relativement complexe.

Certaines caractéristiques de l'intervention téléphonique doivent aussi être connues afin d'en maximiser les bénéfices. Notamment, la clarté de l'expression verbale ainsi que la qualité de l'écoute de l'intervenant sont essentielles. Selon McMillan (1991), 75 % des signaux de communication seraient perdus lors d'une conversation téléphonique, d'où l'importance de développer des habiletés de décodage des messages, y compris les signaux non verbaux qui demeurent présents lors d'un contact téléphonique. Les auteurs Guba et Lincoln (1981) ont, il y a de nombreuses années, souligné l'importance de la paralinguistique, c'est-à-dire de la communication non verbale qui ajoute des informations au message verbal. On peut penser ici au volume, à l'inflexion et à l'intonation de la voix, à la respiration, aux accentuations et aux nuances, aux pauses, aux hésitations, au débit de paroles et au rythme de la conversation, lesquels constituent des informations précieuses sur la nature de la communication. Le décodage de ces messages non verbaux demande des habiletés qu'il faut développer. Certains intervenants et certains aidants peuvent trouver ce mode d'intervention plus difficile et anxiogène; pour d'autres, le fait de ne pas voir l'interlocuteur est plutôt rassurant et la sensation de distance, protectrice (Evans et Jauregui, 1982; Melton et Smoyak, 1992).

En somme, l'intervention téléphonique utilisée depuis fort longtemps présente encore beaucoup de potentiel de nos jours. Des études réalisées auprès des aidants de personnes atteintes de démence de type

Alzheimer confirment la validité de cette approche et démontrent plusieurs effets positifs de cette modalité d'intervention (Colantonio *et al.*, 2001 ; Ploeg et Biehler, 2001).

Des technologies plus sophistiquées

L'utilisation des technologies de l'information et de la communication (TIC) a connu un essor considérable au cours des dernières années. Dans le domaine de la gérontologie, un nombre croissant d'études porte sur les attitudes des personnes âgées et sur leur réceptivité à ces technologies. D'autres recherches ont permis d'évaluer l'impact de ce que l'on appelle les services de télésanté, surtout sur les clientèles atteintes de problèmes de santé chronique. Un des thèmes clés de ces écrits concerne l'importance de la facilité d'utilisation des technologies (Magnusson *et al.*, 2004).

Mais que sont au juste les technologies de l'information et de la communication ? Cette expression est utilisée en tant que concept « parapluie », car il regroupe plusieurs outils technologiques qui permettent aux personnes de communiquer, d'obtenir de l'information ainsi que d'interagir avec des services éloignés, et ce, plus rapidement, plus facilement et sans limite de temps et d'espace. En ce qui concerne plus précisément les personnes âgées et leurs aidants familiaux, ces technologies peuvent permettre de nombreuses applications telles que le commerce électronique, des activités de la vie quotidienne « assistées » (*smart home concept*) favorisant une plus grande autonomie et une plus grande sécurité à domicile, des relations intergénérationnelles et la formation à distance (Magnusson *et al.*, 2004).

Des études ont été conduites sur différents types de technologies, par exemple sur les approches de télésanté dont l'objectif est de vérifier certains paramètres physiologiques à la maison en réalisant une visite à domicile virtuelle. Les intervenants peuvent faire une évaluation, présenter une rétroaction, par exemple des conseils de santé, et offrir du soutien à la dyade aidant-aidé. Les bénéfices de cette technologie sont importants : réduction du nombre et de la durée des hospitalisations, diminution des visites dans les cliniques ambulatoires et réduction des admissions dans les centres de soins de longue durée. Pour les personnes âgées et leurs aidants, les bénéfices concernent aussi l'économie de temps et d'argent, l'évitement des inconforts liés au voyagement vers un centre de santé, une accessibilité accrue aux professionnels et un plus grand sens de contrôle personnel relativement aux soins. Enfin, pour les intervenants, c'est de nouveau une économie de temps qui est évoquée, même s'il semble que ce soit souvent le personnel qui soit réticent à l'utilisation des visites virtuelles (voir revue des écrits de Magnusson *et al.*, 2004).

En ce qui concerne plus directement les aidants familiaux, la majorité des modèles de soutien au moyen de la technologie de la télésanté sont des modèles élaborés aux États-Unis, destinés aux aidants de personnes âgées souffrant de démence. Un vaste projet, le projet REACH (*Resources for Enhancing Alzheimer's Caregiver Health Programme*) en est un exemple (Czaja et Rubert, 2002). Le but de ce projet consiste notamment à réduire le fardeau et l'anxiété des aidants de personnes atteintes de démence en offrant : de l'écoute (*monitoring*) et du counselling téléphoniques ; des liens, au moyen d'une boîte vocale, avec des experts connaissant la maladie d'Alzheimer ; un groupe de soutien par conférence téléphonique ; un appel de « distraction » destiné à la personne atteinte, qui permet un répit à l'aidant lors de l'intervention.

Des écrits ont également été publiés sur l'utilisation de systèmes d'information et de soutien sur Internet. Un des premiers exemples de succès concernant ces initiatives est le projet *Computer Link* destiné originalement aux aidants de personnes atteintes de démence (Flatley Brennan *et al.*, 1991). Il date du début des années 1990. Ce projet a été conçu afin de permettre aux aidants de discuter entre eux au cours d'un forum de discussion public, d'avoir accès à une encyclopédie électronique et d'avoir la possibilité de demander des conseils et d'obtenir du soutien auprès d'une infirmière agissant à titre de facilitatrice de l'ensemble du service par un système de courrier électronique personnel. Parmi les effets bénéfiques de cette intervention, on retrouve l'amélioration de la confiance des aidants dans leur processus de prise de décision relative aux soins à domicile (Flatley Brennan *et al.*, 1995).

Un projet d'envergure et toujours en cours en Europe est le projet ACTION (*Assisting family Carers using Telematics Interventions to meet Older persons' Needs*) qui utilise les technologies de l'information et de la communication pour maintenir ou améliorer la qualité de vie des personnes âgées fragiles et de leurs aidants familiaux à domicile en procurant de l'information, de l'enseignement et du soutien en lien avec différentes situations de soins (Magnusson *et al.*, 2002). Ce service inclut des sessions d'enseignement aux familles sur l'utilisation efficace des TIC, plus précisément sur : l'utilisation d'une variété de programmes de soins multimédias accessibles au moyen d'un ordinateur personnel (par exemple, des programmes sur la mobilisation d'une personne âgée ou sur l'incontinence) ; l'utilisation d'un vidéophone permettant d'avoir des contacts visuels avec d'autres familles participant au projet et avec des soignants professionnels disponibles dans un centre d'appel local ; l'utilisation d'Internet. Les effets positifs de ce service touchent l'amélioration des habiletés de soins, l'accroissement de la confiance des aidants et la diminution de leur isolement.

Enfin, au cours des années, de nombreux sites Internet destinés aux aidants familiaux ont été créés et mis en ligne. Ces sites offrent surtout de l'information. Les sociétés Alzheimer et différents regroupements d'aidants contribuent à leur développement (par exemple : www.Alzheimerquebec.ca ; www.caregiver.on.ca ; www.caregiver.org). Le succès de ces sites réside dans leur convivialité et leur facilité d'accès.

De façon générale, les TIC élaborées avec l'aide et la participation des utilisateurs, en l'occurrence les aidants familiaux, ont plus de chance d'être acceptées et d'être utilisées dans la vie quotidienne. De même, la formation des personnes âgées et de leurs aidants est cruciale avant toute utilisation et contribue à modifier les attitudes parfois négatives au regard de leur utilisation (Czaja et Sharit, 1998). Il importe toutefois de mentionner que la réticence des personnes âgées à ces technologies n'est qu'un mythe ; de nombreuses personnes âgées apprécient ces nouveaux moyens de communication lorsqu'une formation adéquate et adaptée leur est offerte (Zimmer et Chappell, 1999).

> *La réticences des personnes âgées à l'égard des TIC n'est qu'un mythe.*

Les études réalisées à ce jour soulignent donc le potentiel des TIC pour l'intervention. Un nombre croissant d'enfants auront dans l'avenir à prendre soin de leurs parents et auront, dès leur jeune âge, utilisé ces technologies qui feront partie intégrante de leur vie quotidienne. Au sein de cette génération, il sera de plus en plus facile d'intervenir à l'aide de cette modalité. Des études plus systématiques des effets des TIC sur différents aspects de la vie des aidants, incluant les coûts, le maintien à long terme de la technologie dans l'environnement domiciliaire et l'adaptation culturelle pour les familles issues de différentes origines, devront être faites. De même, l'intégration de ce type d'intervention aux autres services offerts aux aidants dans les localités devra être réalisée.

En somme, de nombreux projets de recherche démontrent le potentiel de la technologie, mais des questions demeurent : Cette technologie est-elle suffisamment accessible ? Est-elle intégrée aux autres services offerts ? Qu'arrive-t-il lorsque les aidants ont eu accès à des ordinateurs ou à d'autres formes de soutien technique dans le cadre d'un projet de recherche et que celui-ci se termine ? Cet accès est-il maintenu ? Le succès de ces initiatives dépend d'un large éventail de facteurs que l'on doit dès aujourd'hui étudier.

Voyons maintenant un autre type d'intervention à domicile, un service original et unique de répit et d'accompagnement permettant de venir en aide aux aidants de personnes atteintes de démence.

Baluchon Alzheimer, un service de répit et d'accompagnement novateur

Un service unique en son genre a été créé au Québec, en 1999, pour les aidants familiaux qui soignent leur proche souffrant de la maladie d'Alzheimer à domicile : Baluchon Alzheimer (Gendron, 2003 ; Gendron et Adam, 2005). Ce service, à but non lucratif, a été conçu en réponse aux besoins maintes fois exprimés par les familles d'avoir non seulement des services de répit flexibles et appropriés, mais aussi une forme d'accompagnement à domicile. Comme nous l'avons mentionné au chapitre 5, divers services de répit sont actuellement offerts aux aidants : centres de jour ; répit-surveillance offert pour quelques heures par semaine ; hébergement temporaire. En ce qui concerne les services des centres de jour, des études démontrent que, lorsque les personnes âgées côtoient ces centres, les aidants ne sont pas réellement au repos, mais en profitent pour accomplir de nombreuses tâches reliées à leur rôle (Berry *et al.*, 1991). Par ailleurs, les aidants manifestent souvent le besoin d'un répit prolongé sans vouloir déraciner leur proche. Dans le contexte de la maladie d'Alzheimer, un changement de milieu comme celui qui est nécessaire lors d'un hébergement temporaire est souvent très difficile tant pour l'aidant que pour la personne atteinte, la routine étant interrompue.

En somme, le besoin de répit est reconnu depuis longtemps comme étant l'un des besoins les plus criants des aidants familiaux (Koffman et Taylor, 1998). Par ailleurs, les aidants apprécieraient être accompagnés au sein de leur domicile par des intervenants compétents (Ham, 1999). C'est dans la perspective de répondre à ces attentes que le service Baluchon Alzheimer a été mis sur pied.

Baluchon Alzheimer vise à permettre aux aidants familiaux d'obtenir du répit durant une à deux semaines sans avoir à héberger leur proche de façon temporaire. Ce sont les intervenantes (appelées « baluchonneuses ») qui se déplacent et vivent au domicile de l'aidant, jour et nuit, pendant l'absence de ce dernier. Un autre but de ce service consiste à proposer à l'aidant des pistes d'intervention ajustées à leur situation. Avant l'intervention, l'aidant remplit un document de collecte de données qui fournit à la baluchonneuse les informations qui lui permettront de mieux aider l'aidant (entre autres, inventaire des besoins du proche en lien avec les activités de la vie quotidienne, situations difficiles auxquelles est confronté l'aidant dans son quotidien). L'intervention débute par une cohabitation de 24 heures en présence de l'aidant. Puis, pendant l'absence de l'aidant, la baluchonneuse écrit chaque jour un journal d'accompagnement qu'elle remet à l'aidant dès son retour et dans lequel elle consigne : les activités réalisées avec le proche ; ses réactions ; une analyse fonctionnelle de ses comportements difficiles ; des propositions de stratégies d'intervention dont plusieurs proviennent du modèle de stress de Lazarus et Folkman (1984) décrit dans les chapitres précédents ; une évaluation de l'autonomie et des capacités cognitives (en utilisant certains tests connus lorsqu'ils sont pertinents) ; des suggestions pour l'aidant (par exemple, des ressources) ; des pistes de réflexion (Gendron, 2003). Deux semaines après le retour de l'aidant, un suivi téléphonique est effectué. Le fait de combiner répit avec accompagnement en fait un service unique tant au Canada que dans les autres pays.

Une recherche évaluative de ce service a été réalisée lors de sa première année de fonctionnement (Gendron, 2001). Les aidants qui ont participé à l'évaluation ont majoritairement mentionné qu'ils avaient utilisé ce service parce que, tout en ayant un grand besoin de repos, ils ne voulaient pas utiliser les services d'hébergement temporaire. Ce service leur a permis de se libérer des contraintes quotidiennes tout en se sentant en sécurité. Le journal d'accompagnement a été jugé un outil très utile. Les aidants soulignent l'importance de bénéficier régulièrement d'un tel type de service afin de pouvoir maintenir leur proche à domicile le plus longtemps possible. Trois fonctions principales de ce service ont été commentées et appréciées : sa fonction d'évaluation, sa fonction d'éducation et sa fonction thérapeutique. Les constats sont ainsi à l'effet qu'il s'agit d'un service novateur qui favorise le maintien à domicile tant souhaité par la majorité des familles et qui mérite une attention particulière de la part des planificateurs de services.

Divers services offerts dans la communauté

Intervention de dépistage et d'évaluation des besoins

Il est de plus en plus reconnu qu'il importe d'évaluer non seulement la condition de santé des personnes âgées qui reçoivent des services à domicile, mais également celle de leur proche-aidant. Néanmoins, mis à part la Grande-Bretagne, très peu de pays ont systématisé cette volonté. Les initiatives d'évaluation sont variées, mais elles sont rarement officialisées. Certains CLSC du Québec ont leur propre questionnaire ou formulaire d'évaluation. Toutefois, l'outil multiclientèle du ministère de la Santé et des Services sociaux du Québec, outil d'évaluation utilisé par les intervenants des CLSC du Québec pour évaluer les besoins de la personne et déterminer les ressources disponibles qui pourraient lui être offertes, réserve peu de place aux besoins propres des aidants et à la nécessité de leur offrir des services. Dans cette perspective, un comité consultatif du Ministère a été formé en 2004 afin d'analyser les instruments d'évaluation existants et de faire des recommandations relativement à des outils fiables pour le dépistage éventuel des besoins des aidants.

Dans d'autres pays, des initiatives semblables sont entreprises. Par exemple, un outil de « partenariat aidant-intervenant », élaboré par des chercheurs anglais et suédois, en est présentement à sa phase d'expérimentation. Cet outil, basé sur un modèle conceptuel mis au point par ces mêmes chercheurs, le *User Involvement Model,* où le partenariat entre les aidants et les intervenants constitue l'élément central, a été nommé COAT (*Carer's Outcome Agreement Tool*). Il vise à évaluer, avec les aidants, leurs propres besoins et ce qu'ils attendent des services en lien avec quatre dimensions (Nolan, 2006) :

1. leur propre qualité de vie ;

2. la qualité de vie de leur proche ;

3. le type d'aide qui pourrait leur être utile ;

4. la qualité de l'aide offerte par les services.

Les aidants, conjointement avec les intervenants, élaborent ensuite un plan d'action et décident des critères d'évaluation de ce plan. L'objectif principal est d'assurer un arrimage étroit entre les aspirations exprimées par les aidants et les services mis en place. L'outil COAT privilégie une méthode participative qui permet aux aidants de reconnaître les aspects de leur vie quotidienne qu'ils désirent modifier et de suggérer des moyens pour que les services répondent à leurs attentes. Ainsi, les principaux détenteurs d'enjeux, les aidants, participent à part entière à la planification, au processus et aux résultats des services qui leur sont destinés (Nolan, 2001 ; Nolan *et al.,* 2003).

Des programmes d'intervention de groupe

Afin de combler les limites fréquemment énoncées dans les écrits concernant les interventions de groupe auprès des aidants familiaux, un groupe de chercheurs québécois venant de trois régions (Montréal, Sherbrooke et Québec) a conçu et évalué un programme psychoéducatif destiné aux aidants de personnes atteintes de la maladie d'Alzheimer à domicile intitulé *Apprendre à être mieux... et mieux aider* (Hébert *et al.*, 2003 ; Lavoie *et al.*, 2005 ; Lévesque *et al.*, 2005 ; Lévesque *et al.*, 2002).

Ce programme a été conçu à partir du modèle de stress de Lazarus et Folkman (1984) et adapté afin d'être appliqué spécifiquement aux aidants d'un proche atteint de démence. Il cible notamment le stress généré par les problèmes de comportement inhérents à la démence et la façon de réagir des aidants devant ces comportements ainsi que le recours à des stratégies adaptatives ajustées. Il se distingue des autres approches de groupe par sa durée. La plupart des programmes étant de six à huit sessions de groupe, *Apprendre à être mieux... et mieux aider* comporte quinze sessions variant entre 90 et 120 minutes, en vue d'avoir une intensité suffisante pour permettre d'observer des changements chez les aidants familiaux. Il se distingue également par le fait que les expériences des aidants constituent la trame sur laquelle les éléments théoriques du programme sont abordés.

Le programme est offert dans la communauté (CLSC, Société Alzheimer, etc.) à des groupes de six à huit aidants sous la direction d'une personne qui en assure l'animation. Il se divise en deux grandes parties. La première porte sur l'évaluation cognitive du stress et la deuxième, sur les stratégies adaptatives ajustées à la nature des situations de stress choisies par les aidants (résolution de problème pour les aspects modifiables des situations, restructuration cognitive ou recadrage pour les aspects non modifiables). Le programme aborde aussi la recherche de soutien social. Diverses stratégies d'apprentissage sont utilisées, telles que les jeux de rôle, les exercices à faire à la maison et pendant les rencontres ainsi que le modelage. Ce programme est décrit en détail dans un cahier pour les animateurs, de même qu'il comporte un cahier de formation et un carnet de route pour les aidants, offerts tant en français qu'en anglais (Lévesque *et al.*, 2003a, 2003b).

Ce qui ajoute de la valeur à ce programme est le fait qu'il ait fait l'objet d'une vaste étude évaluative multicentrique dans le but de vérifier ses effets, notamment sur les réactions des aidants relativement aux troubles du comportement présentés par leur proche souffrant de démence.

En tout, 144 aidants assignés aléatoirement à deux groupes, soit à un groupe bénéficiant du programme *Apprendre à être mieux... et mieux aider* ou à un groupe témoin de soutien, ont été recrutés pour procéder à cette évaluation. Plusieurs mesures de résultats ont été uti- lisées (fardeau, soutien social, anxiété, détresse psychologique, efficacité personnelle, équilibre affectif, fréquence des comportements dépressifs et des comportements dits perturbateurs et intensité des réactions des aidants devant ces comportements). En accord avec les hypothèses, le résultat le plus important concerne la diminution significative des réac- tions pénibles des aidants aux comportements de leur proche dans le groupe témoin (Hébert *et al.*, 2003). Les résultats qualitatifs indiquent que le recadrage est jugé l'apprentissage le plus utile par la majorité des participants au programme. Cette stratégie a notamment aidé les aidants à attribuer les comportements de leur proche aux effets de la démence plutôt qu'à un signe de manque de volonté (Lavoie *et al.*, 2005). Compte tenu des résultats positifs obtenus, une formation à ce programme est maintenant offerte aux intervenants des milieux de pratique (CLSC, centres de jour, organismes communautaires) qui désirent maîtriser ce mo- dèle d'intervention et offrir des groupes psychoéducatifs à leur clientèle.

Par ailleurs, il faut aussi mentionner les nombreuses initiatives des Sociétés Alzheimer, partout au Canada et de par le monde, en vue d'of- frir des interventions pour soulager la souffrance des aidants et des per- sonnes atteintes.

Des centres et des ressources communautaires pour les aidants

Dans plusieurs pays tels que l'Australie, l'Allemagne et le Royaume-Uni, il existe des Carer Respite Centers qui sont des centres d'information et d'orientation vers les services pour les aidants. Il est, par ailleurs, particu- lièrement impressionnant de constater la grande diversité d'associations communautaires et de services offerts aux aidants familiaux au Royaume- Uni. À titre d'exemple, le Princess Royal Trust Leeds Carers, qui fait par- tie d'un vaste réseau de centres sans but lucratif pour les aidants familiaux, a pour philosophie de placer les aidants au cœur de toutes les activités. Il s'agit d'un centre pour les aidants qui voit à la promotion de leur bien-être et de leur santé, et qui tente, par différents moyens, de les soulager et de contrer leur épuisement. Ce centre travaille à ce que la contribution des familles aux soins ne demeure pas dans l'ombre. De nombreux efforts sont déployés pour faire connaître et reconnaître leur contribution inestimable aux soins d'un enfant atteint d'incapacités ou d'un parent âgé en perte d'autonomie fonctionnelle ou cognitive. Il s'agit véritablement d'un « modèle » tant par la diversité des services offerts que par l'originalité de ses services. Certains s'adressent directement aux aidants ; d'autres s'adressent aux responsables et aux intervenants du système de santé et des services sociaux et communautaires en vue d'augmenter leur sensibilité et la portée des services.

Parmi le vaste éventail des services qui sont offerts, on retrouve de l'écoute téléphonique et de l'écoute sur place, de même que de l'information. À cet égard, le centre possède une bibliothèque où plusieurs documents sont accessibles, et des personnes-ressources sont disponibles pour des rencontres individuelles ou familiales. On y publie un court document bimensuel gratuit, du genre *Newsletter*, envoyé aux aidants pour les informer des nouvelles ressources à leur disposition et des activités du centre. On y offre des conseils pour avoir accès plus facilement aux services d'aide disponibles. Ce centre assure aussi le réseautage entre les aidants de même qu'entre les aidants et les groupes de soutien (organisation d'activités sociales). Un groupe de *Carers Friends* dont le but est d'aider les aidants à faire face au stress et à l'isolement a également été mis sur pied. Enfin, ce centre possède un *Outreach Service* destiné aux aidants difficiles à joindre. Ainsi, dans sa volonté se faire connaître auprès du plus grand nombre d'aidants possible, il utilise un moyen inusité qui consiste à remettre un carton d'invitation, sur lequel on peut indiquer si l'on désire recevoir la publication bimensuelle et être contacté par le centre lors d'une visite à domicile ou selon tout autre arrangement à sa convenance. Sachant que les médecins sont souvent consultés par les familles, ce carton (*GP Practice Referral to Carers Leeds Services*) est offert dans les cabinets de médecins. Pour s'assurer de leur collaboration, une responsable du centre a visité plusieurs de ces cabinets. Le médecin (ou un membre du personnel) remet le carton à l'aidant. Une fois le carton rempli, le médecin le fait parvenir au centre, qui augmente ainsi sa banque de données d'aidants à joindre.

Les responsables de cette organisation croient qu'il est essentiel de travailler en étroite collaboration avec les différents acteurs de la communauté. Dans cette perspective, le Princess Royal Trust Leeds Carers offre non seulement une formation aux intervenants, mais aussi un programme de sensibilisation à la situation que vivent les aidants. Il a formé un groupe qui travaille avec les intervenants de différents milieux dans le but d'améliorer les services, entre autres en relevant ceux qui sont non disponibles ou difficiles d'accès. En somme, les centres tels que le Princess Royal Trust Leeds Carers qui sont partout présents sur le territoire du Royaume-Uni ont recours à de nombreux moyens pour faire connaître leurs services et leurs activités, tant auprès du grand public qu'auprès des intervenants (conférences, stands dans les endroits publics souvent fréquentés et lors de congrès professionnels).

Au Québec, certains CLSC offrent des services du même genre. Par exemple, au CLSC René-Cassin faisant partie du Centre des services de santé et des services sociaux (CSSS) Cavendish de Montréal, un centre de soutien aux aidants a été mis sur pied (Orzeck *et al.*, 2001). Ce centre présente un modèle novateur de pratique. Il constitue la porte d'entrée à une gamme de services intégrés gérés selon une approche de gestion de cas. Les activités de ce centre comportent quatre programmes principaux. D'abord, une halte-répit offre aux aidants des périodes de répit par le biais d'activités organisées pour leur proche (stimulation cognitive, stimulation physique et stimulation créative). Les aidants ont la possibilité de réserver plusieurs périodes hebdomadaires pouvant varier entre une et cinq heures selon les heures d'ouverture du centre. On offre également un programme « intensif » qui permet aux aidants d'avoir des journées complètes de répit. Deuxièmement, on a créé un programme de stimulation à domicile pour les personnes âgées confinées à la maison. Là aussi, le but de ce programme est d'offrir un répit à l'aidant pendant que le proche s'occupe à une activité du programme. Une formation est offerte aux aidants en vue de les assister dans leurs interactions avec leur proche. Troisièmement, on a instauré un foyer des aidants, c'est-à-dire un salon qui offre un environnement convivial où les aidants peuvent se rencontrer et socialiser, de même qu'obtenir de l'information et du soutien auprès de bénévoles supervisés par une travailleuse sociale ainsi que divers programmes conçus pour eux (conférences, groupes d'entraide, activités de défense des droits). Finalement, on a élaboré un programme d'évaluation et de counselling individuel à court terme (six à huit semaines). Des intervenants, des bénévoles et des étudiants participent à ces programmes.

Ce centre a aussi mis sur pied un comité consultatif aux aidants qui vise notamment à promouvoir leurs droits. Cette « ligne d'écoute du cœur » est un réseau de soutien entre aidants qui fonctionne grâce à la participation de bénévoles qui ont déjà été aidants. Chaque semaine, ces bénévoles communiquent par téléphone avec les aidants que les gestionnaires de cas leur ont identifiés. Le centre de soutien aux aidants offre également de la formation aux professionnels et initie des projets de recherche qui permettent un transfert des connaissances vers la pratique.

Enfin, il importe de mentionner que de plus en plus d'associations et de regroupements d'aidants voient le jour partout au Québec, au Canada et dans différents pays. Par exemple, au Québec, le Regroupement des aidantes et aidants naturels de Montréal est particulièrement actif et constitue un lieu de rassemblement où l'on travaille activement à la défense des droits des proches-aidants auprès des différentes instances locales, régionales, provinciales et nationales. Un regroupement provincial des aidants a également vu le jour au Québec. Ces regroupements travaillent de plus en plus avec les organismes gouvernementaux. Par exemple, un projet régional de soutien aux aidants « naturels » a été réalisé par la Direction de la santé publique de la Montérégie (2005) en collaboration avec de nombreux organismes communautaires. Aux États-Unis, plus précisément dans l'État de l'Illinois, le projet CARESS (*Caregivers Assistance Registry and Enhanced Support System*) a mis au point un registre des aidants, de leurs besoins et des services qu'ils reçoivent. Le but de cette initiative est de mieux coordonner les services offerts.

Ainsi, même si les interventions offertes aux aidants familiaux sont généralement assez peu nombreuses, on peut constater que des initiatives novatrices sont en voie de développement et offrent des pistes prometteuses pour l'avenir.

Références

AGENCE DE DÉVELOPPEMENT DE RÉSEAUX LOCAUX DE SERVICES DE SANTÉ ET DE SERVICES SOCIAUX. DIRECTION DE SANTÉ PUBLIQUE. *Projet régional de soutien aux aidants naturels de la Montérégie. Une analyse stratégique de la pertinence des activités offertes*, Longueuil, 2005.

ARCHBOLD, P., B. STEWART et L. MILLER. « The PREP system of nursing interventions : a pilot test with families caring for older members », *Research in Nursing and Health*, vol. 18, 1995, p. 1-16.

BERRY, G., S. ZARIT et V. RABATIN. « Caregiver activity on respite and non respite days : a comparison of two services approaches », *The Gerontologist*, vol. 31, 1991, p. 830-835.

COLANTONIO, A., C. COHEN et M. PLOEG. « Assessing support needs of caregivers of persons with dementia : who wants what ? », *Community Mental Health Journal*, vol. 37, 2001, p. 231-243.

CZAJA, S. et J. SHARIT. « Age differences in attitudes toward computers », *Journal of Gerontology*, vol. 53B, 1998, p. 329-340.

CZAJA, S. et M. RUBERT. « Telecommunications technology as an aid to family caregivers of persons with dementia », *Psychosomatic Medicine*, vol. 64, 2002, p. 469-476.

EVANS, R. et B. JAUREGUI. « Online outreach for blind elderly », *The Gerontologist*, vol. 22, 1982, p. 32-35.

EVANS, R. et E. HALAR. « Cognitive therapy to achieve personal goals : results of telephone group counselling with disabled adults », *Archives of Physical Medicine and Rehabilitation*, vol. 66, 1985, p. 693-696.

FLATLEY BRENNAN, P., S. MOORE et K. SMYTH. « The effects of a special computer network on caregivers of persons with Alzheimer's disease », *Nursing Research*, vol. 44, 1995, p. 166-172.

FLATLEY BRENNAN, P., S. MOORE et K. SMYTH. « ComputerLink : electronic support for the home caregiver », *Advances in Nursing Science*, vol. 13, 1991, p. 14-27.

GENDRON, M. « Baluchon Alzheimer. Un exemple de service aux aidants », *Gériatries*, n° 34, 2003, p. 6-10.

GENDRON, M. *Répit et accompagnement à domicile des familles dont un des proches est atteint de la maladie d'Alzheimer*, rapport de recherche, Montréal, 2001.

GENDRON, M. et E. ADAM. « Baluchon Alzheimer : An innovative respite and support service in the home of the family caregivers of a person with Alzheimer's », *Alzheimer's Care Quarterly*, vol. 6, 2005, p. 249-261.

GOODMAN, C. et J. PYNOOS. « A model telephone information and support program for caregivers of Alzheimer's patients », *The Gerontologist*, vol. 30, 1990, p. 399-404.

GUBA, E. et Y. LINCOLN. *Effective evaluation. Improving the usefulness of evaluation results through responsive and naturalistic approaches*, San Francisco, Jossey Bass, 1981.

HAM, R. « Evolving standards in patient and caregiver support », *Alzheimer Disease and Associated disorder*, vol. 13 (supplément 2), 1999, p. S27-S35.

HÉBERT, R., L. LÉVESQUE, J. VÉZINA, J.-P. LAVOIE, F. DUCHARME, C. GENDRON, M. PRÉVILLE, L. VOYER et M.-F. DUBOIS. « Efficacy of a psycho-educative group program for caregivers of demented patients living at home : a randomized controlled trial », *The Journal of Gerontology (Social Sciences)*, vol. 57B, 2003, p. S1-S10.

KOFFMAN, J. et S. TAYLOR. « The needs of caregivers », *Elderly Care*, vol. 9, n° 6, 1998, p. 16-19.

KRISTINE, M. *An analysis of telephone communication to a division of public health nursing*, mémoire de maîtrise non publié, Toronto, School of Nursing, University of Toronto, 1972.

LAFRENIÈRE, S. *Évaluation qualitative d'une intervention infirmière téléphonique de gestion du stress auprès de soignantes naturelles âgées*, mémoire de maîtrise non publié, Montréal, Faculté des sciences infirmières, Université de Montréal, 1996.

LAVOIE, J.P., F. DUCHARME, L. LÉVESQUE, R. HÉBERT, J. VÉZINA, C. GENDRON, M. PRÉVILLE, C. ST-LAURENT et L. VOYER. « Understanding the outcome of a psychoeducative group program for caregivers of demented persons living at home : a process evaluation », *Aging and Mental Health*, vol. 9, 2005, p. 25-34.

LAZARUS, R. et S. FOLKMAN. *Stress, appraisal and coping*, New York, Springer, 1984.

LÉVESQUE, L., C. GENDRON, J. VÉZINA, R. HÉBERT, F. DUCHARME, J.P. LAVOIE, M. GENDRON, L. VOYER et M. PRÉVILLE. « The process of a group intervention for caregivers of demented persons living at home : Conceptual framework, components and characteristics », *Aging and Mental Health*, vol. 6, 2002, p. 239-247.

LÉVESQUE, L., M. GENDRON, C. GENDRON, J. VÉZINA, R. HÉBERT, F. DUCHARME, J.P. LAVOIE, D. GIROUARD, L. VOYER et M. PRÉVILLE. *Apprendre à être mieux... et mieux aider*. Programme psycho-éducatif de groupe pour les proches aidants d'un parent atteint de démence et vivant à domicile, Cahier de formation des animateurs et animatrices, Cahier de l'animateur et de l'animatrice, Carnet de route des aidants et des aidantes, 2003a.

LÉVESQUE, L., M. GENDRON, C. GENDRON, J. VÉZINA, R. HÉBERT, F. DUCHARME, J.P. LAVOIE, D. GIROUARD, L. VOYER et M. PRÉVILLE. *Learning to Feel Better... and Care Better*. Psycho-Educational Group Program for Caregivers of a Family Member with Dementia living at Home, Facilitator's Training Manual, Facilitator's Workbook, Personal Workbook, Réseau québécois de recherche sur le vieillissement, 2003b.

LÉVESQUE, L., R. HÉBERT, C. GENDRON, J. VÉZINA, F. DUCHARME, J.P. LAVOIE, L. VOYER, M. GENDRON et M. PRÉVILLE. « *Apprendre à être mieux... et mieux aider*. Programme d'intervention destiné aux aidants familiaux d'un parent en perte d'autonomie cognitive et vivant à domicile », Actes du Colloque intitulé « Aide aux aidants familiaux, travail invisible et enjeux de société », Montreux, Suisse, 2005, p. 103-117.

MAGNUSSON, L., E. HANSON et M. BORG. « A literature review study on information and communication technology as a support for frail older people living at home and their family carers », *Technology and Disability*, vol. 16, 2004, p. 223-235.

MAGNUSSON, L., E. HANSON, M. BRITO, M. CHAMBERS, H. BERTHOLD et T. DALY. « Supporting family carers through the use of information technology – The EU project ACTION », *International Journal of Nursing Studies*, vol. 39, 2002, p. 369-381.

McMILLAN, I. « A listening ear », *Nursing Times*, vol. 87, n° 6, 1991, p. 30-31.

MELTON, M. et S. SMOYAK. « Telephone therapy : call for help », *Journal of Psychosocial Nursing*, vol. 30, n° 4, 1992, p. 29-32.

NOLAN, M. *A joint Anglo-Swedish project to develop and pilot test a new instrument COAT designed to promote partnershis between family and formal carers*, rapport de recherche, Sheffield (R-U), 2006.

NOLAN, M. « Supporting family caregivers in the UK : overview of issues and challenges », *British Journal of Nursing*, vol. 10, 2001, p. 608-613.

NOLAN, M., E. HANSON, L. MAGNUSSON et B. ANDERSON. « Gauging quality in constructivist research », *Quality in Ageing-Policy, practice and research*, vol. 4, n° 2, 2003, p. 22-27.

ORZECK, P., N. GUBERMAN et L. BARYLAK. *Des interventions novatrices auprès des aidants naturels*, Montréal, Saint-Martin, 2001.

PLOEG, L. et L. BIEHLER. « Perceived support needs of family caregivers and implications for a telephone support service », *Canadian Journal of Nursing Research*, vol. 33, 2001, p. 43-61.

SILVERSTEIN, N., K. KENNEDY et D. McCORMICK. « A telephone helpline for Alzheimer's disease : information, referral, and support », *The American Journal of Alzheimer's Care and related Disorders and Research*, vol. 8, n° 5, 1993, p. 28-36.

SKIPWITH, D. « Telephone counselling interventions with caregivers of elders », *Journal of Psychosocial Nursing*, vol. 32, n° 3, 1994, p. 7-12.

ZIMMER, Z. et N. CHAPPELL. « Receptivity to new technology among older adults », *Disability and Rehabilitation*, vol. 21, 1999, p. 222-230.

Chapitre 10

Lorsque le « placement » est inévitable : l'intervention auprès des aidants d'un proche hébergé

D ans ce chapitre, nous présentons une intervention qui s'adresse aux aidants qui ont hébergé leur proche âgé dans un établissement de soins de longue durée. Nous traitons d'abord des raisons qui motivent une telle intervention, puis expliquons les constituants du programme d'intervention.

Pourquoi soutenir les aidants à la suite de l'hébergement ?

Les familles qui offrent du soutien à leurs membres âgés ont, comme nous l'avons mentionné à plusieurs reprises, l'expérience d'une longue « carrière ». Après avoir fourni pendant plusieurs années de l'aide et des soins à leur proche à domicile, elles poursuivent leur engagement lorsque celui-ci est admis en centre d'hébergement et de soins de longue durée. Ce groupe d'aidants familiaux a néanmoins fait l'objet de beaucoup moins d'études en raison de la croyance que l'hébergement soulage leur épuisement. Quelques études ont toutefois permis de constater qu'ils constituent un groupe à risque sur le plan de leur santé et que l'hébergement n'élimine pas leur stress (Aneshensel *et al.*, 1995 ; Ducharme *et al.*, 1997). Les familles ont à composer avec de nouvelles sources de difficultés liées au milieu d'hébergement (Ducharme *et al.*, 2000, 2001). Il n'est également pas rare que le soutien de l'entourage diminue après le placement, ce qui accroît l'isolement des familles et leur sentiment de fardeau (McCallion *et al.*, 1999).

L'Étude canadienne sur la santé et le vieillissement (1994) nous révèle que la moitié des personnes de 65 à 84 ans atteintes de démence vit en établissement de soins de longue durée, tandis que cette proportion atteint les deux tiers chez les 85 ans et plus. Également, il semble que la grande majorité de la clientèle âgée des centres d'hébergement et de soins de longue durée (CHSLD) soit aujourd'hui atteinte de déficiences cognitives irréversibles. On peut ainsi conclure que la majorité des personnes qui assument le rôle d'aidant familial en établissement de santé sont des aidants de personnes âgées souffrant de troubles démentiels. Ces aidants familiaux sont aussi majoritairement des femmes, plus spécifiquement des conjointes et des filles (Ducharme *et al.*, 1997).

Actuellement, très peu de programmes d'intervention sont offerts en vue de promouvoir la santé de ce groupe d'aidants qui ont hébergé leur proche. Une recension des écrits nous a permis de constater que seuls quelques programmes cliniques et récits anecdotiques ont été publiés. Ces programmes n'ont généralement pas fait l'objet d'évaluations systématiques de leurs effets sur la qualité de vie des aidants. De plus, les éléments des interventions proposées sont généraux et concernent surtout l'information sur la maladie et l'expression des émotions. Ils ne ciblent pas les besoins particuliers des aidants, qui sont encore souvent considérés comme des ressources pouvant être utiles aux soins et non, compte tenu de leur vulnérabilité, comme des clients à part entière des services de santé.

La construction et l'évaluation d'un programme pour et par les aidants

Afin de mieux comprendre l'expérience des aidants des personnes âgées atteintes de démence vivant en centre d'hébergement, soit des femmes en majorité, et de répondre à leurs besoins, nous avons réalisé une étude dont les objectifs étaient :

1. d'explorer, avec des conjointes et des filles aidantes, les sources de stress auxquelles elles sont confrontées et leurs besoins en matière de santé ;

2. d'élaborer, conjointement avec ces aidantes, un programme d'intervention permettant de développer et de renforcer leurs habiletés à prendre en charge leur propre santé ;

3. de mettre en application ce programme et de l'évaluer sur le plan qualitatif ;

4. d'évaluer les effets de ce programme sur leur santé.

Cette étude (Ducharme *et al.*, 2000, 2001, 2005) se voulait basée sur une approche d'autonomisation (*empowerment*), soit une approche favorisant une prise de conscience des forces, des capacités et des ressources, et offrant aux aidantes des stratégies leur permettant d'avoir plus de contrôle sur les difficultés qu'elles vivent (Zimmerman, 1995). Les étapes de cette étude sont présentées à la figure 10.1.

Figure 10.1 Les étapes de la construction et de l'évaluation du programme

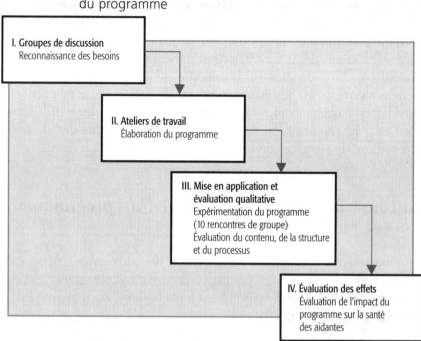

La première étape : la reconnaissance des besoins

La première étape a consisté en groupes de discussion (*focus groups*) qui ont permis de mettre en évidence les principaux besoins des aidantes. Les résultats de cette première étape ont été présentés au chapitre 2. Ces besoins se résument ainsi : avoir un répertoire de stratégies adaptatives permettant de se sentir moins impuissantes devant les multiples pertes du parent (ex. : difficulté de communication lors des visites au proche) et les situations stressantes propres au milieu d'hébergement (ex. : difficultés à transiger avec le personnel quant à la façon d'offrir les soins) ; acquérir davantage de contrôle sur sa propre santé et sur les situations de soins au sein du milieu institutionnel ; réorganiser sa vie à la suite de l'hébergement du parent ; prendre soin de soi et faire appel à un réseau de soutien social formel et informel ajusté à ses besoins.

La deuxième étape : l'élaboration du programme

La deuxième étape a consisté à tenir des ateliers de travail (*workshops*) avec les aidantes en vue de construire un programme d'intervention répondant à leurs besoins. Ce type d'approche favorise la participation des principaux acteurs dans un processus de coconstruc-tion. En tout, onze ateliers de travail, où les aidantes étaient elles-mêmes appelées à définir les stratégies d'action pouvant leur venir en aide, ont été tenus. Ces ateliers ont permis aux partenaires de l'équipe de recherche de structurer un programme d'intervention de groupe, intitulé Prendre soi de moi, à partir du contenu proposé par les partici-pantes. Ce programme est ainsi issu des préoccupations quotidiennes des aidantes ; ce sont les aidantes elles-mêmes qui, dans le cadre d'une démarche participative, nous ont fourni le contenu de l'intervention.

Les troisième et quatrième étapes : l'expérimentation et l'évaluation du programme

La troisième étape a permis de mettre en application ce programme auprès d'un petit groupe d'aidantes et de l'évaluer sur le plan de son contenu, de sa structure et de son processus. Enfin, la quatrième étape a consisté à évaluer systématiquement les effets de ce programme sur différentes mesures de santé mentale des aidantes. Ces deux dernières étapes sont présentées plus en détail dans les pages suivantes.

En quoi consiste le programme Prendre soin de moi ?

Ce programme repose, tout comme le programme de gestion du stress à domicile que nous avons décrit au chapitre 8, sur le modèle d'adaptation au stress (*stress coping*) des psychologues Lazarus et Folkman (1984), selon lequel les aidantes sont considérées comme des personnes qui vivent des situations stressantes résultant de leur transaction avec le nou-vel environnement de soins, soit le milieu d'hébergement de leur proche. Dans ce contexte, les aidantes doivent d'abord prendre conscience des sources de stress qui les affectent et des ressources (notamment leur per-ception de contrôle sur les situations) qui sont à leur disposition pour gérer ce stress. Elles doivent aussi, afin de promouvoir leur propre santé, apprendre de nouvelles stratégies adaptatives « ajustées » à la nature des situations qu'elles vivent au quotidien.

L'autonomisation, au cœur de l'intervention

La notion d'autonomisation (*empowerment*) est centrale dans ce pro-gramme qui offre aux aidantes des occasions d'avoir un meilleur contrôle sur les situations difficiles qu'elles vivent et d'apprendre des stratégies leur permettant de sentir qu'elles ont du pouvoir sur leur vie (Zimmerman, 1995). Ainsi, l'approche à la base de ce programme veut favoriser une prise de conscience des forces et faciliter l'atteinte des objectifs personnels des aidantes. Plus spécifiquement, différents moyens pouvant permettre de se sentir compétent et efficace relativement au fait d'être aidant d'un parent âgé hébergé présentant des déficiences cognitives sont offerts. En participant à ce programme, les aidantes ont l'occasion de développer et de pratiquer certaines habiletés de gestion du stress, d'apprendre comment mobiliser leurs ressources, en particulier leur réseau de soutien, et de développer certaines habiletés afin d'exprimer leur opinion au sein du milieu d'hébergement.

En résumé, le programme favorise, chez les aidantes : une prise de conscience des sources de stress auxquelles elles sont confrontées ; la perception de contrôle sur les situations de soins en milieu d'hébergement ; l'utilisation de stratégies adaptatives ajustées leur permettant de faire face aux situations de stress. L'atteinte de ces objectifs permet aux aidantes de mieux prendre soin d'elles et, conséquemment, de promouvoir leur santé.

La structure et le contenu du programme

Le programme d'intervention comprend dix rencontres hebdomadaires d'environ 90 minutes, pouvant regrouper de quatre à huit aidantes. Ces rencontres sont tenues au centre d'hébergement et animées par une professionnelle (infirmière, psychologue ou travailleuse sociale), spécialiste dans les soins aux personnes âgées souffrant de troubles cognitifs et à leur famille.

Le contenu des rencontres s'inspire des écrits concernant le stress et les stratégies adaptatives, le contrôle, l'autonomisation ainsi que le soutien social. Chacune des rencontres comporte des objectifs particuliers et des contenus détaillés, incluant des exercices d'intégration pour les participantes.

Mis à part une première rencontre d'introduction et de familiarisation qui permet de créer un climat de confiance entre les participantes et l'animatrice, six thèmes principaux sont abordés dans le cadre de ce programme, dont certains font l'objet de plus d'une rencontre :

1. Comment bien me sentir avec mon proche ? (une rencontre)

2. Comment faire connaître mon point de vue au personnel soignant ? (deux rencontres)

3. Comment éviter la tourmente des émotions ? (deux rencontres)

4. Comment vivre les petits deuils quotidiens et me préparer au grand deuil ? (deux rencontres)

5. Comment identifier et faire appel à mon réseau de soutien ? (une rencontre)

6. Comment réorganiser ma vie après l'hébergement de mon proche ? (une rencontre)

Le tableau 10.1 présente un résumé des objectifs et du contenu de ces dix rencontres.

TABLEAU 10.1 Le programme Prendre soin de moi : Objectifs et contenu		
THÈMES DES RENCONTRES	**OBJECTIFS SPÉCIFIQUES**	**CONTENU**
Session 1 : On fait connaissance.	• Familiariser les participantes avec les objectifs, le contenu et le déroulement du programme. • Permettre aux participantes de parler de leur expérience d'aidante en milieu d'hébergement en lien avec leur santé.	• Attentes des participantes • Présentation du programme • Échanges entre les aidantes
Session 2 : Comment bien me sentir avec mon proche ?	• Augmenter le sentiment de compétence des aidantes lors des interactions avec leur proche.	• Impact de la maladie sur les comportements • Perception des sources de stress • Moyens d'améliorer la communication
Sessions 3 et 4 : Comment faire connaître mon point de vue au personnel soignant ?	• Augmenter la compétence des aidantes à faire connaître leur opinion sur les soins offerts à leur proche et à prendre part aux décisions le concernant.	• Relations avec le personnel • Résolution de problème • Autonomisation (*empowerment*) • Droits des familles • Procédure d'examen des plaintes

THÈMES DES RENCONTRES	OBJECTIFS SPÉCIFIQUES	CONTENU
TABLEAU 10.1 Le programme Prendre soin de moi : Objectifs et contenu (*suite*)		
Sessions 5 et 6 : Comment éviter la tourmente des émotions ?	• Assister les aidantes dans l'utilisation de la stratégie de modification de pensées pour faire face à leurs émotions difficiles.	• Stratégie de modification de pensée
Sessions 7 et 8 : Comment vivre les petits deuils quotidiens et me préparer au grand deuil ?	• Favoriser la prise de conscience des deuils que la maladie fait vivre et améliorer la capacités des aidantes à composer avec ces deuils. • Assister les aidantes dans la façon de composer avec la perte définitive du proche.	• Deuils engendrés par la maladie • Processus de deuil • Stratégies pour faire face aux deuils ; modification de pensée • Préparation au grand deuil
Session 9 : Comment identifier et faire appel à mon réseau de soutien ?	• Assister les aidantes dans leur démarche pour faire appel à leur réseau de soutien social afin de répondre à leurs propres besoins.	• Réticences à demander de l'aide • Démarche de demande de soutien
Session 10 : Comment réorganiser ma vie après l'hébergement de mon proche ?	• Augmenter le sentiment de confiance des aidantes en leur capacité de réorganiser leur vie et de prendre soin d'elles.	• Réorganisation de la vie • Stratégies pour prendre soin de soi

Tout au long de l'intervention de groupe, le développement de la perception de contrôle a comme point d'appui l'acquisition d'attitudes et une prise de conscience, par les aidantes, de leur capacité de modifier leur perception du stress, d'exercer une emprise sur leur environnement et de recourir à des stratégies pour satisfaire leurs besoins. Une approche participative est préconisée (ex. : discussions de groupe, exercices pendant et entre les rencontres, lectures et jeux de rôle). De plus, le programme se déroule en tenant compte des préoccupations exprimées par les aidantes afin de favoriser le transfert des stratégies apprises à d'autres situations de leur vie quotidienne. Un guide de l'animatrice et un guide des participantes ont été produits pour faciliter l'application de ce programme (Ducharme *et al.*, 2003). On précise, dans ces documents, les principes de base de l'animation de groupe, les aspects logistiques pour le bon fonctionnement des rencontres et le détail de chacune des sessions incluant objectifs, contenus et moyens. Les éléments les plus importants du contenu de ces rencontres en fonction des différents thèmes sont présentés dans les pages suivantes.

Comment bien me sentir avec mon proche ?

La communication avec les personnes souffrant de troubles cognitifs est discutée en vue d'améliorer la compétence des aidantes à entrer en relation avec leur proche. Au cours de cette rencontre, on aborde notamment l'impact de la maladie sur les comportements dépressifs et parfois perturbateurs du proche, de même que la perception de ces comportements par l'aidant. Des moyens sont suggérés pour améliorer la communication lors des visites au centre d'hébergement. C'est ainsi que les principaux éléments clés de l'approche auprès des personnes atteintes de déficiences cognitives sont abordés (Lévesque, 2001). On discute, entre autres, de l'importance : d'établir une relation de confiance avec le proche ; de se rappeler les effets de la maladie sur ses comportements ; de la recherche du sens de ses comportements ; du maintien de la cohérence entre les paroles et les gestes ; de la constance de l'environnement humain et physique ; des routines à maintenir ; de l'ajustement des attentes aux capacités résiduelles du proche, la réciprocité n'étant plus possible. Également, la notion de mémoire affective du proche est expliquée. Des moyens pour faciliter la communication rendue de plus en plus difficile sont offerts. On rappelle ainsi d'éliminer les bruits inutiles, de parler lentement en gardant le contact visuel et en offrant une seule courte consigne à la fois, d'éviter toute obstination, etc. Des situations concrètes provenant de la vie quotidienne sont utilisées pour intégrer ces notions théoriques. Les aidantes sont encouragées à faire l'essai de certaines stratégies apprises au moment de leur prochaine visite à leur parent. Elles sont invitées à noter les émotions qu'elles ressentent lors de la visite et ce qui les provoque, de même que leurs idées pour rendre les contacts agréables sur le plan de la communication verbale et non verbale.

Comment faire connaître mon point de vue au personnel soignant ?

Deux rencontres de ce programme d'intervention visent à discuter de la stratégie de résolution de problème comme moyen pour mieux transiger avec l'environnement de soins et pour participer davantage aux prises de décision concernant le parent. Ces rencontres sont également l'occasion de fournir des connaissances sur l'autonomisation, les droits des personnes hébergées et de leur famille ainsi que les procédures d'examen des plaintes (Lévesque *et al.*, 2004). Ces notions sont abordées en prenant comme point de départ les changements que vivent les aidantes dans leur rôle, plus précisément depuis qu'elles ont laissé leur rôle d'aidante principale pour celui d'aidante secondaire. En effet, la tâche de soutenir le proche est maintenant partagée avec une équipe de soins qui a ses propres valeurs, ses modes de fonctionnement, son organisation, ses limites et ses contraintes. Les aidantes sentent moins de contrôle sur leur situation et plus d'inquiétudes. Des questions telles que *L'équipe de soins est-elle une alliée ou une adversaire?* ou encore *Y a-t-il des craintes à exprimer mon point de vue au personnel?* permettent d'explorer plus avant les perceptions des aidantes.

Pour s'affirmer sans hostilité avec le personnel soignant, la stratégie d'affrontement des conflits « gagnant-gagnant » est abordée avec les aidants.

Une réflexion s'ensuit sur les styles de communication interpersonnelle et sur l'hostilité dans les relations. Les aidantes sont amenées à prendre conscience de l'importance de s'affirmer sans hostilité et, plus précisément, à exprimer avec fermeté leur mécontentement ou leurs opinions relativement aux soins offerts à leur parent. Plusieurs stratégies pour approcher et traiter un conflit (l'éviter, le désamorcer, l'affronter) sont discutées, et la stratégie d'affrontement « gagnant-gagnant », dont l'accent est sur la résolution d'un problème commun, est abordée et pratiquée à l'aide d'exemples concrets issus du quotidien des aidantes. C'est ainsi que des problèmes instrumentaux liés à la propreté des lieux, à la prise de médicaments, à l'alimentation et à la sécurité sont relevés et traités à l'aide de la stratégie de résolution de problème.

Chaque aidante expose une situation problématique, puis un diagnostic de la nature du problème ou du conflit est établi. Les aidantes sont invitées à décrire leur problème (*Quoi? Quand? Combien de fois? Qui? Pourquoi cela me dérange-t-il?*), à faire un remue-méninges des solutions possibles, à examiner les avantages de chacune des solutions, à en examiner les inconvénients, à établir leur plan d'action pour régler le problème et à observer les résultats (*Comment la situation s'est-elle améliorée? Si la démarche n'a pas donné les résultats escomptés, que dois-je modifier?*). Cet exercice se fait en groupe, mais les aidantes sont aussi invitées à réfléchir à cette démarche à la maison par rapport à un problème qu'elles vivent en milieu d'hébergement, puis à appliquer la solution retenue avec le personnel du centre. Ces sessions visent principalement l'apprentissage d'un processus de résolution de problème et d'affirmation sans hostilité, habiletés transférables dans la vie de tous les jours. Des informations factuelles sur les droits et les procédures de traitement des plaintes sont apportées, mais les aidantes sont invitées à d'abord résoudre leurs difficultés en utilisant les stratégies apprises.

Comment éviter la tourmente des émotions ?

Au cours des rencontres suivantes, c'est principalement la stratégie de modification de pensée, qui vise à changer ou à recadrer le sens accordé aux situations difficiles qui ne peuvent être modifiées, qui est abordée et mise en pratique. Ces rencontres portent sur l'importance, pour les aidantes, de reconnaître précisément leurs sources de stress, de prendre conscience du rôle que joue la perception relativement à ces sources de stress et le fait que certains stresseurs peuvent être dédramatisés et modifiés. Elles ont pour but d'apprendre à mieux faire face au stress découlant de la perception de certaines situations, notamment à faire face aux émotions difficiles. Les aidantes sont invitées, tout comme dans le programme de gestion du stress à domicile, à parcourir l'itinéraire allant d'une situation, à leurs pensées, puis à leurs émotions. À partir d'un fait vécu, elles sont amenées à exposer leurs pensées et les émotions qui ont suivi afin de prendre conscience de différentes façons de percevoir une même situation. Certaines pensées peuvent ainsi être « aidantes » dans une situation et provoquer des émotions ajustées à la situation, alors que d'autres s'avèrent plutôt « non aidantes » ou nuisibles au bien-être. Comme il a été mentionné au chapitre 8, notre façon de penser dépend de nos « grilles intérieures », c'est-à-dire de nos croyances, de nos valeurs, de notre éducation et autres facteurs de notre contexte personnel. Il est donc possible de modifier nos émotions difficiles si nous modifions notre façon de penser. Certaines questions peuvent être utilisées pour aider à trouver une pensée plus « aidante », entre autres : *Pourrais-je voir la situation différemment ? Sur quelle preuve je me base pour affirmer cela ?* Des exercices individuels et de groupe sont utilisés pour travailler cette habileté.

Comment vivre les petits deuils quotidiens et me préparer au grand deuil ?

Le but de ces sessions du programme d'intervention est de favoriser la prise de conscience des deuils que la maladie fait vivre aux aidantes ainsi que d'améliorer leur capacité à composer avec ces deuils et avec la perte définitive éventuelle du proche. De façon plus précise, on y aborde d'abord les différentes pertes associées à la maladie cognitive : perte des possibilités de communiquer pleinement avec le parent âgé, perte de la réciprocité, changement dans les rôles parents/enfants, perte des rêves, de la « normalité », des repères habituels et de la prévisibilité, etc.

Le processus du deuil, les stratégies pour faire face aux deuils et la préparation au grand deuil sont également abordés. Pour ce faire, les aidantes sont amenées à réfléchir sur leur manière habituelle de faire face aux pertes de la vie. Un ensemble de stratégies pouvant aider à faire face aux petits deuils et au grand deuil sont abordées à partir du répertoire de ressources intérieures et extérieures des aidantes. Un retour est effectué sur la stratégie de modification des pensées, sur des façons de trouver un sens à ces pertes et de prendre soin de soi. En somme, certaines questions fondamentales se posent : *Quelles nouvelles ressources puis-je trouver en moi depuis l'apparition de la maladie de mon proche ? Qu'est-ce que cette situation difficile m'apprend ? Est-ce que je trouve un sens à ces pertes ?*

Comment identifier mon réseau de soutien et y faire appel ?

Une autre rencontre vise à augmenter l'habileté des aidantes à faire appel à leur réseau de soutien social informel (parents, amis, voisins) et formel (services) afin de répondre à leurs propres besoins. Le principal élément de contenu concerne l'apprentissage d'une démarche pour demander du soutien en cas de besoin.

Les aidantes sont d'abord invitées à dresser le portrait de leurs relations interpersonnelles (écocarte relationnelle) ainsi qu'à prendre conscience de leur entourage et du fait qu'elles ne sont pas seules. L'exercice réalisé avec les aidantes est présenté dans l'encadré 10.1. Ces dernières sont ensuite amenées à discuter de leurs résistances à demander de l'aide : gêne, peur de déranger ou de s'imposer, peur du refus, peur de paraître exigeante, peur d'une perte d'autonomie, etc. On informe alors les aidantes des différents types de soutien possibles : soutien émotionnel (réconfort moral, présence d'un confident, etc.), matériel ou instrumental (répit, tâches domestiques, magasinage, budget, etc.), informationnel (conseils, suggestions, informations, etc.) ou encore lié aux activités sociales (loisirs, sorties, visites, etc.). Ces dernières doivent reconnaître précisément leur principal besoin de soutien, déterminer le type de soutien qui y correspond et identifier la personne qui pourrait le mieux y répondre au sein de leur environnement. Elles sont invitées, au cours de la semaine, à dresser un plan d'action en vue de faire une demande d'aide en fonction de leur besoin.

ENCADRÉ 10.1

DRESSER LE PORTRAIT DE SON ÉCOCARTE RELATIONNELLE (SESSION 9)

1. Pensez aux gens autour de vous qui forment votre réseau social (famille, amis, voisins, professionnels du CHSLD, etc.). Pour chacun d'eux, dessinez un cercle et inscrivez à l'intérieur de celui-ci de qui il s'agit.
2. Pour chaque personne représentée, indiquez le type de relation que vous avez avec elle :

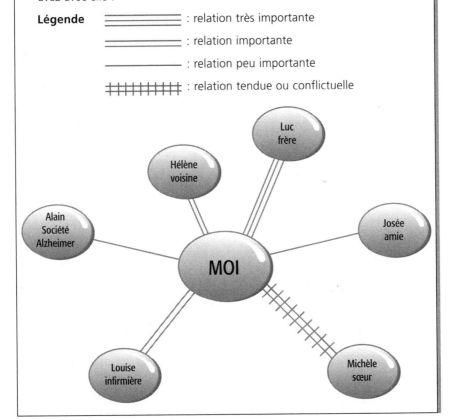

Légende
══════════ : relation très importante

────────── : relation importante

────────── : relation peu importante

╫╫╫╫╫╫╫╫╫ : relation tendue ou conflictuelle

Luc
frère

Hélène
voisine

Alain
Société
Alzheimer

Josée
amie

MOI

Louise
infirmière

Michèle
sœur

Comment réorganiser ma vie après l'hébergement de mon proche ?

Finalement, la dernière rencontre a pour objectif d'augmenter le sentiment de confiance des aidantes en leur capacité de réorganiser leur vie et de prendre soin d'elles à la suite de l'hébergement de leur proche. On y aborde la réorganisation de la vie et diverses stratégies pour prendre soin de soi. De façon plus concrète, les aidantes doivent dresser un bilan de leurs multiples activités quotidiennes et de leurs différents rôles, de même que du temps consacré à chacun dans une journée. Le but de cet exercice est de reconnaître les principales sources d'insatisfaction, puis de répartir différemment leur temps selon ce qu'elles voudraient vivre. Cet exercice permet une prise de conscience de l'importance du temps pour prendre soin de soi et des stratégies pour y arriver. L'exercice réalisé avec les aidantes est présenté dans l'encadré 10.2. Changer de routine, apprendre à accepter du soutien, mieux répartir son temps entre le centre d'hébergement et le temps consacré aux autres membres de la famille, se trouver un coin pour soi où il est bon de se reposer et de récupérer, prévoir des autorécompenses, reconnaître ses limites, apprendre à dire non, rire et utiliser l'humour, faire au moins une activité plaisante pour soi chaque jour sont tous des exemples de stratégies qui peuvent être abordées.

ENCADRÉ 10.2

JE ME RÉORGANISE (SESSION 10)

La répartition de mon temps selon mes divers rôles

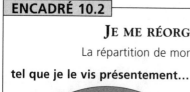

tel que je le vis présentement...	tel que je voudrais le vivre...

Raisons de l'écart :
- Je prends à cœur mon rôle d'aidante et je m'oublie.
- Je me sens responsable de m'occuper de mon proche ; je suis l'aidante principale. Ce que je ne fais pas pour mon proche, personne ne le fait.
- Je ne m'étais jamais arrêtée pour constater ce déséquilibre.

Actions à faire pour diminuer l'écart :
- Mieux répartir les visites au centre d'hébergement avec le reste de ma famille.
- Diminuer un peu mon implication bénévole.
- M'inscrire dans une activité plaisante (peinture, natation, etc.).
- Aller au cinéma avec mon conjoint au moins deux fois par mois.
- Prendre plus de temps avec mes enfants et mes petits-enfants.

Ce programme a d'abord été expérimenté auprès d'un petit groupe d'aidantes. La prochaine section fait état des résultats de l'évaluation qualitative du programme lors de cette première expérimentation.

Des détails sur la mise en application du programme et son évaluation qualitative

L'engagement actif des aidantes dans la recherche ne s'est pas arrêté après l'élaboration du programme. Ces dernières ont aussi été partie prenante de la troisième étape du projet qui consistait en sa mise à l'essai et en son évaluation qualitative (Ducharme *et al.*, 2001). Malgré la diversité des attentes initiales des participantes, le programme a permis, selon les résultats de l'évaluation, de rejoindre chacune des aidantes à l'endroit où elles en étaient dans leur cheminement. Ainsi, une participante dont les attentes étaient de comprendre ce qui arrivait à son parent nous a dit que le programme lui avait appris à voir autrement les comportements de son proche. Pour d'autres, le programme a été une occasion de s'outiller et de recevoir du soutien ou, encore, de découvrir l'importance de prendre du temps pour soi.

La majorité des participantes a souligné avoir fait au moins une découverte au cours des rencontres de groupe. Ici encore, la diversité des réponses est notable. Deux participantes ont déclaré voir différemment le fait de prendre soin de soi. Comme le disait l'une d'elles :

> *« Je me suis rendue compte que j'avais le droit de prendre du temps pour moi. Si je veux être encore ici l'année prochaine, il faut que je continue, de mon côté, à vivre pour moi. »*

Une autre a constaté sa difficulté à défendre ses droits :

> *« Je me suis aperçue que j'avais beaucoup de difficultés à me défendre. Maintenant, je vois que faire valoir mes idées n'est pas nécessairement négatif, ça peut être positif. »*

Une autre encore a découvert l'importance du soutien :

> *« Lorsqu'on a parlé du soutien, qu'on avait besoin d'écoute... pour moi, je ne m'étais jamais arrêtée vraiment. [...] C'était nouveau pour moi, ce thème. »*

Toutes les aidantes affirment aussi avoir mis en pratique au moins un moyen ou une stratégie proposé dans le cadre des activités du programme. Le fait de « prendre soin de soi » s'avère le thème redondant dans l'analyse du discours des participantes :

> « J'ai peut-être appris à garder des petits moments pour moi, mais ça a été difficile (à cause de) la fameuse culpabilité qui revient tout le temps. Oui, j'ai décidé de prendre un peu plus soin de moi [...], c'est-à-dire qu'au lieu d'aller voir mon mari à tous les jours, je vais y aller à tous les deux ou trois jours [...] Maintenant, ça ne me fait rien d'être deux jours sans y aller ; je me donne le droit de prendre du temps pour moi. Je vais lire un livre, regarder la télé, aller faire une marche, je vais aller dans le jardin et je ne me sentirai pas coupable de ne pas avoir été le voir. C'est déjà un grand pas pour moi parce que ça faisait quatre ans que je le visitais à tous les jours. »

Une autre participante affirme avoir mis en pratique l'autonomisation (*empowerment*) :

> « Moi, je l'ai mis en pratique une couple de fois... je n'ai pas eu le choix parce qu'il est arrivé des choses à ma mère et il a fallu que je règle ça. Au début, j'avais peur, mais je me suis dit : "C'est mon parent, et c'est important qu'il soit bien". J'ai comme foncé, je suis allée parler à l'infirmière. J'ai mis cela en pratique, et cela a fonctionné. Je suis allée voir les personnes-ressources. Je pense qu'il ne faut pas avoir peur de l'empowerment. »

Par ailleurs, le thème que les participantes ont trouvé le plus difficile à aborder est sans contredit celui du deuil. À propos de ce thème, une participante nous a confié :

> « C'est nos parents, on les aime beaucoup et on voudrait toujours les garder. On le sait qu'ils vont partir, mais on voudrait toujours retarder ce moment-là. »

D'autres participantes ont plus précisément décrit, au cours de l'entrevue d'évaluation du programme, leurs réactions lorsque ce thème a été abordé. L'une d'elles nous a affirmé que cela faisait « mal en dedans, ça rend les gens nerveux... il y en a qui pleuraient. [...] On trouve ça lourd, on se pose la question : Comment ça va se passer ? (le décès de notre parent). On se sent inquiet, le cœur serré, c'est de *l'émotion »*. Néanmoins, en dépit de ces commentaires qui reflètent la grande difficulté d'aborder la perte définitive du proche, les participantes étaient unanimes à maintenir cet aspect dans le cadre du programme.

En somme, cinq grands thèmes se dégagent de l'évaluation qualitative de ce programme d'intervention de groupe, soit l'importance, pour les aidantes de :

1. reconnaître leurs besoins et de prendre soin d'elles-mêmes ;

2. prendre conscience de leurs forces et de leurs capacités (contrôle, autonomisation) ;

3. faire appel à leur réseau de soutien social ;

4. s'affirmer dans le milieu d'hébergement et connaître leurs droits ;

5. tenir compte de la difficulté qu'elles éprouvent à aborder les questions relatives aux soins reçus par leur proche, aux pertes quotidiennes et à la mort prévisible de leur parent.

D'autres effets positifs se dégagent de l'évaluation de ce programme auprès d'un plus grand nombre d'aidantes. La prochaine section en fait mention.

Les effets du programme sur la santé des aidantes

Entre 2000 et 2002, le programme Prendre soin de moi a été expérimenté et évalué dans plusieurs centres d'hébergement et de soins de longue durée du Québec. Dans le cadre de cette étude évaluative multicentrique (Ducharme *et al.*, 2005), on a comparé ce programme avec un programme témoin dont le contenu était centré sur l'information et le soutien émotif et avec un groupe contrôle ne bénéficiant d'aucun programme. Un total de 137 aidantes d'un proche ayant des déficiences cognitives et étant hébergé depuis plus de six mois ont été recrutées dans 27 centres d'hébergement et de soins de longue durée de la région de Montréal, sélectionnés au hasard.

Comparativement au programme témoin et au groupe contrôle, la perception de compétence des aidantes à transiger avec le personnel soignant et la perception de défi relativement au rôle d'aidante étaient significativement plus élevées chez les participantes à notre programme. D'autres effets positifs ont aussi été observés dans les deux programmes, expérimental et témoin. À la suite de leur participation, les aidantes percevaient davantage de contrôle personnel sur leur situation, moins de menace et de surcharge ainsi que plus de soutien disponible. De plus, elles utilisaient davantage la stratégie adaptative de recadrage des situations problématiques. Ces résultats, semblables dans les deux programmes offerts, peuvent être dus au fait que ces programmes d'intervention avaient de nombreuses similitudes quant à leur structure et à leurs modalités (dix rencontres de 90 minutes, animées par des professionnels compétents). L'examen *a posteriori* du contenu du programme témoin démontre aussi que, en plus de l'information offerte sur la maladie d'Alzheimer, certains thèmes communs au programme Prendre soin de moi ont été abordés par les animatrices.

Les résultats de cette évaluation soulignent l'importance d'offrir un programme qui va au-delà d'une intervention axée sur l'information et le soutien et qui fournit des outils concrets pour faciliter la gestion du stress dans le contexte difficile de l'hébergement d'un proche souffrant de démence. Cette intervention a permis à de nombreuses aidantes d'apprendre à prendre soin d'elles et à considérer la situation de l'hébergement de leur proche sous un angle différent, notamment comme une situation faisant appel à un défi et à la mobilisation de leur potentiel.

Des données qualitatives ont aussi été recueillies à la fin du programme auprès d'un sous-échantillon de 30 aidantes. Les aidantes ont notamment rapporté :

1. avoir appris à mieux communiquer avec leur proche et à rendre leurs visites plus agréables…

   « *Je suis plus patiente, car je comprends mieux les comportements de ma mère ; je suis sa conversation au lieu de l'obstiner.* »

   « *Je me sens moins tendue lors des visites.* »

2. avoir pris conscience de leurs forces…

   « *Je me fais plus confiance.* »

   « *Je me dis que je suis capable et je me sens moins impuissante.* »

3. avoir réfléchi sur l'acceptation des pertes...

> *« Ma révolte quant à cette maladie s'est aplanie. »*

> *« J'ai pris conscience de ma façon de réagir aux pertes et de mes ressources pour y faire face. »*

4. s'accorder plus de temps pour elles...

> *« Je ne me permettais pas de prendre du temps pour moi. Maintenant, je visite mes amis plus souvent. C'est du temps pour moi. »*

Les aidantes ont particulièrement apprécié l'apprentissage qu'elles ont réalisé concernant la stratégie adaptative de recadrage (restructuration cognitive)...

> *« Ma façon de voir a changé, la perception de moi, des autres et des situations. »*

> *« Le programme m'a permis de prendre du recul par rapport à ma situation. »*

Elles ont aussi appris à faire connaître leur point de vue au personnel soignant...

> *« J'ai dit aux membres du personnel que j'appréciais leur travail, et certains sont venus me remercier. On ne pense pas à cela. »*

> *« J'ai réussi à exprimer calmement mes mécontentements à l'infirmière-chef au sujet de la diète de ma mère. Nous sommes parvenues à trouver des moyens pour pallier la situation. »*

Enfin, elles se sentent capables de demander du soutien à leur entourage...

> *« J'ai fait la liste des personnes de mon entourage qui pouvaient m'aider. »*

> *« Mon fils vient plus souvent visiter son père. »*

Le tableau 10.2 présente un résumé des principaux effets du programme Prendre soin de moi sur les comportements et les attitudes des aidantes.

TABLEAU 10.2 Le programme Prendre soin de moi
Les changements qualitatifs dans les comportements et les attitudes des aidantes :   • Meilleure communication avec le proche et visites plus agréables au centre d'hébergement   • Acceptation graduelle des pertes du parent   • Prise de conscience de ses forces   • Compréhension et utilisation de la stratégie adaptative de recadrage (restructuration cognitive)   • Capacité à faire connaître son point de vue au personnel soignant   • Capacité à demander du soutien à l'entourage   • Capacité à prendre plus de temps pour soi
Les changements quantitatifs dans les comportements et les attitudes des aidantes :   • Perception de compétence pour transiger avec le personnel soignant   • Perception de défi relativement à la situation d'hébergement du proche – Diminution de la perception de menace   • Diminution de la surcharge perçue   • Meilleur contrôle personnel sur les situations vécues   • Perception de plus de soutien disponible de l'entourage et du personnel soignant   • Utilisation plus fréquente de la stratégie adaptative de recadrage des situations problématiques

Tiré de DUCHARME, F., L. LÉVESQUE, L. LACHANCE, A. LEGAULT et M. PRÉVILLE. « Taking care of myself : Efficacy of an intervention program for caregivers of a relative suffering from dementia living in a long-term care setting », *Dementia : The International Journal of Social Research and Practice*, vol. 4, 2005, p. 23-47.

Tiré de DUCHARME, F., L. LÉVESQUE, M. GENDRON et A. LEGAULT. « A program to promote the mental health of family caregivers of elderly demented parents in institution : qualitative evaluation », *Clinical Nursing Research, An International Research Journal*, vol. 10, 2001, p. 182-201.

Conclusion

Compte tenu des résultats significatifs obtenus, le programme Prendre soin de moi offre des pistes prometteuses pour le soutien des familles qui vivent l'expérience difficile de l'hébergement de leur proche. Dans le contexte actuel où les centres n'offrent pas systématiquement de programmes d'intervention, il constitue un outil concret pour promouvoir la santé des aidants familiaux dont la vulnérabilité est reconnue.

Les aidants familiaux qui ont dû héberger leur proche méritent que l'on s'attarde à leurs propres besoins si l'on veut éviter les consé- quences onéreuses que peuvent engendrer les sentiments de fardeau et de surcharge de rôle, la diminution des contacts sociaux, la détresse psychologique, la dépression et toutes les autres conséquences déjà bien documentées du « prendre soin » des familles. Un malaise souvent rapporté par les aidantes au cours de notre étude concernait le peu de contrôle qu'elles ont sur la qualité des soins à leur parent, le fait d'être considérées comme spectatrices des soins plutôt que comme expertes. Le peu de place accordée aux familles en milieu institutionnel a été documenté dans d'autres études (Allen, 2000 ; Opie, 1997). Une démarche réflexive de la part de la direction des établissements de soins de longue durée et du personnel soignant s'impose alors quant à la philosophie de soins et de services à promouvoir à l'endroit des aidants familiaux.

De façon plus globale, les soins de longue durée, dont la principale priorité touche les usagers âgés, doivent être reconceptualisés de façon à accorder de l'attention aux aidants en établissant des liens de partenariat avec eux. Toutefois, il apparaît important que les interventions destinées aux aidants n'aient pas pour but premier d'augmenter leur participation aux soins afin de combler la pénurie de personnel, mais que ces interventions respectent leur désir d'engagement, assurent une meilleure articulation entre le soutien professionnel et le soutien familial, et aident à contrer leur épuisement et à préserver leur santé.

Les résultats de l'étude évaluative du programme Prendre soin de moi ont permis de documenter la valeur de ce modèle d'intervention qui a favorisé la mobilisation de femmes dont la voix a été rarement entendue. Cette étude fournit des pistes pour guider la pratique des intervenants auprès des aidants et favoriser l'implantation, nous l'espérons, d'une nouvelle organisation au sein des milieux de soins de longue durée, une organisation tenant compte non seulement des besoins des personnes atteintes de démence vivant en milieu d'hébergement mais également de ceux de leurs aidants familiaux.

Références

ALLEN, D. « Negotiating the role of expert carers on adult hospital ward », *Sociology of Health and Illness*, vol. 22, 2000, p. 149-171.

ANESHENSEL, C., L. PEARLIN, J. MULLAN, S. ZARIT et C. WHITLACH. *Profiles in caregiving*, San Diego, Academic Press, 1995.

DUCHARME, F., L. LÉVESQUE, A. LEGAULT, M. GENDRON, O. SOUCY, J.M. GAGNON, N. L'HEUREUX et L. HÉBERT. « Soutenir les aidantes familiales même après l'entrée en centre d'hébergement de leur proche âgé atteint de démence », *Le Gérontophile*, vol. 22, 2000, p. 29-34.

DUCHARME, F., L. LÉVESQUE, M. GENDRON et A. LEGAULT. « A program to promote the mental health of family caregivers of elderly demented parents in institution : qualitative evaluation », *Clinical Nursing Research, An International Research Journal*, vol. 10, 2001, p. 182-201.

DUCHARME, F., L. LÉVESQUE, M. GENDRON, A. LEGAULT, J. WARD et D. TRUDEAU. *Prendre soin de moi. Programme d'intervention destiné aux aidantes d'un proche hébergé présentant des déficiences cognitives, Cahier de l'animatrice, Cahier personnel des participantes*, Montréal, Chaire Desjardins en soins infirmiers à la personne âgée et à la famille, Centre de recherche, Institut universitaire de gériatrie de Montréal, 2003.

DUCHARME, F., L. LÉVESQUE, L. LACHANCE, A. LEGAULT et M. PRÉVILLE. « Taking care of myself : Efficacy of an intervention program for caregivers of a relative suffering from dementia living in a long-term care setting », *Dementia : The International Journal of Social Research and Practice*, vol. 4, 2005, p. 23-47.

DUCHARME, F., L. LÉVESQUE et S. COSSETTE. « Predictors of psychosocial well-being of family caregivers of older people with dementia in institutions », *Health Care in Later Life. An International Research Journal*, vol. 2, 1997, p. 3-13.

Étude canadienne sur la santé et le vieillissement. « Canadian study on health and aging : Study methods and prevalence of dementia », *Canadian Medical Association Journal*, vol. 150, 1994, p. 899-913.

LAZARUS, R. et S. FOLKMAN. *Stress, appraisal and coping*, New York, Springer, 1984.

LÉVESQUE, L. « L'approche relationnelle d'accompagnement de la personne atteinte de troubles cognitifs », *L'infirmière du Québec*, vol. 8, 2001, p. 29-38.

LÉVESQUE, L., F. DUCHARME, A. LEGAULT et F. GIROUX. « Intervention pour promouvoir la reconnaissance des droits des familles d'un parent âgé atteint de démence en milieu d'hébergement », *Recherche en soins infirmiers*, n° 77, 2004, p. 29-40.

McCALLION, P., R. TOSELAND et K. FREEMAN. « An evaluation of a family visit education program », *American Geriatrics Society*, vol. 47, 1999, p. 203-214.

OPIE, A. « Thinking teams thinking clients : issues of discourse and representation in the work of health care teams », *Sociology of Health and Illness*, vol. 19, 1997, p. 259-280.

ZIMMERMAN, M. « Psychological empowerment : issues and illustrations », *American Journal of Community Psychology*, vol. 23, 1995, p. 581-598.

Chapitre 11

D'autres initiatives pour l'intervention
auprès des aidants familiaux
en milieu d'hébergement

C omme nous l'avons mentionné dans le chapitre précédent, les aidants familiaux ayant hébergé leur proche ont été beaucoup moins considérés en tant que clientèle cible des services. L'intervention auprès des familles, une fois le parent âgé admis en centre de soins de longue durée, repose encore et surtout sur la conviction que les familles peuvent assurer une collaboration efficace aux soins de leur proche. L'aide offerte aux familles se limite ainsi bien souvent aux problèmes instrumentaux liés aux soins du parent âgé, et l'aspect affectif « du travail de soins » des familles est souvent négligé. De même, les besoins propres des aidants sont peu pris en compte. Voyons quelques exemples des rares interventions qui ont été mises en application.

Les programmes de préparation à l'hébergement et de soutien familial à la suite de l'admission

La période entourant l'admission en centre de soins de longue durée est difficile à vivre. Il est essentiel de ne pas attendre le jour même de l'admission pour préparer cette transition importante que vit non seulement l'aidant familial principal, mais aussi toute la famille. Au moment où les membres des familles sont confrontés à la décision d'héberger leur proche, ils ressentent, en plus d'une culpabilité bien reconnue, un sentiment d'ultime séparation. C'est alors que, bien souvent, ils communiquent de façon diffuse leurs sentiments, et la détresse des uns augmente celle des autres. Quant à la personne âgée, une fois hébergée dans un nouveau milieu, elle sera inévitablement dérangée dans ses habitudes de vie. L'ensemble des éléments qui constituent cette problématique complexe de l'admission en centre de soins prolongés peuvent être générateurs de situations critiques, perturber les relations familiales et conduire à une véritable crise ou à un déséquilibre émotif. L'issue d'une telle situation sera fonction du type d'interaction qui sera offerte pendant cette période difficile. C'est dans ce contexte qu'une forme de soutien au cours du processus d'hébergement est, tant pour les aidants familiaux que pour les personnes hébergées, une condition à l'adaptation au nouveau milieu de vie.

Ducros-Gagné (1985) a été une pionnière québécoise dans l'élaboration, il y a de nombreuses années, d'un programme de préparation à l'hébergement destiné aux familles. Ce programme d'intervention est structuré autour de cinq rencontres d'environ 90 minutes chacune réalisées avec la personne âgée ainsi que sa famille, et qui portent sur l'intervention en situation de crise (Aguilera et Messick, 1976). Ces rencontres, animées par un professionnel de la santé ou des services sociaux, visent à aider la personne âgée et ses proches-aidants à mieux faire face à la situation qu'ils traversent et à les accompagner dans leur démarche personnelle pour s'adapter aux circonstances nouvelles. Deux rencontres ont lieu avant l'admission au centre d'hébergement, une autre le jour de l'admission et deux autres après l'admission. De façon plus précise, ce programme permet aux proches-aidants d'acquérir une compréhension de la situation qu'ils traversent en favorisant l'expression des sentiments et des difficultés ainsi que le développement de mécanismes d'adaptation. Des stratégies pour accompagner le parent âgé, notamment lors des premières visites qui sont particulièrement éprouvantes, sont également offertes. Ce programme permet de réduire l'anxiété des familles, incluant la personne âgée. Des interventions particulières sont évidemment nécessaires lorsque la personne âgée souffre de déficiences cognitives.

Des programmes ont également été conçus pour soutenir les familles à la suite de la période d'admission en centre d'hébergement, soit dans les quatre à six premiers mois, période généralement requise pour s'adapter au nouveau milieu (Ducharme, 1986). L'objectif de ces programmes de soutien, qui sont dispensés selon une modalité individuelle ou une modalité de groupe, est surtout de favoriser et de faciliter l'engagement des familles au sein du milieu d'hébergement et d'améliorer la qualité de séjour de la personne âgée. On y aborde notamment, à l'aide d'un ensemble d'activités didactiques et thérapeutiques, le fonctionnement du centre, les problèmes de santé du proche, l'importance du rôle de la famille dans le milieu ainsi que les visites en tant que moments privilégiés avec l'être cher. Le programme est offert le jour ou le soir, selon la disponibilité des membres de la famille, par des professionnels auxquels s'ajoutent des personnes-ressources selon les thèmes abordés.

Un concept d'habitation qui favorise la qualité de vie de la dyade aidant-aidé

Une initiative qui permet à la fois la considération des besoins des personnes âgées et de leur famille est certainement celle des maisons d'hébergement aménagées et conçues dans le but de prolonger l'autonomie des personnes souffrant de la maladie d'Alzheimer. Quelques-unes de ces maisons ont vu le jour dans différentes régions du Québec au cours des dernières années (par exemple, les Maisons Carpe Diem, Mémoire du Cœur et Campanile). Prenant en compte le très grand nombre de personnes atteintes de la maladie d'Alzheimer qui sont hébergées, ce concept d'habitation a été élaboré principalement pour ce type de clientèle.

Ces centres sont relativement petits et conviviaux, et les résidants y sont « chez eux ». La philosophie est centrée sur la liberté de choix des personnes. On y privilégie la souplesse, le respect du rythme de chacun et le potentiel des personnes âgées dans une atmosphère où la famille a toujours sa place. Ces maisons ne sont pas uniquement des maisons d'hébergement, mais également des maisons où l'on accompagne la personne et sa famille dans leur trajectoire de soins.

Cette idée de créer un milieu de vie familial dans de petites résidences, avec un personnel stable, provient initialement de la Belgique et de la France (Lalande et Leclerc, 2004). Compte tenu de la philosophie humaniste existentielle qui teinte ces habitations, les résidents sont d'abord considérés pour ce qu'ils sont en tant que personnes plutôt que comme porteurs d'une maladie. Les personnes hébergées ont encore des ressources, des capacités et du potentiel que l'on met à profit. Les attitudes et les comportements des intervenants y sont ainsi des plus importants. Plus particulièrement, des attitudes de non-direction, d'authenticité et d'ouverture à la différence favorisent une relation de confiance avec les personnes âgées et leur famille. On reconnaît que la personne atteinte de déficience cognitive demeure en relation affective avec son environnement humain et a besoin de valorisation, de se sentir utile et d'être acceptée telle qu'elle est. La famille est donc un élément essentiel des soins.

> *La philosophie humaniste qui guide l'intervention est un élément clé de la qualité de vie des personnes âgées, des familles et des intervenants.*

La maison Carpe Diem préconise par exemple l'approche *carpe diem*, parole d'Horace qui signifie « cueille le jour présent », et met à profit le moment présent, le jour présent. Le personnel est formé à respecter la dignité, le confort et les choix des personnes dans leurs activités de tous les jours. Selon certaines études évaluatives, cette formation serait non seulement un élément clé de la qualité de vie des résidents et de leurs aidants familiaux, mais également un facteur lié à la satisfaction au travail du personnel (Drebing *et al.*, 2002 ; Hannan *et al.*, 2001).

Intervenir dans ces maisons signifie créativité de même qu'exploration de modalités différentes et non conventionnelles, ce qui ajoute à la qualité de vie au travail. Le contact avec les familles est aussi source de gratification (Lalande et Leclerc, 2004). Les interventions privilégiées sont basées sur des recherches qui ont démontré que des relations humaines chaleureuses et respectueuses favorisent le bien-être et contribuent au maintien du potentiel des personnes atteintes (Lawton, 2001). Une organisation souple du travail y est donc encouragée.

Afin de mieux comprendre le parcours de vie du proche et ses préférences, la collaboration des aidants familiaux est sollicitée. Les aidants sont partie prenante des décisions concernant l'être cher et sont des partenaires à part entière. Une étude a démontré qu'ils sont rassurés et soulagés de voir leur parent dans ce type de maison. Ils ressentent moins de culpabilité d'avoir « placé » leur proche et peuvent commencer à penser à eux-mêmes (Lalande et Leclerc, 2004). La singularité de l'approche est aussi un élément important, l'unicité de chaque personne étant respectée. Les familles constatent que les soins sont prodigués avec amour. Une étude datant du milieu des années 1990 et réalisée dans les pays scandinaves a démontré que ce type d'aménagement résidentiel est moins coûteux et améliore la qualité de vie jusque dans les phases modérée à sévère de la maladie (Annerstedt, 1994). Ces aménagements demeurent toutefois encore trop peu nombreux.

Les unités prothétiques

Après avoir fait un stage aux États-Unis auprès de Powell Lawton, le père de l'approche écologique (Lawton, 1980), Ducros a importé au Québec, vers la fin des années 1980, le concept d'unité prothétique destinée aux personnes âgées souffrant de démence hébergées en centre de soins de longue durée (Ducros-Gagné, 1988). Ce concept a par la suite été élargi pour inclure d'autres clientèles de personnes hébergées dans les centres de soins de longue durée (Monat, 2000).

Ces unités dites prothétiques sont ainsi issues des travaux de Lawton (1980) sur l'importance de l'environnement physique et social pour les personnes atteintes de démence. Pour ce chercheur, qui a basé sa réflexion sur un modèle écologique, l'environnement constitue une « prothèse » pour les personnes qui ont perdu leurs habiletés à décoder les messages et à s'adapter à leur environnement. Ainsi, en présence de personnes atteintes de la maladie d'Alzheimer, il faut offrir un environnement compensatoire à la mesure des besoins d'orientation spatiale, des troubles de perception et de l'ensemble des dysfonctionnements associés à la maladie. Selon cette approche, c'est le milieu qui doit s'adapter aux déficiences des personnes atteintes de démence, et non les personnes atteintes qui doivent s'adapter. C'est ainsi que l'environnement physique, l'environnement humain, soit les relations avec le personnel et les familles, et les événements structurés sont des facteurs associés à la qualité de vie des personnes vivant avec une démence. L'environnement est conçu en fonction des lacunes intrinsèques des personnes en vue de permettre une optimisation de leurs performances et de leur potentiel résiduel par des mesures extrinsèques. On vise, dans ce type d'unité, à faciliter le maintien des habiletés permettant aux personnes âgées de poursuivre leurs tâches fonctionnelles et leurs rôles sociaux ainsi qu'à prévenir, à diminuer et à gérer leurs comportements « dysfonctionnels » en agissant sur les causes. Il s'agit, somme toute, d'une unité de vie qui pallie les déficits de la personne.

Mais, de façon plus concrète, de quel type d'environnement s'agit-il au juste ? L'environnement physique recrée un milieu familial et est conçu de façon à réduire les comportements de désorientation, d'errance, de retrait social et les réactions dites « catastrophiques » qui se présentent occasionnellement chez les personnes atteintes de démence. Cet environnement vise également à accroître les manifestations de bien-être. Les activités proposées sont liées aux activités de la vie quotidienne telles qu'elles étaient vécues par les personnes lorsqu'elles vivaient dans leur environnement domiciliaire. On porte ainsi une attention particulière aux bruits, à la lumière, aux couleurs, à l'architecture de l'unité et à son aménagement. On évite les changements de chambre et d'unité de soins, de même que le déplacement des objets personnels.

Sur le plan humain, la formation du personnel joue évidemment un rôle primordial, les attitudes et les comportements des intervenants agissant également comme prothèses aux déficits cognitifs. Le personnel est sélectionné et formé, et il est stable. Les actions routinières sont encouragées, car elles s'avèrent essentielles au sentiment de sécurité qu'il faut créer et à l'orientation dans la réalité. De même, les familles sont « chez elles » et font partie de l'environnement significatif que l'on veut promouvoir. On tente d'éviter les situations stressantes et la surstimulation.

Les études évaluatives soulignent les effets positifs de cette approche où un environnement calme, des relations personnalisées et des activités significatives sont offerts (Day *et al.*, 2000). Tout comme pour les maisons d'hébergement dont nous venons de parler, les familles sont davantage rassurées dans ce type d'environnement, et le personnel vit moins de stress et d'absentéisme. Parmi les facteurs pouvant expliquer ce phénomène se retrouvent la qualité de l'environnement (plus calme), la possibilité de gérer son temps et le sens de responsabilité envers le bien-être des personnes âgées et leur famille (Lalande et Leclerc, 2004). Même si ce type d'intervention ne s'adresse pas directement aux aidants familiaux, la satisfaction des membres des familles à l'égard des soins et de leur rôle d'aidant sont considérés comme des indicateurs de qualité des soins dans ce type d'approche (Ejaz *et al.*, 2002).

En conclusion, ce chapitre, bref il faut le reconnaître, est un reflet du peu d'interventions offertes aux aidants familiaux une fois leur proche âgé hébergé. Les interventions présentées visent surtout le bien-être des personnes âgées en considérant les aidants en tant qu'élément significatif pour en arriver à cet objectif. L'hébergement en centre de soins de longue durée fait appel à des ressources institutionnelles lourdes et coûteuses, et il ne s'agit pas du premier choix des personnes âgées, ni même de celui des familles. D'autres ressources devront être pensées dans l'avenir. Il sera impératif d'innover notamment sur le plan des formules d'hébergement à géométrie variable. Des partenariats entre les résidences privées et les soins offerts par l'État seront à établir, de même que différents types de ressources communautaires intermédiaires, entre le domicile et les centres de soins de longue durée. De telles initiatives commencent à voir le jour (ministère de la Santé et des Services sociaux, 2005). Il s'agit là de solutions qu'il faudra bien sûr évaluer, mais qui ont le potentiel d'être gagnantes tant pour les personnes âgées que pour leur famille.

Références

AGUILERA, D. et J. MESSICK. *Intervention en situation de crise, théorie et méthodologie*, Saint-Louis, Mosby, 1976.

ANNERSTEDT, L. « An attempt to determine the impact of group living care in comparison to traditional long-term care on demented elderly patients », *Aging Clinical Experimental Research*, vol. 6, 1994, p. 372-380.

DAY, K., D. CARREON et C. STUMP. « The therapeutic design of environments for people with dementia : a review of the empirical literature », *The Gerontologist*, vol. 40, 2000, p. 397-416.

DREBING, C., E. McCARTHY et N. LOMBARDO. « Professional caregivers for patients with dementia : predictors of job and career commitment », *American Journal of Alzheimer's Disease and other Dementia*, vol. 17, 2002, p. 357-366.

DUCHARME, F. «Centre gériatrique : Familles interdites...?», *Nursing Québec*, vol. 6, 1986, p. 26-31.

DUCROS-GAGNÉ, M. «L'approche prothétique : une mesure d'aide spécifique à la clientèle âgée» dans L. LÉVESQUE et O. MAROT (édit.), *Un défi simplement humain. Des soins pour les personnes âgées atteintes de déficits cognitifs*, Montréal, Renouveau pédagogique, 1988, p. 41-52.

DUCROS-GAGNÉ, M. «La préparation à l'hébergement. Une condition essentielle à l'adaptation au centre d'accueil», *Nursing Québec*, vol. 5, 1985, p. 12-17.

EJAZ, F., L. NOELKER, D. SCHUR, C. WHITLATCH et W. LOOMAN. «Family satisfaction with nursing home care for relatives with dementia», *The Journal of Applied Gerontology*, vol. 21, 2002, p. 368-384.

HANNAN, S., I. NORMAN et S. REDFERN. «Care work and quality of care for older people : a review of the research literature», *Reviews in Clinical Gerontology*, vol. 11, 2001, p. 189-203.

LALANDE, G. et G. LECLERC. «Deux modèles québécois d'hébergement et d'accompagnement de personnes atteintes de la maladie d'Alzheimer : l'approche Carpe Diem et l'approche prothétique élargie», *Vie et vieillissement*, vol. 3, 2004, p. 20-26.

LAWTON, P. «Quality of care and quality of life in dementia care units», dans S. NOELKER et Z. HAREL (édit.), *Linking quality of long-term care and quality of life*, New York, Springer, 2001, p. 136-161.

LAWTON, P. «Psychosocial and environmental approaches to the care of senile dementia patients», *Psychosocial and Environmental Care*, New York, Raven Press, 1980, p. 265-280.

MINISTÈRE DE LA SANTÉ ET DES SERVICES SOCIAUX. *Les services aux aînés en perte d'autonomie. Un défi de solidarité. Plan d'action 2005-2010*, Québec, 2005.

MONAT, A. *Approche prothétique élargie*, Dorval, document inédit, 2000.

Chapitre 12

Quelques considérations pour l'avenir des interventions auprès des aidants familiaux

près avoir présenté, dans cette deuxième partie de ce livre, les interventions les plus communément offertes aux aidants familiaux, voyons maintenant certaines pistes qui se dégagent pour le futur. Ce chapitre aborde quelques considérations, issues des constats et des études qui ont été discutés, en vue de la planification du soutien à offrir aux aidants dans un avenir rapproché.

Des services intégrés pour les familles soignantes : une nécessité

Encore peu d'efforts concrets ont été entrepris afin d'arrimer l'aide donnée par les aidants tant à domicile qu'en établissement de santé et celle issue des différentes interventions offertes par le réseau des services formels et communautaires. Dans cette perspective, l'implantation d'un système intégré de services est l'une des solutions qui ont été proposées par les aidants. Plusieurs études soulignent que cette approche, qui devrait à notre avis tenir compte non seulement des besoins des personnes âgées vulnérables mais également des besoins biopsychosociaux de leurs aidants, est de plus en plus indispensable à la prestation de soins de qualité. Plus spécifiquement, afin de surmonter les défis qu'apportent actuellement les changements démographiques et les restructurations des systèmes de santé, il est reconnu que la prestation de soins efficaces et de qualité passe par une intégration des services offerts par les différents professionnels et établissements (Appleby, 1997).

Mais qu'est-ce qu'un système intégré de services ? L'intégration des services, qui se réalise sur le plan tant administratif que clinique, vise à assurer la continuité et la cohérence des actions des différents intervenants, organismes et établissements des réseaux communautaires, hospitaliers et d'hébergement. Cette cohérence est opérationnalisée par une gestion par cas, réalisée par une équipe interdisciplinaire. Elle se concrétise aussi par des initiatives communes de planification et de programmation clinique, le partage des services, ainsi que l'accessibilité et l'uniformité des dossiers des personnes soignées entre tous les partenaires (Shortell *et al.*, 1996). L'objectif est d'éviter une série d'interventions et de programmes fragmentés et potentiellement redondants ainsi que de promouvoir un système efficace et efficient (Bergman *et al.*, 1997). L'intégration se caractérise par une continuité accrue des soins, une qualité supérieure et une satisfaction de la part des usagers.

Plusieurs expériences de systèmes de soins intégrés ont été mises de l'avant pour les personnes âgées au cours des dernières années (Bergman *et al.*, 1997; Bernabei *et al.*, 1998; Landi *et al.*, 1999). Au Québec, un projet dans les Bois-Francs, un autre en Estrie et le projet SIPA (Services intégrés pour les personnes âgées) se sont inspirés des expériences américaines. On peut présumer que ce genre d'initiative verra de plus en plus le jour dans l'ensemble du Québec, du Canada et ailleurs. Dans les pays scandinaves, c'est déjà depuis les années 1980 que les réseaux intégrés de services sont mis de l'avant. Ces projets laissent entrevoir des avenues intéressantes quant à la réduction des coûts de santé, notamment la réduction des hospitalisations et des institutionnalisations, et à l'amélioration de la qualité des soins et des services. Toutefois, tout comme dans les autres modalités novatrices de dispensation des soins et des services, les aidants, et plus globalement les familles, sont en général peu considérés comme les clients des services dans ces systèmes. Par ailleurs, l'expérience du projet SIPA dans la région montréalaise démontre que l'épuisement des aidants doit être pris en compte dans l'élaboration de futurs modèles d'intervention (Bergman *et al.*, 1997). Il ne s'agit pas de promouvoir l'offre de services uniquement parce que les aidants sont indispensables au système de santé, ce que l'on peut qualifier de vision utilitariste, mais aussi parce que les aidants constituent une clientèle à risque en tant que telle.

Certaines conditions sont toutefois nécessaires à l'implantation des services intégrés. Nous les présentons dans la prochaine section.

Des conditions pour l'implantation de services intégrés : valeurs, technologie et résultats probants

L'implantation d'un système intégré de soins qui inclurait les familles exige d'abord et avant tout un changement de paradigme. Les paradigmes sont les idéologies dominantes d'un groupe, idéologies qui constituent d'importants déterminants de la mise en place des services. Ainsi, pour modifier les services tels qu'ils sont conçus présentement, c'est principalement un changement dans les valeurs de la pratique professionnelle qui est requis, changement au profit d'une responsabilisation clinique au regard des soins aux aidants familiaux. Les intervenants doivent en venir à valoriser l'aide aux aidants dans leur pratique clinique et de gestion journalière. Une responsabilisation des acteurs engagés sur tout le continuum de services est également nécessaire, qu'il s'agisse des intervenants des équipes interdisciplinaires, des membres des groupes communautaires et des centres d'action bénévole ou des gestionnaires. Ces acteurs proviennent de sous-cultures variées, notamment des cultures professionnelles, institutionnelles, communautaires, technocratiques ou profanes, qui adhèrent à des valeurs différentes. Une compréhension réciproque de ces valeurs est une des conditions de l'adéquation entre les services et les besoins des aidants (Ducharme *et al.*, 2004).

En somme, c'est dans une perspective systémique et dynamique de partage des compétences et des ressources que réside une solution au morcellement des services. Ce changement sous-tend la mise à profit d'une collaboration interprofessionnelle et interorganisationnelle de même que le partage de cultures organisationnelles. Une structure participative interdisciplinaire et une décentralisation du pouvoir décisionnel sont évidemment des conditions à ce changement (Shortell *et al.*, 1993). La mise en place de services intégrés est donc, comme on peut le constater, une opération complexe.

Par ailleurs et dans un registre bien différent d'activités, la mise en place de services intégrés nécessite aussi d'importantes activités d'information. Les technologies de l'information et de la communication (TIC) offrent des outils essentiels facilitant l'intégration des services de santé dans l'avenir. Les systèmes d'information devraient notamment pouvoir relier entre eux les institutions fusionnées, les installations communautaires, les prestataires de soins et, bien sûr, les familles...

La technologie touchant les soins de santé à proprement parler est également à prendre en compte. Des soins de plus en plus complexes sont prodigués avec des appareils d'utilisation de plus en plus facile. Ainsi, de nombreuses familles peuvent, avec un enseignement adapté, prodiguer elles-mêmes des soins à leur proche âgé, soins qui, autrefois, étaient offerts uniquement en milieu hospitalier. Cette technologie de l'époque postmoderne modifie le visage des soins et des services. Nous en avons fait état au chapitre 9.

Enfin, les futurs projets de services intégrés qui prendront en compte la réalité des familles soignantes devront s'appuyer sur des résultats probants issus des études empiriques. Nous avons passé en revue de nombreux travaux réalisés à ce jour sur la situation de santé et les besoins des aidants familiaux. Des pistes d'action sont d'ores et déjà connues ; les planificateurs et les chercheurs doivent interagir afin de proposer un système de soins et de services coordonnés qui tient compte de ces pistes.

Dans une perspective moins macrosystémique, certaines interventions gagneraient aussi à être mises de l'avant dans le futur. Les prochaines sections en font état.

Intervenir selon les stades de la carrière d'aidant

On reconnaît maintenant, nous l'avons déjà souligné, que les interventions offertes aux aidants familiaux devraient être conçues en considérant l'aspect temporel du *caregiving* (Keady et Gilliard, 1999) et modulées en fonction des stades de la trajectoire d'aidant. L'intervention doit être appropriée à l'étape où se situe la personne dans son parcours d'aidant (Done et Thomas, 2001). À cet égard, Nolan et ses collègues (1996) proposent six stades à la carrière d'aidant familial, stades qui s'étalent du début du parcours d'aide jusqu'après le placement du proche. Chacun de ces stades est associé à des tâches particulières. C'est ainsi que, tout au début (premier stade), l'aidant «construit à partir de son passé» ses nouvelles expériences d'aide et de soutien à son proche; au deuxième stade, il prend graduellement conscience de la relation changeante avec son parent et de ses besoins de soutien; au troisième stade, il est confronté à des décisions importantes dans son rôle et prend les choses en main; au quatrième stade, l'aidant s'engage activement et devient, avec le temps, un «expert». Le cinquième stade se caractérise par l'approche de la fin de la cohabitation avec l'être cher. À ce moment, l'aidant est souvent épuisé, et son réseau de soutien s'effrite. Au dernier stade, il y a établissement d'un nouveau rôle pour l'aidant à la suite de l'hébergement du proche.

Les travaux effectués auprès des aidants ont, jusqu'à présent, surtout porté sur la «fin de carrière», soit sur les aidants qui en sont à la décision, ou presque, de mettre fin à leur cohabitation et qui souffrent d'épuisement. C'est principalement pour cette clientèle que des services ont été conçus. Très peu de travaux concernent les aidants au tout début de leur parcours. Les besoins de ces personnes sont peu connus.

Plusieurs raisons justifieraient l'importance de se préoccuper de cette population de «nouveaux aidants». En effet, le parcours de ces personnes s'amorce souvent à la suite de la confirmation d'un diagnostic de maladie chronique d'un proche, tel que celui de la démence de type Alzheimer. Cette période est anxiogène pour les familles et constitue généralement la première étape à franchir pour mettre en place des mesures formelles de soutien. L'annonce du diagnostic officialise une « carrière d'aidant » au cours de laquelle de l'aide et des soins seront prodigués pendant de nombreuses années. Un tel diagnostic de maladie chronique vient aussi confirmer l'irréversibilité de la maladie. Les aidants se trouvent inévitablement confrontés à un changement de rôle et de responsabilités, de même qu'à des modifications graduelles de la relation avec leur proche et leur réseau social (Kuhn et Mendes de Leon, 2001). Ils doivent planifier le futur qui s'annonce, notamment leur rapport aux services de santé, et apprendre à composer, dans le cas de la maladie d'Alzheimer, avec les nombreux changements et pertes qui caractérisent la maladie (Clare, 2002). Ce stade que les aidants traversent à la suite de l'annonce du diagnostic, appelé *encounter stage*, est caractérisé par une grande souffrance et la nécessité, pour les aidants, de faire l'apprentissage d'habiletés dont ils auront besoin pour assumer leur nouveau rôle (Wald *et al.*, 2003).

Le choix de la modalité d'intervention à offrir à ce moment est des plus importants. Ainsi, comme il a été mentionné au chapitre 5, les approches individuelles auraient davantage d'effets significatifs au début de la transition de rôle, alors que les aidants ne sont pas encore prêts à partager leurs expériences au sein d'un groupe (Peacock et Forbes, 2003). Peu de programmes d'intervention visent toutefois leur apprentissage au regard de leur nouvelle « carrière », même si la pertinence de mieux les outiller pour faire face à leur trajectoire de soins est de plus en plus reconnue.

L'élaboration d'interventions précoces est un impératif et devrait permettre de promouvoir la santé des aidants et de prévenir les nombreux problèmes de santé associés au *caregiving*. Certaines Sociétés Alzheimer font figure de proue et offrent des groupes de soutien et d'information aux nouveaux aidants ainsi qu'à leur proche venant d'apprendre le diagnostic de la maladie d'Alzheimer. Considérer les aidants au début de leur « carrière » constitue une approche proactive plutôt qu'une approche réactive, la plus courante à l'heure actuelle.

Enfin, il y aurait également lieu, pour les interventions qui seront élaborées dans l'avenir, de tenir compte de façon toute particulière des aidants lorsqu'ils assistent leur proche dans leurs derniers moments de vie. Le soutien en phase terminale et même à la suite du décès du proche (suivi téléphonique, rencontres au centre d'hébergement) pourrait permettre de boucler la boucle de façon harmonieuse. Après avoir tant donné, les aidants pourraient-ils bénéficier d'un suivi pour quelque temps ? Favoriser l'expression des émotions en fin de parcours, prévenir des deuils pathologiques et permettre une réorganisation du quotidien seraient des objectifs de ce type de suivi. Il s'agit encore ici de mesures de promotion de la santé, mesures encore trop peu nombreuses présentement.

Le contexte de la pluriethnicité à prendre en compte

Un autre aspect à prendre en compte dans les futures interventions qui seront élaborées concerne la dimension culturelle des soins familiaux aux personnes âgées. Depuis la Seconde Guerre mondiale, le nouveau visage multiethnique de la société fait en sorte que de plus en plus d'intervenants sont en contact avec des aidants familiaux de diverses origines, particulièrement dans les grandes villes. Ce nouveau contexte a encore fait l'objet de peu de travaux. De façon générale, peu de chercheurs se sont intéressés à ces clientèles en croissance tant aux États-Unis, au Canada qu'au Québec. L'évaluation des besoins ainsi que la planification des services et des interventions doivent tenir compte des valeurs, des croyances et des modes de vie de ces personnes. Même si l'expérience de prodiguer des soins à un membre de la famille est un phénomène universel et que, dans les communautés ethnoculturelles, elle constitue une expérience similaire, à plusieurs égards, à celle des familles d'origine québécoise (Guberman et Maheu, 1997), certaines normes et significations attribuées à la maladie et au « prendre soin » peuvent faire une différence. Par exemple, dans certaines communautés, les familles ont l'obligation morale et sociale d'offrir le soutien à leurs aînés. Rechercher de l'aide pour prodiguer des soins à leur parent âgé est signe d'échec aux responsabilités filiales. La personne âgée joue, quant à elle, un rôle actif au sein de la dynamique familiale, notamment dans les prises de décision et en ce qui a trait aux soins donnés aux enfants. Afin d'agir de façon cohérente et respectueuse, les intervenants doivent avoir une compréhension de ces éléments afin de mieux évaluer les besoins et d'offrir des services culturellement cohérents.

Comme nous l'avons mentionné, un grand nombre d'aidants sont réticents à recourir aux services (Paquet, 2001). Cette situation est, semble-t-il, encore plus préoccupante chez les aidantes qui ont immigré au Canada (Vissandjée *et al.*, 2000a). Des résultats révèlent, par exemple, que les aidants des communautés culturelles de Montréal sont portés à consulter les services de santé seulement lorsque l'épuisement les atteint (Clarkson et Eustache, 1997). Bien qu'il existe moins d'études traitant des conséquences de la prise en charge à domicile d'un parent âgé chez ces personnes, quelques travaux soulignent aussi les effets délétères de cette prise en charge et la nécessité de services de soutien. L'étude de Guberman et Maheu (1997) révèle des effets négatifs sur trois sphères de la vie des aidants d'origine italienne et haïtienne : la santé ; la vie personnelle, sociale et familiale ; le travail.

Mais alors pourquoi cette réticence à utiliser les services ? Plusieurs facteurs peuvent expliquer ce phénomène chez les personnes ayant vécu une expérience d'immigration. On mentionne dans les écrits que des facteurs individuels, relationnels, culturels et des facteurs liés directement aux services sont associés à la trajectoire de recours à ces services. Les études, américaines pour la plupart, soulignent notamment que la méconnaissance et l'incompréhension des services, le sentiment de discrimination, la non-confiance aux services, les besoins d'aide non comblés par les services offerts ainsi que les valeurs et les normes traditionnelles des différents groupes ethniques constituent des éléments qui peuvent expliquer cette sous-utilisation des services (Gorek *et al.*, 2002 ; Navaie-Waliser *et al.*, 2001). En général, les aidants souhaitent que les services respectent leur bagage culturel et que les intervenants soient sensibilisés à leur culture. Ils désirent être mieux informés sur les services et avoir la possibilité de recevoir des services dans leur langue (Clarkson et Eustache, 1997 ; Guberman et Maheu, 1997).

> *La formation des intervenants est une condition **sine qua non** à la qualité des soins et des services.*

Du côté des intervenants, les défis de communication dans un contexte interculturel et l'importance de maîtriser les attributs de la compétence culturelle (conscience de soi, connaissances et expériences) sont de taille. Aucun consensus n'existe cependant en ce qui concerne la nécessité d'un pairage entre les origines culturelles des intervenants et celles des utilisateurs des services (Vissandjée et Dupéré, 2000b). Toutefois, il est clair qu'un certain degré d'ajustement des services est nécessaire.

Les travaux réalisés jusqu'à présent soulignent l'importance de services culturellement cohérents, c'est-à-dire de services caractérisés par un certain degré d'adéquation entre les valeurs des utilisateurs et celles des intervenants. Les nouvelles configurations de vie familiale ne sont pas limitées à un horizon culturel particulier. Même si, en accord avec les politiques sociales, l'intervention en contexte pluriethnique peut être centrée davantage sur le partage des similarités que sur une logique de différences entre les cultures (Battaglini et Gravel, 2000), des services ajustés doivent être offerts.

À la suite de ces considérations, il est clair que les interventions qui seront conçues dans un avenir rapproché feront appel à une grande complexité et nécessiteront que le personnel qui intervient auprès des aidants familiaux, population diversifiée qui est loin de constituer une entité monolithique, devra être bien formé.

La nécessité d'une formation du personnel soignant

Il est impensable de discuter d'avenir sans évoquer la formation des intervenants. Pour répondre aux besoins complexes des aidants familiaux, la formation des intervenants se révèle un ingrédient indispensable, qu'il s'agisse de la formation professionnelle ou de la formation en cours d'emploi ou continue. Cette formation est une condition *sine qua non* à la qualité des soins et des services.

Mais que manque-t-il à la formation actuelle? Comme il a été mentionné dans la première partie de ce livre, de nombreux facteurs associés à la vulnérabilité des familles aidantes sont maintenant connus et pourraient être pris en compte dans la formation des intervenants. Ces connaissances pourraient permettre de modifier les pratiques, notamment en favorisant davantage la promotion de la santé. Tous les résultats dont nous avons fait mention et qui nous indiquent les ingrédients d'une intervention efficace auprès des aidants, qu'il s'agisse du contenu, des modalités d'intervention possibles ou encore du stade de la carrière d'aidant, sont aussi des éléments à inclure dans cette formation des professionnels afin d'en arriver à une pratique fondée sur des résultats probants. Parmi les nombreux savoirs disponibles sur les aidants, quelques-uns sont utilisés dans la pratique, mais beaucoup d'autres le sont moins.

Les intervenants peuvent aussi être guidés vers une pratique dite réflexive, c'est-à-dire une pratique basée sur de simples questions, telles que les suivantes : Comment pourrait-on mieux faire ce soin en tenant compte des aidants ? ou encore : Cette intervention a bien fonctionné auprès de toute la famille, pourquoi ? Ces questions sont essentielles pour guider la pratique vers l'utilisation des savoirs développés jusqu'à présent et peuvent être le point de départ d'apprentissages importants sur l'intervention auprès des aidants.

Le fait que le client, le patient, le bénéficiaire ou l'usager des soins ne soit pas encore la « famille » selon les principes d'une approche systémique est un autre élément manquant pour les professionnels, encore formés principalement à une approche individuelle d'intervention. Tenir compte des besoins des aidants fait aussi appel à certains préalables, notamment à une évaluation systématique et rigoureuse de leurs ressources, de leurs capacités, de leurs habiletés et de leurs besoins, ce qui nécessite le développement de nouvelles compétences et, évidemment, une modification des systèmes actuels d'évaluation. Également, un soutien non seulement instrumental, mais tenant aussi compte des aspects relationnels du « prendre soin » et des différents contextes de vie des familles d'aujourd'hui, serait à promouvoir dans la formation des intervenants de l'équipe interdisciplinaire. On peut notamment penser à la pauvreté et au contexte de l'immigration qui ont une influence certaine sur l'expérience du *caregiving* et qui nécessitent des compétences.

Certaines avancées quant à la formation du personnel ont été faites en ce sens dans quelques pays. Aux États-Unis, par exemple, afin d'améliorer les compétences des professionnels à répondre aux besoins des aidants, l'American Society on Aging offre une formation multimédia sur Internet ainsi que des séminaires. Beaucoup d'efforts restent toutefois à consentir à ce chapitre au cours des prochaines années. La formation permettant d'acquérir des compétences particulières pour accompagner les familles mérite une réflexion quant à son contenu et à son organisation, de même qu'à son évaluation. Elle suppose l'acquisition de compétences sociales, techniques et psychologiques ainsi que d'habiletés qui ne doivent pas être considérées comme innées ou du ressort de la personnalité, mais qui doivent s'acquérir à l'aide d'une formation. Travailler auprès des aidants familiaux est complexe, et la formation pour ce faire devrait être davantage valorisée au cours des années qui viennent.

Une philosophie des établissements de santé centrée sur les familles

Un dernier ingrédient, et non le moindre, concerne l'essentiel soutien de la direction des établissements de santé quant à l'importance de considérer les aidants familiaux comme des clients des soins et des services. La philosophie des centres de santé au regard de la place des familles n'est pas à négliger et est, somme toute, la pierre angulaire du changement. Selon certaines études conduites dans les centres d'hébergement, les familles semblent encore peu sollicitées pour leur expertise et leurs savoirs, et elles sont encore parfois perçues comme une source de problèmes (Allen, 2000; Iecovich, 2000). Elles sont à l'occasion étiquetées en tant que familles :

- encombrantes, parce qu'elles sont présentes auprès de leur proche à des moments qui conviennent peu aux intervenants ;

- récriminatrices, parce qu'elles ont des attentes précises quant aux soins offerts ;

- négligentes, parce que leurs visites sont espacées.

La reconnaissance des droits des familles tarde encore à venir, et ce, même si cette reconnaissance prend toute son importance au moment où le discours sur le partenariat entre les milieux de la santé et les usagers des services s'intensifie (Lévesque *et al.*, 2004). Une démarche réflexive permettant aux établissements de santé de s'interroger sur la philosophie de soins et de services à l'endroit des familles, de même que sur la place et le pouvoir qui leur sont accordés, est une étape essentielle au changement. Il s'agit là d'une autre considération pour l'avenir des interventions auprès des aidants familiaux… et non la moindre.

Références

ALLEN, D. «Negotiating the role of expert carers on an adult hospital ward», *Sociology of Health and Illness*, vol. 22, 2000, p. 149-171.

APPLEBY, C. «Organized chaos», *Hospitals and Health Networks*, vol. 7, 1997, p. 51-52.

BATTAGLINI, A. et S. GRAVEL. «Diversité culturelle et planification de la santé», *Culture, santé et ethnicité vers une santé publique pluraliste*, Montréal, Direction de la santé publique, Régie régionale de Montréal-Centre, 2000.

BERGMAN, H. *et al.* «Care for Canada's frail elderly population : fragmentation or integration ?», *Canadian Medical Association Journal*, vol. 157, 1997, p. 1116-1121.

BERNABEI, R. *et al.* «Randomised trial of impact of model of integrated care and case management for older people living in community», *British Medical Journal*, vol. 316, 1998, p. 1348-1351.

CLARE, L. «Developing awareness about awareness in early stage dementia : The role of psychosocial factors», *Dementia*, vol. 1, 2002, p. 295-312.

CLARKSON, M. et R. EUSTACHE. *La santé c'est la richesse ; Enquête Santé Québec auprès de la communauté haïtienne : rapport de la phase 1*, Montréal, ministère de la Santé et des Services sociaux, gouvernement du Québec, 1997.

DONE, D. et J. THOMAS. « Training in communication skills for informal carers of people suffering from dementia : a cluster randomized clinical trial comparing a therapist led workshop and a booklet », *International Journal of Geriatric Psychiatry*, vol. 16, 2001, p. 816-821.

DUCHARME, F., G. PÉRODEAU, M. PAQUET, A. LEGAULT et D. TRUDEAU. « Virage ambulatoire et soins familiaux à domicile : un enjeu de santé publique », *Revue canadienne de santé publique*, vol. 95, 2004, p. 64-68.

GOREK, B., J. MARTIN, N. WHITE, D. PETERS et F. HUMMEL. « Culturally competent care for latino elders in long-term care settings », *Geriatric Nursing*, vol. 23, 2002, p. 272-275.

GUBERMAN, N. et P. MAHEU. *Les soins aux personnes âgées dans les familles d'origine italienne et haïtienne*, Montréal, Éditions du Remue-Ménage, 1997.

IECOVICH, E. « Sources of stress and conflicts between elderly patients, their family members and personnel in care settings », *Journal of Gerontological Social Work*, vol. 34, 2000, p. 73-87.

KEADY, J. et J. GILLIARD. « The early experience of Alzheimer's disease », dans T. ADAMS et C. CLARKE (édit.), *Dementia care : developing partnerships in practice*, Buckingham, Open University Press, 1999.

KUHN, D. et C. MENDES de LEON. « Evaluating an educational intervention with relatives of persons in the early stages of Alzheimer's disease », *Research on Social Work Practice*, vol. 11, 2001, p. 531-548.

LANDI, F., G. GAMBASSI, R. POLA, S. TABACCANTI, T. CAVINATO, P. CARBONIN et R. BARNABEI. « Impact of integrated home care services on hospital use », *Journal of American Geriatric Society*, vol. 47, 1999, p. 1430-1434.

LÉVESQUE, L., F. DUCHARME, A. LEGAULT et F. GIROUX. « Intervention pour promouvoir la reconnaissance des droits des familles d'un parent âgé atteint de démence en milieu d'hébergement », *Recherche en soins infirmiers*, n° 77, 2004, p. 29-40.

NAVAIE-WALISER, M., P. FELDMAN, D. GOULD, C. LEVINE, A. KUERBIS et K. DONELAN. « The experiences and challenges of informal caregivers : common themes and differences among whites, blacks, and hispaniques », *The Gerontologist*, vol. 41, 2001, p. 733-741.

NOLAN, M., G. GRANT et J. KEADY. *Understanding family care : a multidimensional model of caring and coping*, Buckingham, Open University Press, 1996.

PAQUET, M. « Comprendre la logique familiale de soutien aux personnes âgées dépendantes pour mieux saisir le recours aux services », dans J.C. HENRARD, O. FIRBANK, S. CLÉMENT, M. FROSSARD, J.P. LAVOIE et A. VÉZINA (édit.), *Personnes âgées dépendantes en France et au Québec. Qualité de vie, pratiques et politiques*, Québec, gouvernement du Québec, ministère des Relations internationales ; Paris, INSERM, 2001, p. 77-95.

PEACOCK, S. et D. FORBES. « Interventions for caregivers of persons with dementia : a systematic review », *Canadian Journal of Nursing Research*, vol. 35, 2003, p. 88-107.

SHORTELL, S., R. GILLIES, D. ANDERSON, J. MITCHELL et K. MORGAN. « Creating organized delivery systems : the barriers and facilitators », *Hospital and Health Services Administration*, vol. 38, 1993, p. 447-666.

SHORTELL, S., R. GILLIES, D. ANDERSON, K. ERICKSON et J. MITCHELL. *Remaking health care in America*, San Francisco, Jossey-Bass, 1996.

VISSANDJÉE, B., M. WEINFELD, S. DUPÉRÉ et S. ABDOOL. « Sex, gender, ethnicity and access to health care services : research and policy challenges for immigrant women in Canada », *Journal of International Migration and Integration*, vol. 2, 2000a, p. 55-75.

VISSANDJÉE, B. et S. DUPÉRÉ. « La communication interculturelle en contexte clinique : une question de partenariat », *Revue canadienne de recherche en sciences infirmières*, vol. 32, 2000b, p. 99-113.

WALD, C., M. FAHY, Z. WALKER et G. LININGSTON. « What to tell dementia caregivers – The rule of threes », *International Journal of Geriatric Psychiatry*, vol. 18, 2003, p. 313-317.

En conclusion...

Avec le vieillissement de la population et les grands changements dans la structure des familles, de nouvelles problématiques et de nouveaux besoins ont émergé au cours des dernières décennies dans la plupart des pays industrialisés. Parmi ceux-ci, on ne peut passer sous silence le phénomène du soin dans la famille. Le nombre de personnes en mesure de fournir des soins aux membres de leur famille, surtout des conjoints et des enfants adultes de 45 à 64 ans, n'augmentera que d'environ 25 %, selon les prévisions, entre les années 2000 et 2030. L'écart entre le nombre exponentiel de personnes en perte d'autonomie et ce nombre d'aidants potentiels ajoute une pression de plus pour ces aidants qui devront consacrer davantage de temps et de ressources pour assister leurs proches dans les activités de la vie quotidienne. Nos systèmes de solidarité seront ainsi soumis à dure épreuve et les tensions intergénérationnelles iront en s'amplifiant.

C'est dans cette perspective que le présent ouvrage a permis de mettre en lumière certains éléments de compréhension de l'expérience vécue par les familles des personnes âgées, plus particulièrement celle de leurs aidants familiaux principaux. Les sources de stress et de gratification qui teintent le quotidien de ces personnes ont été passées en revue. Les quelques services et politiques qui sont actuellement offerts et, plus encore, les attentes des aidants relativement aux services et aux politiques qui pourraient le mieux répondre à leurs besoins ont fait l'objet de la première partie de ce livre. Sachant que la qualité d'une société peut être évaluée en fonction du traitement qu'elle réserve aux personnes vulnérables qui en font partie, force est de constater que les ressources disponibles pour soutenir les aidants familiaux et leurs proches âgés demeurent encore rares et méritent d'être développées plus avant.

Dans la deuxième partie de ce livre, nous avons d'abord présenté quelques facteurs qui pourraient expliquer pourquoi certaines personnes composent mieux que d'autres avec les sources de difficultés qu'elles rencontrent, ce qui nous offre des pistes concrètes d'intervention auprès des aidants. À partir d'un modèle de gestion du stress, nous avons décrit certaines interventions qui ont été implantées récemment à domicile et en établissement de santé, et qui ont démontré des résultats positifs sur l'amélioration de la qualité de vie des aidants. D'autres interventions qui ont vu le jour récemment et qui ont aussi le potentiel de soutenir les aidants ont également été abordées, qu'il s'agisse d'interventions mettant à profit des technologies de l'information et de la communication, de milieux de vie innovateurs ou encore de services de répit personnalisés. Nous avons terminé cet ouvrage par des considérations générales pour l'avenir des interventions auprès des aidants familiaux au seuil de ce XXIe siècle.

Après analyse, on ne peut que constater que la réponse aux nombreux besoins des aidants fait appel à une gamme de services diversifiés et coordonnés. Même si la création et l'implantation de services intégrés de soins et de services tenant compte d'une perspective systémique aidant-aidé paraissent des plus complexes, plusieurs résultats probants sont néanmoins déjà disponibles pour ce faire. Ainsi, on reconnaît maintenant que la planification des services doit tenir compte de la réalité des familles aidantes : leur vulnérabilité, leur contexte de vie et le processus de soins auquel elles sont confrontées pendant plusieurs années. Les aidants sont en droit de s'attendre à certains services, notamment :

- l'utilisation systématique d'outils d'évaluation de leurs besoins, tels qu'ils ont été conçus dans certains pays ;

- des interventions de soutien où les dimensions instrumentales des tâches de soins de même que les aspects relationnels du « prendre soin » au sein de la famille sont pris en considération ;

- des services de répit suffisants et accessibles à domicile et en établissement de santé selon des horaires flexibles ;

- un accès à des ressources informatisées ;

- l'implantation de programmes spécifiques pour leur venir en aide.

La volonté des établissements de tenir compte des familles et la philosophie des milieux de soins sont, dans cette perspective, des ingrédients essentiels pour modifier les pratiques. Il importe de poursuivre les efforts entamés pour en arriver à une reconnaissance sociale pleine et entière de l'immense contribution des familles aux soins de leurs proches âgés.

Enfin, la majorité des travaux entrepris à ce jour se sont limités à explorer et à décrire l'expérience des aidants familiaux principaux, de même qu'à évaluer des interventions leur étant destinées. Le terme « aidant », nous l'avons dit, est bien souvent un euphémisme pour parler des femmes. De même, le terme « famille » est un euphémisme pour parler d'un aidant principal. Même si toute la famille est, de près ou de loin, engagée dans l'aide au parent âgé, la dynamique familiale vécue dans le cadre des rapports d'entraide a fait l'objet de beaucoup moins de travaux, notamment en raison de sa grande complexité. En somme, le système familial dans son ensemble et la perspective des échanges entre ses membres dans le contexte de soins à un proche âgé ont été grandement négligés.

Plusieurs questions qui touchent des dimensions beaucoup plus globales demeurent également sans réponse et méritent d'être considérées. Comment répartir, entre l'État et les familles, les soins aux proches vieillissants? En quoi est-ce une responsabilité partagée? Quels types de solidarités intergénérationnelles et de réseau de proximité pourraient faciliter le soutien aux personnes âgées? Comment attirer des personnels compétents dans les soins aux personnes âgées et à leurs aidants familiaux? Quelles stratégies seraient gagnantes pour mieux former ces personnels et valoriser leur contribution? Voilà des questions qui méritent réflexion et réponses au cours des prochaines décennies.

Espérant, d'ici là, que ce livre puisse fournir quelques indications aux étudiants, aux professionnels de la santé et des services sociaux ainsi qu'aux familles en vue de favoriser le développement des savoirs indispensables à la création de solutions novatrices en ce début du nouveau millénaire.